BIBLIOTHÈQUE NOUVELLE

2 francs le volume

AUGUSTE MAQUET

LA ROSE BLANCHE

PARIS

MICHEL LÉVY FRÈRES, LIBRAIRES ÉDITEURS
RUE VIVIENNE, 2 BIS, ET BOULEVARD DES ITALIENS, 15
A LA LIBRAIRIE NOUVELLE

LA

ROSE BLANCHE 2331

CHEZ LES MÊMES ÉDITEURS

ŒUVRES

D'AUGUSTE MAQUET

Format grand in-18

LA BELLE GABRIELLE	3	volumes.
LE COMTE DE LAVERNIE	3	—
DETTES DE CŒUR	1	—
LA MAISON DU BAIGNEUR	2	—
L'ENVERS ET L'ENDROIT	2	—
LA ROSE BLANCHE	1	—
LES VERTES-FEUILLES	1	—

POISSY, TYP. ET STÉR. DE A. BOURET.

LA
ROSE BLANCHE

PAR

AUGUSTE MAQUET

PARIS

MICHEL LÉVY FRÈRES, LIBRAIRES ÉDITEURS

RUE VIVIENNE, 2 BIS, ET BOULEVARD DES ITALIENS, 15

A LA LIBRAIRIE NOUVELLE

—

1863

Tous droits réservés

LA
ROSE BLANCHE

I

Vers les dernières années du quinzième siècle, un soir de juin, une caravane de voyageurs, chevaux, mules et chariots, descendait une gorge des Alpes à l'un des difficiles passages qui aboutissent à la vallée du Rhône.

Ce chemin, plongeant entre deux hautes parois granitiques, allait s'arrondissant avec grâce devant les pèlerins lorsque, à trois cents pas d'eux, la chute d'une avalanche vint le couper tout à coup. Pareille à une trappe gigantesque qui se fût abattue soudain, la masse blanche et glacée arrêta la petite troupe par son fracas d'abord, puis par ses débris.

Il y avait là une vingtaine d'hommes de différents pays,

composant à peu près trois bandes. On s'était associés au pied de la montagne pour combattre avec plus de succès, en ce temps d'épreuves, les loups, les précipices, les brigands et l'imprévu.

A l'aspect de l'insurmontable obstacle, ce fut dans toute la caravane une explosion de lamentations. Si près du terme, alorsqu'on apercevait déjà l'horizon bleu, les méandres dorés de la vallée, alors qu'on devinait la fumée du gîte dans les premières brumes du soir! Tandis que les plus ardents s'épuisaient en blasphèmes, les plus sages tinrent conseil; une voix proposa de retourner à la dernière couchée. Mais quelle nécessité de recommencer une dangereuse étape de huit heures dans les ténèbres, pour avoir le lendemain à refaire cette marche; le retour fut rejeté à l'unanimité. Alors les jeunes gens proposèrent une veillée sur place. On profita des dernières clartés du jour pour grimper aux crevasses du roc, couper quelques branches résineuses de sapin, ou arracher des touffes d'églantiers alpestres. La provision de combustible fut bientôt faite, et, après que les plus hardis eurent reconnu l'impossibilité absolue de trouver un sentier de dégagement pour tourner l'avalanche, chacun se fit un lit de lichen et de mousse, choisit son coin sous la saillie des rochers, ou sa place devant le feu. Quelques outres circulèrent, auxquelles on donna l'accolade, tandis que les chefs de la troupe faisaient dételer ou décharger les bêtes de somme sous la protection de deux sentinelles armées d'arbalètes et de longs couteaux, qui surveillaient le côté accessible de la route, pour garantir toute la caravane d'une surprise en pleine nuit.

A des gens résignés aux ennuis d'une halte inopportune, il ne s'offre guère que deux ressources victorieuses : le sommeil ou la conversation. Quelques dormeurs s'éclipsèrent. Le plus grand nombre, s'éclairant et se chauffant au brasier d'où jaillissaient déjà des éclairs rouges et des nuages de fumée odorante, commencèrent à causer, d'abord avec défiance et de matières banales; puis, entraînés par l'intérêt de la curiosité, on en vint aux affaires du temps.

Quel temps et quelles affaires ! Si jamais époque défraya les causeurs, ce fut ce terrible quinzième siècle, qui, pareil à un soleil se levant dans la pourpre, avait débuté par les massacres de Tamerlan, les massacres des Hussites; qui avait vu à Paris les massacres des Armagnacs; en France Jeanne d'Arc; en Allemagne les premiers essais de Gutenberg; en Orient la chute de Constantinople; partout des flots de sang et d'idées; l'artillerie et l'imprimerie, nouvelles armes des peuples; puis la lutte de Louis XI et de Charles le Téméraire, échafauds, gibets, champs de bataille; puis les chocs sanglants de Granson, de Morat, de Nancy, et le cadavre du duc de Bourgogne trouvé par une blanchisseuse dans une mare glacée; puis, en Italie, les Borgia; Alexandre VI rachetant sa tiare au roi de France et vendant le malheureux Zizim; Charles VIII conquérant la Bretagne et le Milanais pour les reperdre; enfin, en Angleterre, les vicissitudes d'York et de Lancastre; l'effrayant Richard III, l'égorgement successif de toute une famille royale, l'usurpation d'Henri VII, si longtemps proscrit et fugitif : tels étaient les sujets de conversation que le quinzième siècle expirant léguait aux voyageurs; et l'on s'étonnerait en vérité qu'à des hommes qui agissaient tant, il pût rester une minute à dépenser en paroles.

Tandis que l'entretien s'échauffait, selon le génie ou la nationalité des causeurs, un petit groupe de pèlerins s'était retiré à l'abri du rocher, sous une voûte naturelle d'où pendaient les rhododendrons et les cytises en fleur. Ils étaient trois : l'un grisonnant et vêtu sordidement comme les pauvres juifs d'Allemagne, encore traqués à cette époque ; l'autre, vigoureux compagnon, large d'épaules et bas de mine comme un archer libéré : c'était le chien de garde des deux autres ; enfin le troisième, dont on n'apercevait que la forme frêle roulée dans un manteau, s'était couché sur un lit de feuillage dressé pour lui par ses deux compagnons.

Ceux-ci le crurent endormi, et s'étendirent à ses côtés pour dormir aussi.

La conversation devant le foyer avait déjà fourni plus d'une évolution vagabonde. Les Suisses (il y en avait deux dans la caravane) aimaient à rappeler les exploits de leurs guerriers ; eux-mêmes avaient combattu à Morat, et décrivaient les mêlées les plus célèbres. Un Français racontait l'entrée de Charles VIII à Rome et la fière attitude du roi vainqueur, qui chevauchait visière baissée, la lance sur la cuisse. Un marchand de laine, qui revenait du pays de Galles, eut plus de succès que tous ces conteurs. Il parla batailles aussi, et fit la peinture du champ de carnage de Bosworth, où le roi Richard III avait perdu la vie avec la couronne. Il avait vu, passant effaré, la plaine encore chaude du sang versé ; il dépeignit, dans un langage pittoresque mêlé de flamand et de français, la sombre figure du tyran, son épaule difforme, son bras de squelette, aussi meurtrier en un combat que sa pensée dans un conseil ; et, à chaque trait qu'il esquissait du royal assassin, l'auditoire frissonnait, une question n'attendait pas l'autre, et plus d'un assistant, dans sa terreur superstitieuse, remua du pied le bois pour activer la flamme, et chasser les ténèbres dans lesquelles eût pu se glisser une ombre repoussée même par les damnés de l'enfer.

Tandis que le marchand parlait de ce règne de Richard III, encore palpitant dans tous les souvenirs, et que chacun ajoutait au récit une note, c'est-à-dire un crime, un reflet du brasier s'échappa jusqu'à la roche sous laquelle dormaient les trois voyageurs dont nous venons de parler, et l'on eût pu voir, si l'attention de tous n'eût été captivée ailleurs, le manteau du plus jeune dormeur se dérouler lentement, une tête pâle et blonde se lever par degrés de l'ombre, et venir chercher, pour ainsi dire, le losange lumineux qui l'attendait et l'encadra tout à coup comme une auréole.

Un visage doux et intelligent, aux yeux bleus noyés de molle langueur ; les traits purs de la race du Nord qui prélude toujours à la force par la grâce ; une bouche circonspecte par étude plus que par nature, car les lèvres en étaient rondes et vermeilles, pensée, souffrance, écrites sur un visage de dix-sept ans : voilà ce que révéla soudain le rayon fauve en s'égarant du foyer à la roche.

Le jeune homme s'assura que ses deux compagnons dormaient, il acheva de se soulever sur un coude, et, l'œil fixé vers le groupe des causeurs, il écouta.

Oh ! il écouta non des oreilles, non du regard, non de

tout son corps, mais de toute son âme. Ce qu'il avait de force, d'intelligence, de vie, était monté jusqu'à ses yeux, qu'on voyait peu à peu s'allumer comme les fenêtres d'un palais longtemps désert. On eût dit qu'il aspirait chaque parole par ses lèvres entr'ouvertes, et que chaque parole, en pénétrant, soulevait une goutte de sang dans ses artères, éveillait une idée dans son cerveau ; on eût dit un de ces morts déjà froids et blanchis, que l'électricité fait revivre avec une puissance d'expression supérieure aux forces vulgaires de la vie.

Il s'était approché peu à peu sur les genoux sans savoir comment, sans sentir le sol humide, le caillou tranchant.

On racontait alors le plus hideux des crimes de Richard III, celui qui sans doute avait réveillé la foudre : le lâche assassinat des deux princes ses neveux dans la Tour de Londres.

Le narrateur disait naïvement la beauté de ces enfants, leur innocence, leur amitié, leurs jeux ; il décrivait l'horreur de cette chambre verrouillée, tout à coup envahie par la lueur d'une lune rouge, et les pas lourds des assassins, et les horribles coups de couteau sur ces petits corps si tendres, et les cris déchirants des victimes étouffées par les bourreaux.

Soudain le jeune homme, qui s'était levé tout à fait, hagard, défiguré, agita les bras, poussa un cri effrayant dont gémirent longtemps les gouffres de la montagne, et il alla tomber sans connaissance au milieu du groupe, en murmurant des mots à peine compris des assistants, qui le relevèrent avec effroi.

Le cri du jeune homme et l'empressement tumultueux qui le suivit eurent bientôt mis sur pied les dormeurs, qui croyaient à quelque alarme. Ses deux compagnons surtout accoururent avec de grands témoignages de douleur. Le plus âgé, l'homme au pourpoint râpé, au manteau de pauvre, souleva le corps dans ses bras, et répéta plusieurs fois avec désespoir :

— Pauvre jeune maître... que lui ont-ils dit ?

Et précédé de l'autre, qui ouvrait le chemin en écartant les curieux, il reporta le malade sur son lit de feuilles, rafraîchit son front avec de la neige fondue, lui prodiguant tous les soins qu'un père donnerait à son fils.

Cet épisode avait interrompu les causeries devant le foyer. Ces mots : « Que lui ont-ils dit ? » étonnaient et inquiétaient à la fois plusieurs des assistants. Le marchand de laine, surtout, ne voulut pas demeurer sous le coup de cette inculpation étrange ; il s'approcha d'un air à la fois bienveillant et formalisé.

— De quoi donc souffre ce jeune homme ? demanda-t-il aux deux serviteurs.

— Monsieur, répliqua le vieux, bien savant qui le dirait.

— C'est votre maître?

— Oui, monsieur... Seriez-vous médecin?

— Je suis marchand de laine, mais j'ai vu beaucoup de malades et de blessés dans ma vie; je ne voyage jamais sans un certain baume arabe dont je puis garantir les effets.

— Il n'y a pas de baume qui réussisse à guérir ce jeune homme, répliqua le vieux serviteur avec une impatience qu'il essayait de dissimuler, à cause de la considération que toute la caravane accordait aux gros sacs de l'étranger, à ses huit valets et à ses vingt mules.

— J'ai encore un élixir d'Alep, reprit obligeamment le marchand; essayez-en, le jeune homme est bien pâle.

— Oui, bien pâle, en effet, murmurèrent plusieurs voyageurs en se rapprochant encore.

Le vieux serviteur sentit qu'il fallait répondre quelque chose qui fût un aliment satisfaisant à la curiosité publique.

— Mon Dieu, messieurs, dit-il, si la maladie datait d'hier, nous accepterions vos soins et vos offres, mais nous sommes déjà blasés sur cette souffrance de notre maître. C'est un jeune homme qui ne vivra pas vieux. Il a fait une chute étant enfant et s'est fendu le crâne, voyez la cicatrice, en sorte que, pendant deux ans, il a été entre la vie et la mort, et s'est réveillé comme fou. Depuis, sa raison est revenue, mais jamais assez complète pour qu'il n'y ait pas dans ses actions et dans ses paroles un reste de bizarrerie parfois semblable à la démence. Pauvre enfant! je voudrais pourtant bien le ramener encore vivant à sa mère, qui l'attend si avidement et le pleure depuis tant d'années.

— Comment cela? demanda le marchand vivement intéressé, et ne songeant pas même à pallier sa curiosité.

— Eh! dit brusquement l'autre serviteur du jeune homme, ce sont là nos affaires de famille, monsieur!

— Oh! excusez-moi, interrompit le marchand, qui le regarda de travers.

— Jean, reprit le vieux s'adressant à son compagnon, il n'y a pas là de secret, et ces honnêtes voyageurs peuvent savoir comme nous-mêmes tout ce qui nous arrive. Messieurs, la vérité est que le père de ce jeune homme, un gros négociant des Flandres, l'emmena avec lui dans ses voyages, voilà tantôt quatre ans. Ce qu'ils ont parcouru de pays, Dieu le sait; toujours est-il que jamais on n'a reçu de leurs nouvelles au pays qu'habite la mère. Moi, messieurs, je suis un des commis voyageurs de ce négociant, et il y a trois mois que je reçus de lui une lettre qui m'appelait à Constantinople, où il avait pris une fièvre maligne. J'accourus, le pauvre homme expirait; il me recommanda son fils, me raconta les singularités de son mal, me remit un testament, et m'ordonna de conduire le jeune homme à sa mère. Nous sommes sur le chemin; vous en savez maintenant autant que Zébée, votre serviteur.

Ayant ainsi parlé, le vieillard se croyait quitte envers l'assemblée, mais le marchand était tenace, il reprit:

— Ne nous accusez pas, alors, comme vous avez fait tout à l'heure.

— Moi vous accuser, messieurs! s'écria Zébée avec une humilité qui sentait de plus en plus son juif, ai-je donc ici accusé quelqu'un?

— Vous vous êtes écrié : « Que lui ont-ils dit? » Or, nous n'avions rien dit à ce jeune homme; nous ignorions même qu'il pût nous entendre. Quant à ce que nous disions entre nous, c'étaient toutes choses honnêtes et permises, croyez-le bien.

— Eh! messieurs, qui en doute? Faites la part de notre premier effroi : au moindre mot, l'enfant se cabre comme un poulain pris de vertige. De quoi parliez-vous, sans trop de curiosité?

— De mille choses indifférentes... des cruautés du tyran Richard III, je crois... oui... de ses neveux égorgés.

— Précisément, s'écria Zébée, des enfants blessés, voilà son grand sujet d'exaltation, depuis sa blessure, vous comprenez; songez bien que le malheureux n'a presque pas d'idées à lui; il saisit au vol celles qu'on lui jette; sa mémoire est nulle ou tellement brouillée, qu'il ne saurait vous dire où il est né, où il va. Il parle de son pauvre père mort avec l'indifférence d'un étranger; il affirme gravement ne pas connaître sa mère. En un mot, il semble avoir au dedans de lui un démon qui joue un double personnage, et nous sommes forcés, quand il ouvre la bouche, de le surveiller comme un petit enfant, et de le faire taire lorsque son démon dit trop de folies.

— Il ne me paraît pas cependant, reprit un des auditeurs, que sa folie soit furieuse; car depuis hier que nous vous avons rencontrés de l'autre côté de la montagne, ce jeune homme n'a pas donné un signe de colère ou d'impatience. A le voir sur son cheval, toujours attentif, calme, silencieux et beau comme il est, ce n'est pas contestable, nous le prenions d'abord pour quelque grand seigneur.

— Pourquoi pas? dit le marchand; y a-t-il quelque chose qui ressemble plus à un grand seigneur qu'un négociant riche? Comment s'appelle votre maître, ami Zébée? ajouta-t-il; je connais tous les trafiquants d'Europe, moi.

Zébée allait répondre, et c'eût été probablement le terme de l'entretien, quand un vigoureux holà des vedettes mit toute la caravane en émoi. Chacun saisit l'arquebuse ou la pique : les sentinelles signalaient l'approche d'une troupe assez nombreuse, que la prudence commandait de ne pas admettre sans contrôle préalable.

Zébée demeura près du jeune homme. Il ne paraissait pas un bien grand batailleur. Mais Jean, le compagnon trapu, dégaina martialement un énorme coutelas et se faufila dans l'avant-garde désignée pour aller reconnaître les nouveaux venus.

Ceux-ci avaient aussi leurs éclaireurs, mais si bien montés et d'une tournure si militaire, avec un tel luxe d'armes et de cuirasses, que toute l'armée des pèlerins eût eu fort à faire pour soutenir seulement le premier choc de cette avant-garde ennemie.

Un cavalier, plutôt armé pour la bataille que vêtu pour le voyage, et qui semblait avoir le commandement de la troupe, arriva sur le front de son avant-garde, et s'adressant aux sentinelles opposées avec un bref et provoquant dédain :

— Qu'est cela, dit-il en français, pourquoi ne passe-t-on pas?

Les sentinelles, qui étaient suisses et fort entêtées, ne répondirent qu'en baissant la pique et en grommelant certains mots allemands.

— Ah! Ah!... des chiens de Suisses, murmura le cavalier.... quelque embuscade... Par le Dieu du ciel, je vais vous faire voir que nous ne sommes pas ici à Morat.

Et déjà il se retournait pour commander à ses gens de forcer le passage, quand le marchand de laine, qui s'était approché et qui avait tout entendu, se jeta en avant, un rameau, non d'olivier, mais de sapin, à la main.

— Eh! seigneur cavalier, s'écria-t-il en français aussi et du ton le plus lamentable, arrêtez un peu!... Ne voyez-vous pas que ces honnêtes Helvétiens ne comprennent pas votre langue?

L'homme d'armes s'arrêta en effet.

— Helvétiens ou diables, répliqua-t-il, quiconque s'exprime à l'aide d'une pique en arrêt se fait suffisamment comprendre, et nous leur montrerons notre intelligence de ce dialecte. Rangez-vous donc, brave homme, et laissez-nous leur passer sur le ventre.

— Mais, monsieur, c'est dans votre intérêt qu'ils vous arrêtent.

— Comment cela?

— Le chemin est rompu par une avalanche, c'est ce qui nous a arrêtés nous-mêmes. Moi, je suis Anglais, et pas du tout Suisse; je parle français, d'abord par amour pour cette belle langue, et un peu pour les besoins de mon commerce. Mais je parle aussi allemand, et, si vous le permettez, j'expliquerai à ces seigneurs de Berne tout ce qu'il vous plaira me prier de leur transmettre.

— Passage, voilà tout, dit le cavalier, passage, ne fût-ce que pour aller voir s'il y a ou non quelque machination, quelque embûche.

— Se défie-t-on de moi? interrompit le marchand avec aigreur; de moi qui cherche à pacifier... faites comme vous l'entendrez; je suis bien bon de m'interposer... Je voyage en qualité de sujet anglais : tout ce qui m'arrivera de mal, mon pays est assez riche pour le payer, assez fort pour le venger. Faites!

En parlant ainsi, le marchand s'était croisé les bras avec un essoufflement qui affectait la majesté. Il voyait du coin de l'œil, non sans une satisfaction vive, l'hésitation du terrible homme d'armes.

De leur côté, les Suisses, cloués sur place comme des pieux auxquels on aurait adapté des lances, persévéraient, immuables, dans leur démonstration hostile, et derrière eux, le gros de la caravane essayait de les calmer, en leur répétant à l'oreille que trop de zèle n'aboutirait qu'à un égorgement général; quelques-uns même criaient de tous leurs poumons qu'ils étaient braves gens, inoffensifs et irréprochables.

— Alors, dit le cavalier, que signifie ce feu sinistre dont nous voyons les éclairs rouges sur la roche?

Le marchand répondit :

— C'est le foyer autour duquel nous essayons de passer la nuit; il fait frais, ne vous en apercevez-vous pas sous votre écaille d'acier?

— Approchez-vous, seigneur cavalier, approchez-vous pour vous convaincre, dirent plusieurs voix.

— Soit, quant au feu, reprit l'homme d'armes; mais me dira-t-on d'où venait ce cri lugubre qui tout à l'heure a retenti sur nos têtes quand nous arrivions dans la gorge de la montagne? N'est-ce point quelque voyageur que vous aurez surpris, dépouillé, étranglé?... Oh! pas de grimaces, mes maîtres; nul ne crie si haut à l'honnêteté que les larrons; et, Suisses ou non, il y a ici de mauvaises figures, ajouta l'homme d'armes avec une insolence qui sentait sa rancune de Bourguignon, et de Bourguignon en force..

Le marchand se garda bien d'expliquer ce bon français aux enfants de Berne. Ceux-ci le comprirent-ils, en devinèrent-ils une bonne part dans l'accentuation du cavalier, dans la façon hargneuse dont il fit sonner toute son armure? toujours est-il qu'ils grondèrent comme l'ours national; mais qu'aussi prudents, après un coup d'œil qui leur montra vingt arquebuses et dix lances dans les rangs ennemis, ils se turent et se rangèrent à droite et à gauche, selon l'invitation que leurs camarades s'empressèrent de leur réitérer.

— On ne m'a toujours rien répondu quant à ce cri de détresse, reprit l'homme d'armes, derrière lequel étaient arrivés lentement plusieurs cavaliers de haute apparence, précédés par une dame richement vêtue de velours, de martre, et courbant sous elle une admirable haquenée andalouse, d'un blanc de neige, à la crinière nattée de rubans feu.

— Mon Dieu, ce cri, dit le marchand tout entier à l'interrogatoire, laissez-nous donc le temps de vous répondre; ce cri n'indique pas que l'on ait égorgé personne... Il a été poussé par la plus innocente créature qui dorme sous le ciel, entourée d'une compagnie d'honnêtes clercs, d'honnêtes marchands... et de...

— Voilà bien des honnêtes gens pour faire crier une innocente créature; expliquez-vous mieux et plus vite, interrompit le cavalier, qui devina derrière lui un mouvement d'impatience. La haquenée blanche avait tressailli.

— Seigneur, dit alors Zébée qui s'était approché comme les autres au bruit que faisaient en se croisant questions et réponses avec accompagnement de fer, seigneur cavalier, répéta-t-il humblement, tout ce que dit ce seigneur marchand est la vérité du bon Dieu; notre jeune maître ne s'est ému et n'a crié que pour une cause frivole; il a eu peur d'un conte effrayant, voilà tout.

— Comment d'un conte? c'est, par saint Georges, une belle et bonne histoire ! s'écria le marchand scandalisé ; et de l'histoire royale, encore... Un conte! l'assassinat des fils du gracieux roi Édouard IV... la scélératesse du tigre York, leur oncle, un conte !... Vous êtes fou, mon brave homme, et je comprends, pour ma part, qu'un enfant s'évanouisse au récit de férocités semblables!

Il riait, ce digne marchand, croyant avoir produit un raisonnable effet sur ses auditeurs. Il ne savait pas à quel point, le malheureux!

La dame fit un bond sur son cheval, et son visage, éclairé par la fuligineuse lueur des torches, pâlit d'une manière effrayante. Les yeux du cavalier s'allumèrent comme deux fusées, puis il se tourna vivement, et avec toutes les marques d'un respect craintif, vers sa noble maîtresse, palpitante encore de l'émotion que lui avaient causée ces dernières paroles.

— Excusez-le, madame, murmura-t-il; il ignore devant qui sa bouche a si témérairement parlé.

La dame, fixant sur le marchand un regard profond :

— C'est vous, dit-elle, qui faisiez ce récit?

— Mais oui, dame, répliqua notre homme peu rassuré.

— Qui êtes-vous? poursuivit-elle avec une froide autorité.

— Thomas Brook, marchand de laine, madame.

— Eh bien, master Brook, dit la dame en pur anglais, vous avez parlé de choses qui ne regardent point les marchands de laine. Que cela ne vous arrive plus !

Elle dit et passa outre, frôlant de son pied, sous sa longue robe, le pauvre diable ébahi, qui ne songea pas même à bouger de place, et qui dévorait cette figure altérée par les soucis et l'âge, cette austère majesté du front et du geste, et cette farouche toute-puissance si bien figurée par un cercle d'or sur la tête, si bien reflétée par un rayon de flamme dans les yeux.

Elle passa donc pour aller s'arrêter devant Zébée, que cette distinction ne troubla pas médiocrement, car il se mit à trembler de tous ses membres.

— Et vous, dit-elle, vous êtes le serviteur de celui qui s'est évanoui?

— Oui, noble dame.

— En entendant raconter les malheurs de la maison d'York ?

— Oui.

— Conduisez-moi près de ce jeune homme, je veux le voir.

Zébée, frémissant et ne sachant plus de quel côté s'orienter, réussit enfin à trouver de ses yeux hébétés le foyer, son étoile polaire. Il marcha, suivi par la haquenée blanche dont le pied sec et nerveux sonnait sur la roche comme la corne du cheval de l'Apocalypse.

On pense bien que la caravane tout entière s'était rangée timidement, humblement, sur le passage de cette dame que son redoutable cortége attendait l'arquebuse à la hanche ou la lance au poing.

Seul, le cavalier, son officier principal, l'accompagnait à pied vers l'endroit qu'atteignit enfin Zébée.

Là gisait, sur sa couche de feuilles et d'odorants branchages, le jeune homme, encore vaincu par la crise terrible, et qui, épuisé de souffrance, fermait les yeux et serrait les dents, pareil à un mort.

Zébée arracha au foyer un tison résineux, et, se courbant vers son maître, en éclaira le pâle visage à la dame, qui contemplait ce spectacle avec une sorte de commisération.

Rien de plus beau, dans sa morne poésie, que ce front noyé d'ombre, que ces traits fiers aux vives arêtes modelées dans le marbre blanc, que ces lèvres tachées des violettes de l'éternel sommeil.

La dame inconnue se pencha avidement vers le corps du pauvre jeune homme ; elle ne put retenir un cri de surprise. Elle regarda encore, et serrant la main que lui tendait son homme d'armes :

— Oh !... murmura-t-elle à son oreille, voyez donc, capitaine ; quelle effrayante ressemblance !

— Je ne sais si j'ai la même pensée que Votre Altesse, dit le cavalier, mais il me semble voir...

— Parlez, parlez !...

— Votre frère, le roi Édouard, à vingt ans ; n'est-ce pas ce que vous voulez dire, madame ?

— Mon frère ! mon malheureux frère !

— Prenez garde, madame, il y a là bien des oreilles tendues.

— C'est vrai.

Une grosse voix éclata soudain à deux pas en arrière ; c'était celle de Thomas Brook, remis en équilibre, et qui s'écriait :

— Vous voyez, noble dame, que nous n'avons égorgé personne, et que l'enfant est parfaitement vivant !

Ces mots firent tressaillir l'étrangère. Ils n'avaient rien cependant qui ne fût trivial et conforme à la circonstance ; mais à ce moment, et sous l'influence des souvenirs, des rapprochements qui se heurtaient en foule dans l'esprit de la dame, elle les entendit retentir comme l'accent révélateur d'une voix surnaturelle.

— L'enfant est vivant, répéta-t-elle tout bas en proie à cette illusion, qu'une froide bouffée du vent alpestre emporta bientôt avec les autres bruits et les autres parfums.

— Ce jeune homme est admirablement beau, dit alors la dame d'une voix haute. Comment le nommez-vous ? Sa condition ? Sa famille ?

— C'est précisément ce que j'allais savoir quand ces trouble-fête sont arrivés, grommela entre ses dents le marchand de laine.

Zébée, s'abritant sous son plus doux sourire :

— Madame, dit-il, sa famille est dans le haut commerce ; le commerce et la banque.

Un pli dédaigneux se creusa entre les sourcils noirs de l'Altesse.

— Quant à son nom, il est fort justement estimé... Madame a peut-être ouï parler du célèbre Warbeck.

— Warbeck !... le juif ? s'écria la dame.

— Converti, converti, minauda Zébée avec une grâce féline qui n'effaça point le type indélébile empreint sur sa face. Pourquoi le nez crochu, la pommette de renard et la bouche ne peuvent-ils se convertir ?

— Warbeck, de Tournay ? reprit l'étrangère.

— Précisément, madame.

— Et ce jeune homme est son fils ?

— Certes, répliqua Zébée.

— Mais lui, Warbeck, où est-il ?

— Plus sur cette terre, soupira Zébée.

— Mort !... mon compère Warbeck !... dit l'inconnue.

Et sa belle main, sortant d'un épais gant de fourrure, traça le signe révéré des chrétiens sur sa poitrine. Son écuyer l'imita.

En sa qualité de converti, Zébée était bien libre de faire comme eux. Pourquoi donc s'abstint-il ?

— Hélas ! oui, noble dame, répliqua-t-il avec une vivacité destinée à économiser le geste saint ; il a trépassé à Constantinople, et je ramène avec Jean, notre ami, le jeune seigneur Perkin à la maison paternelle, où l'attend une mère désolée.

— Je le vois en un triste état, dit l'étrangère.

Zébée secoua la tête.

— Ce jeune homme n'est pas capable de faire la route à cheval, continua la dame; il arriverait mort au logis.

— En ce cas, nous n'aurions plus qu'à enterrer notre maîtresse, s'écria Zébée, gesticulant avec une sensibilité qui, de laid, le rendit hideux.

— Elle aime donc bien ce fils?

— Oh! madame!... elle ne vit que par l'espoir de l'embrasser.

— Eh bien, repartit la noble femme, il ne sera pas dit que j'aurai manqué d'assister dans le malheur la famille de Warbeck, mon compère, qui m'a rendu pendant sa vie tant de bons services, à moi et aux miens. Il n'est pas toujours vrai que les princes oublient... n'est-ce pas, capitaine? Qu'on soulève ce jeune homme avec précaution, et qu'on le porte dans ma litière... Il y passera plus tranquillement la nuit, et y fera plus moelleusement la route.

— Mais, madame, balbutia Zébée stupéfait, nous allions chez dame Warbeck...

— Ainsi ferez-vous, bonhomme; j'y vais aussi.

— Mais nous l'escortions, noble dame.

— Vous continuerez... Seulement au lieu d'escorter un cheval, vous escorterez une litière, et nous vous escorterons.

Zébée regarda Jean; Jean saluait jusqu'aux genoux; Zébée salua jusqu'à terre.

— Ce n'est pas malheureux, pensa-t-il, pour les valeurs que je rapporte. Ce coquin de Jean me les eût peut-être volées en chemin, il est si fort !

Comme il achevait ce soliloque, deux serviteurs de la dame transportaient le jeune Warbeck, d'après l'ordre de leur maîtresse, et d'autres, qui, depuis le commencement de cette scène, avaient été chargés de chercher un chemin pour tourner l'obstacle, accouraient annoncer que ce chemin était trouvé moyennant une heure de travail dans la montagne, et l'abatis d'une douzaine d'arbres pour le passage des chevaux.

Déjà l'on entendait les coups de hache et le gémissement des mélèzes.

— La route sera bientôt libre, dit la dame en se tournant vers le marchand de laine. Chacun ici pourra en profiter.

— Qui donc est cette femme qui se fait faire des chemins pour elle dans le granit des Alpes? demanda Thomas Brook à l'un des hommes d'armes.

— Son Altesse madame la duchesse douairière de Bourgogne, répliqua le cavalier de fer.

— La veuve de Charles le Téméraire ! s'écria le marchand qui répandit ce bruit aussitôt dans la troupe.

Les Suisses, alors, haussant les épaules :

— Il paraît, dit l'un d'eux en allemand, que cette maison est née pour tout bouleverser dans le monde. Le feu duc Charles s'en prenait aux hommes, la duchesse s'attaque aux montagnes.

— Silence donc, murmura Thomas Brook. Heureusement, vous parlez allemand.

— Un Suisse est libre et parle quand même, dit l'autre Bernois. Ce droit de parler, nous l'avons acheté à Granson, à Morat, à Nancy, et payé comptant. Demandez à la duchesse.

Là-dessus les Helvétiens se mirent à rire.

Soudain la princesse, se tournant avec dignité vers ces hommes :

— Ce que vous n'avez pas acheté, dit-elle en allemand, c'est le droit d'insulter une femme qui offre de vous rendre service. Vous êtes trop orgueilleux, bourgeois de Berne. Ce n'est pas vous qui avez vaincu le duc mon seigneur; c'est la colère de Dieu. Si vous ne la craignez pas, craignez la mienne; j'ai eu un moment l'idée de vous faire pendre.

« Quant à vous, sire marchand, ajouta la princesse en se tournant vers Brook éperdu, quittez ces compagnons, croyez-moi. Ils méprisent Bourgogne; vous dénigrez York; vous êtes en mauvaise veine, et, si vous continuiez, il vous arriverait malheur !

Brook ne se le fit pas répéter; il se sépara des Bernois par un bond qui faillit changer en sourire la gravité mélancolique de la duchesse.

Les Suisses frissonnants tournèrent et retournèrent leur bonnet dans leurs mains, peu soucieux ce jour-là du martyre patriotique.

Nous n'assurerions pas qu'en défilant devant eux, les crosses d'arquebuses et les hampes de lances bourguignonnes n'aient pas pris quelque sournoise revanche des massacres héroïques constatés par l'ossuaire helvétien.

Bientôt l'escorte de la duchesse, grossie de tous les

esprits dociles de la caravane, se mit en marche à travers le nouveau chemin, et la lune, qui se levait derrière les dentelures rocheuses, éclaira les ondulations de ce long serpent dans les rampes de la montagne.

III

Marguerite d'York, duchesse douairière de Bourgogne, était sœur d'Édouard IV, le père de ces malheureux enfants assassinés ; sœur de Richard d'York, duc de Glocester, leur assassin ; sœur de Clarence, tué par ses frères. On l'avait mariée à Charles le Téméraire, un des plus puissants princes de son temps, en sorte que, d'une famille toujours nageant dans le crime et la violence, la malheureuse Marguerite était passée dans une cour habituée au sang et à la guerre. Élevée dans la haine du nom français, elle n'avait fait que continuer cette haine dans les conseils de son époux, l'implacable ennemi des rois de France, dont il eût triomphé peut-être sans le génie astucieux de Louis XI, qui sut éviter souvent la guerre avec un pareil rival, en lui suscitant toujours à propos les plus dangereuses inimitiés.

Pendant la vie, et même après la mort de Charles le Téméraire, Marguerite sœur du roi — Édouard IV régnait alors — fut une princesse traitée dans toute l'Europe avec les plus souverains égards. Forcée de céder à Marie de Bourgogne, fille de Charles, les États du feu duc, elle avait conservé en Flandre un magnifique douaire. Elle était toujours princesse, et s'appuyait toujours sur sa famille en Angleterre. Édouard IV étant mort, son fils, Édouard V, un enfant, lui succéda. C'était encore un roi dont Marguerite était la tante. Son crédit ne diminuait pas. L'horrible attentat de Richard sur ses neveux enleva, il est vrai, la couronne et la vie à Édouard V; mais Richard III lui succédait. Ce monstre n'était pas moins frère de Marguerite; il régnait : le deuil de la famille n'avait rien ôté de sa puissance à la duchesse de Bourgogne. York et sa Rose blanche brillaient sur le trône d'Angleterre.

Mais tout à coup la scène change. Un proscrit, le comte de Richemond, apparaît. Il débarque avec une armée; il menace Richard III sur son trône. La lutte s'engage. Le tyran succombe dans les plaines de Bosworth. Richemond se fait couronner sous le nom d'Henri VII. York s'écroule, Lancastre est sur le trône. Il ne reste rien à Marguerite que le souvenir du passé; à quoi bon l'usurpation, le meurtre, les atrocités de tout genre qui avaient préparé à York une si haute fortune? Richard III a effeuillé, pour régner seul, la Rose blanche tout entière. La Rose rouge de Lancastre s'étale orgueilleusement sur l'écu anglais.

Frappée de ce grand désastre, Marguerite regarde alors autour d'elle : partout des ruines. Louis XI a patiemment repris la Bourgogne aux petits-fils de Charles le Téméraire. Charles VIII, roi de France, ne sait plus même si ce nom de Bourgogne a existé. En Angleterre, Henri VII entasse paisiblement l'or dont il est idolâtre. Il règne sans inquiétude; ses rivaux d'York ont disparu. Une seule fleur de cette brillante tige végète obscurément dans les ténèbres de la Tour de Londres : c'est un fils de Clarence, un Warwick, que le peuple a bien aimé, mais qu'il croit à peine vivant.

Il y a bien une fille d'Édouard IV : Henri VII, en homme habile, l'a épousée. Élisabeth d'York est reine d'Angleterre. La nation a vu avec joie l'union des deux Roses; elle a espéré enfin la paix, la concorde, après tant de massacres dans les guerres civiles.

Quant à Marguerite, duchesse de Bourgogne, elle est tante de la reine, c'est un dernier espoir, si la reine se souvient qu'elle est du sang d'York.

Aussi commence-t-elle, avec l'habileté traditionnelle de la politique bourguignonne, à circonvenir sa nièce Élisabeth pour connaître ses sentiments. Elle noue une correspondance avec sa belle-sœur la reine douairière d'Angleterre, veuve d'Édouard IV. Cette princesse qui a tout perdu, mari, enfants, couronne, comprendra peut-être l'ardent désir de Marguerite qui veut ressaisir une ombre de puissance. Trois femmes habiles, qui formeraient une étroite union, parviendraient sans doute à d'immenses résultats; et tout ne serait pas désespéré pour l'avenir d'York, malgré ses pertes cruelles.

Marguerite, retirée dans ses domaines de Flandre, fomente à loisir cette petite intrigue, pâle reflet des grandes entreprises de son beau temps. Ses ambassadeurs, ses espions, rampent ou volent. Que demande la duchesse? le droit de retourner en Angleterre quand elle s'ennuie au milieu des Flamands. Elle voudrait aussi sa part des domaines de la maison d'York, confisqués intégralement par Henri VII. Une fois entourée d'Anglais, une fois en possession des fiefs qui doubleraient ses ressources, Marguerite se sentirait la force de remuer le monde. L'âme du Téméraire a surgi en elle au déclin de ses ans. L'ombre du farouche Bourguignon l'éveille pendant les brumeuses nuits de Flandre; elle lui soufle des ambitions, des vengeances. Marguerite ne risque rien en ce monde : elle n'a ni patrie, ni amour, ni enfants.

A mesure que les années s'écoulent, l'impuissance devient pour cette tête ardente un supplice plus intolérable. Elle voyage pour tromper son activité. En Savoie, en Allemagne, elle s'établit des intelligences. Elle s'est adressée jusqu'en Écosse, où le jeune roi Jacques IV dispute ses frontières à l'avide Henri VII, et n'attend qu'une bonne occasion de s'agrandir. Si Marguerite, qui est riche parce qu'elle a su amasser, trouvait un bon allié pour exercer une pression sur Henri VII, ce monarque chercherait bien vite à la satisfaire.

Le temps marche. Plusieurs fois déjà Marguerite, lasse d'attendre, a fait d'obscures tentatives. A propos de l'imposteur Lambert Simnel, qui voulait se faire passer pour Warwick échappé de la Tour, la duchesse a constaté l'amour des Anglais pour le sang d'York. Simnel a été vaincu, humilié par le pardon d'Henri VII; toutes les trames de Marguerite ont été coupées dans l'ombre, mais Henri VII a dû livrer bataille. C'est contre l'esprit national des Anglais qu'il combattait, et si la fortune cette fois encore lui a souri, pourquoi ne l'abandonnerait-elle pas dans une autre circonstance? Qu'il soit tué comme Richard III dans une mêlée, sa femme Élisabeth, une York, est seule reine!

Ainsi donc, agiter, ébranler par de sourdes et incessantes secousses le trône occupé par un Lancastre, telle est la politique de la duchesse de Bourgogne. Le résultat peut en être soit la chute d'Henri VII lui-même, soit la chute de quelque riche joyau qui tomberait de cette couronne dans les mains de Marguerite, prête à le recevoir.

Plus de repos, plus de trêve. L'Écosse prête l'oreille aux suggestions de la Bourgogne. La veuve d'Édouard IV doit s'agiter au fond de son palais. Élisabeth, femme d'Henri VII, n'attend que son couronnement pour ébaucher un parti en faveur d'York. Le peuple, après douze ans, verse encore des larmes au récit du meurtre des enfants d'Édouard. Il aimait tant cette famille, que tous les crimes de Richard n'ont pas réussi à rendre odieux le nom d'York.

Quant à Henri VII, il est seul, tout-puissant, c'est vrai, mais impopulaire. On le tolère parce qu'il est le mari d'Élisabeth, et que la Rose blanche n'a plus de rejetons mâles. Vienne une occasion, jaillisse une étincelle, l'explosion et l'incendie ne se feront pas attendre.

Marguerite a préparé ces piéges. Dans l'un ou dans l'autre tombera infailliblement Henri VII. Qu'il se donne tout entier aux partisans d'York, le retour de Marguerite en Angleterre près de sa nièce est assuré comme sa fortune. Qu'il résiste et s'obstine à préférer les amis de Lancastre, on lui suscitera des haines si puissantes, qu'il trébuchera plus d'une fois en chemin.

Les piéges de la duchesse étaient : une alliance secrète avec la reine douairière, que le peuple adorait en souvenir de ses deux fils égorgés, le triomphe probable d'Élisabeth d'York, femme du roi et nièce de Marguerite; enfin, l'Écosse toujours remuante, toujours prête à recevoir tous les bruits hostiles et toutes les armées qu'on y voudrait jeter en haine de l'Angleterre. Bien sûre de ses ambassadeurs près de ces trois alliés cachés, renseignée jour par jour, sur les actes les plus frivoles d'Henri VII, comme sur les sentiments du peuple anglais, la duchesse avait été signer un traité en Savoie, entrait en arrangements avec la France, et surveillait l'occasion, et guettait l'étincelle.

Si pressée que fût Marguerite, elle ne l'attendait pas aussitôt.

IV

Plus d'une journée de marche avait fait oublier à la duchesse l'événement bizarre de sa rencontre avec le fils du marchand dans les montagnes.

Marguerite, infatigable, lisait ou se faisait lire tout en chevauchant. Elle expédiait ou recevait des courriers, questionnait les gens sur la route, faisait halte souvent pour écrire. Warbeck mort, son fils à moitié mort et à moitié fou, ne comptaient plus pour rien dans la pensée de la princesse. Elle retournait en Flandre, avec des comptes à régler avec la veuve de l'ex-juif, argentier de la plupart des princes de l'Europe, et n'était pas fâchée de se faire une bonne entrée chez la mère en lui ramenant son fils, car les Warbeck étaient riches et prêtaient volontiers. Toutes ces choses étant passées à l'état de détail dans le plan général, Marguerite ne s'en inquiétait plus; elle avançait.

On était déjà loin des montagnes, et la vallée de la Moselle était franchie, quand, vers Nancy, que la duchesse évitait avec soin, tant pour n'être pas suspectée en traversant les États de Lorraine, que pour n'avoir pas sous les yeux les murs devant lesquels était tombé Charles le Téméraire, elle reçut un message à la suite duquel ses chevaux semblèrent avoir pris des ailes, et ses cavaliers une ardeur de démons.

« Un ami, disait la dépêche, vous attend à Soissons avec des nouvelles importantes de Londres et d'Écosse. »

La duchesse laissa à l'arrière-garde les chariots, les hommes d'armes pesants, leur recommanda la litière et le malade auquel elle fit promettre qu'elle arriverait en même temps que lui à Tournay, chez sa mère. Puis, à la tête de dix gentilshommes-d'élite, elle traversa le pays, courant nuit et jour, jusqu'à ce qu'elle fût arrivée au terme de sa course furieuse, c'est-à-dire au rendez-vous que le messager lui avait assigné.

A la frontière de France les dix gentilshommes disparurent. Un seul demeura près de la princesse : c'était son capitaine favori, vieil homme de guerre anglais qui avait été de toutes les batailles du feu duc. Marguerite prit l'apparence d'une simple bourgeoise en voyage, et arriva sans encombre à Soissons.

Toute la France, à cette époque, ne s'occupait que du

départ de Charles VIII pour le royaume de Naples. De partout les contingents de soldats, de vivres, d'armes, se dirigeaient vers le Dauphiné, rendez-vous général de l'armée française. Rien ne troubla donc la duchesse dans ses projets ni dans son excursion.

Quel pouvait être cet ami? était-ce un de ses agents? il n'eût pas osé employer le mot « ami » à l'égard d'une si fière princesse. Pourtant, pas d'erreur possible : la lettre portait un des signes secrets convenus entre la duchesse et le roi d'Écosse. Marguerite avait dévoré l'espace, elle eût voulu dévorer le temps.

Lorsqu'elle franchit avec son écuyer les portes de Soissons, c'était le soir, un jour de fête; toute la population allait et venait autour des massives tours comme un peuple d'abeilles autour de la ruche. Déjà l'église allumait ses vitraux, et l'encens s'exhalait du porche avec l'odeur des roses que les enfants avaient semées sur la place.

Marguerite, indifférente en apparence, se sentait suivie depuis la herse; elle laissa son cheval la guider dans la grand'rue. Soudain une voix lui dit tout bas :

— A gauche.

Alors, obéissant, elle tourna dans le sens indiqué. Une rue latérale, aussi déserte qu'elle était sombre, aboutissait à une petite place au coin de laquelle la voix du guide invisible dit à Marguerite :

— C'est ici.

Aussitôt, la duchesse vit une forme humaine, que jusque-là elle n'avait pu distinguer, sortir de l'ombre et ouvrir une porte cintrée qui gémit sur ses gonds robustes. Les chevaux, attirés par l'odeur hospitalière du fourrage s'y glissèrent allégrement, et Marguerite mit pied à terre dans une cour tapissée de pampres et de rosiers dont les bouquets éclataient comme des fusées. Il faisait nuit close ; le guide siffla. Un valet vint éclairer à la duchesse les marches d'un petit perron de pierre, en haut duquel une femme attendait dans la pénombre d'une salle tendue en cuir de Flandre.

A peine Marguerite eut-elle mis le pied dans cette salle, que le valet disparut refermant la porte. Alors la dame inconnue poussa un petit cri, se jeta dans les bras de la duchesse, qui, reconnaissant ce frais visage, cette radieuse beauté, ce parfum de jeunesse, et l'accent écossais si cher à son oreille et à son cœur :

— Catherine Gordon ! s'écria-t-elle transportée de plaisir ; toi ! ma comtesse ; toi ! mon enfant ; toi ! toi !... Oh ! voilà, depuis tant d'années, la première fois que mon cœur ait battu de joie ; Catherine !... ma rose d'Écosse, ma filleule chérie !... Oh ! ne t'arrête pas !... embrasse-moi toujours.

Et l'austère princesse tenait dans ses bras la jeune fille et la couvrait de baisers. Elle palpitait, les sanglots bondissaient dans sa poitrine ; elle eût donné une de ses villes pour soulager par une larme ce cœur si douloureusement gonflé au souvenir de la famille, émanation de la patrie.

Catherine était plus heureuse : à seize ans, pure et tendre comme les anges, elle riait et pleurait en même temps.

— Quoi ! reprit la duchesse après l'avoir assise auprès d'elle, presque sur ses genoux ; quoi ! d'Écosse ici !... tu as fait ce voyage immense ?... Une enfant !... Tu es donc comme celles de notre race, une lionne cachée sous la beauté d'une nymphe? Et le roi Jacques t'a laissée partir!... imprudence!... imprudence!... On voit bien qu'il est jeune comme toi.

— C'est lui qui m'envoie, bonne marraine.

— Oh! t'exposer ainsi.

— Notre Jacques bien-aimé sait que je suis brave, et ce n'est qu'à une oreille discrète, à une âme brave, qu'il pouvait confier ce que je veux vous dire.

— De grandes nouvelles, chère enfant? dit tendrement la duchesse en pressant dans les siennes les mains froides de Catherine, et en plongeant ses regards jusqu'au fond de l'âme ingénue qui s'offrait à elle.

— Vous en allez juger... Mais, d'abord, voyons si la route ne vous a pas trop fatiguée. Votre appartement est prêt; je vous attendais depuis deux jours: commandez ici comme partout.

— Je ne suis ni fatiguée ni occupée de quoi que ce soit qui touche à cette vie misérable. Je ne songe qu'aux paroles que tes lèvres vont prononcer. Vois, je suis pâle..., mon âme est en Angleterre. Catherine..., dis-moi que je reverrai la patrie; dis-moi que nous verrons triompher York, et tu m'auras donné en une minute tout ce qui tiendrait de joie et de fortune en dix existences royales!

Catherine secoua doucement la tête; ses beaux yeux, plus limpides que l'azur, reflétèrent un des nuages qui troublent, en s'y mirant, les grands lacs bleus d'Érin.

— Chère marraine, murmura-t-elle tristement, pas encore, pas encore! je n'ai pas dit qu'elles fussent bonnes, les nouvelles que j'apporte : graves, fécondes en événements, appelons-les ainsi.

— Malheur sur nous, alors ! soupira la duchesse. Mais, d'un malheur que l'enfant annonce en frémissant, les âmes choisies, les âmes royales se composent parfois, à force de persévérance et de travail, ce que nous appelons le bonheur, je veux dire un succès. Parle, ma fille bien-aimée ; parle, me voici préparée aux plus cruelles douleurs ; ce n'est pas trop d'une minute, n'est-ce pas ? pour faire passer une âme de la joie au désespoir.

— Rien n'est encore désespéré, madame, dit Catherine ; mais j'ai vu beaucoup de tristesse chez le roi Jacques. Avant tout, vous ne me demandez pas si je suis venue seule d'Écosse en France.

— Je ne te l'ai pas demandé, Catherine, parce que je sais bien que c'est impossible, et je connais l'amitié du roi pour sa fidèle Gordon. Il t'aura choisi une suite capable de te faire respecter partout.

— Deux personnes seulement m'ont accompagnée, dit la jeune fille avec un sourire d'innocence qui fit tressaillir Marguerite.

— Deux... murmura-t-elle... deux paladins de la Table ronde, alors ?

— Ma nourrice et un clerc, qui n'a peut-être jamais touché une épée.

— Tu me fais frémir ; qui donc ?

— Oh ! vous ne devinerez jamais.

— Tire-moi de peine... Quel est cet invincible à qui le roi confiait ainsi notre plus cher trésor ?

— Un homme bien dévoué, car il jouait sa vie dans ce

voyage, et encore maintenant, sur une terre libre, il est mort si vous ne le prenez point sous votre protection.

— Nomme-le-moi.

— Fryon.

— Ce Français? le secrétaire intime du roi d'Angleterre? s'écria la duchesse dont les yeux s'enflammèrent de surprise et de satisfaction.

— Lui-même, dit Catherine.

— Un transfuge de cette importance... Il se déciderait à nous livrer les secrets de son maître?

— Tous.

La duchesse frappa ses mains dans un transport de joie; puis tout à coup:

— Un moment, dit-elle avec une sourde agitation, c'est peut-être un piége. Le Lancastre ne nous envoie-t-il pas cet homme?

— Vous ne le croirez pas quand vous aurez entendu Fryon; le roi Jacques, du moins, ne l'a pas cru. Il est d'ailleurs de ces piéges qu'on ne se tend pas à soi-même sous peine d'y tomber le premier.

— Explique-toi, ma fille.

— Voici ce que m'a chargé de vous dire notre Jacques. Le roi d'Angleterre refuse de couronner Élisabeth, sa femme, dont il redoute la popularité. Il y a grand mécontentement parmi le peuple. L'Écosse prend parti contre Lancastre et prépare ses armées.

— Le prétexte, chère Catherine, dit la duchesse d'un ton grave, le prétexte manque. Henri VII est un grand politique, qui ne tarde tant à satisfaire la nation que pour doubler le prix de la satisfaction quand il l'accordera.

Qu'on le presse un peu, il couronnera Élisabeth ; alors le peuple de Londres lui élèvera des arcs de triomphe. Il joue avec le nom d'York, comme un chat avec une souris morte. Il sait trop bien qu'il n'a plus rien à redouter de ce nom !

En parlant ainsi, Marguerite poussa un soupir amer.

— Et si vous vous trompiez, murmura Catherine, les yeux pétillants de joie ; si, au contraire, la persécution d'Henri VII contre ces pauvres femmes de notre maison ne prenait sa source que dans une terreur nouvelle ?

— Comme tout à l'heure, je te dirai, ma Catherine, le prétexte ?

— Si le prétexte existait, s'il était de nature à enflammer toute l'Angleterre, toute l'Écosse ?

— Enfant !... ces incendies si prompts s'éteignent vite ; et toujours dans notre sang le plus pur.

— Eh bien, apprenez, chère marraine, continua Catherine en baissant la voix, qu'un bruit sourd circule chez les familiers du roi, un bruit qui change en siècles de tortures les minutes d'insomnie d'Henri VII. On parle d'un prince de la maison d'York, d'un de mes jeunes cousins qui aurait échappé à la mort dans la Tour de Londres.

La duchesse secoua tristement la tête.

— On l'a trop dit déjà, ma fille ; c'est pour Henri VII un épouvantail usé, une joie usée pour nous et pour le peuple.

— Cependant, c'est à ce propos que le roi serait entré en fureur, qu'il aurait eu avec la reine sa femme une explication qui a dégénéré en scène violente. On ajoute que la reine douairière aurait été mandée au palais. Des témoins affirment qu'on entendait distinctement les menaces d'Henri VII, les sanglots et les malédictions de la pauvre mère.

Marguerite appuya son front sur ses mains brûlantes. Elle avait écouté attentivement; mais la persuasion n'était pas entrée chez elle avec les paroles de Catherine.

— On ajoute, dit-elle d'un accent presque railleur, des témoins affirment, et cela suffit au roi Jacques IV? Passe pour toi, qui crois ce que tu désires; et quel est l'auteur de ce récit? Fryon? voilà ce qu'il a rapporté au roi d'Écosse?... S'il n'apporte ici d'autre bagage que celui-là, bienvenue est aventurée.

La duchesse achevait à peine, quand un léger bruit attira son attention vers la portière de lourde tapisserie qui communiquait à une chambre voisine.

— Cette tenture a tremblé, dit Marguerite. On nous écoute.

— Fryon est là, répondit la jeune fille, un peu ébranlée par le doute si plein d'autorité de la princesse.

— Oh! tu eusses mieux fait de me prévenir, s'écria Marguerite; tu m'as laissé parler librement devant un homme suspect, un Français, qui, de bonne foi ou non envers nous, n'a pas moins trahi son maître.

La tapisserie se souleva tout à fait; la duchesse aperçut dans l'ombre un homme agenouillé, la tête inclinée sous cette humiliation qu'il venait de subir.

— Si je vous trahis, madame, dit cet homme d'une voix émue, vous n'aurez pas à me chercher bien loin pour me punir, puisque je me livre. D'ailleurs, vous pouvez vous défier de mon honneur, mais il me semble que vous suspectez trop légèrement la perspicacité du roi d'Écosse. Ce prince, aussi prudent qu'il est généreux et brave, ne m'aurait pas envoyé vers vous s'il n'eût reconnu l'importance de mes déclarations.

Tandis que Fryon parlait, la duchesse le considérait en femme habituée à lire profondément sur un masque. Elle avait à ses pieds un homme dans la force de l'âge, d'une physionomie remarquablement fine et spirituelle. Ses traits, empreints d'un mélange d'audace, d'effronterie même, plaisaient par le contraste de cette sorte de franchise avec la dissimulation caractéristique de la bouche et d'un regard défiant. Ces natures, tout à la fois réfléchies et ardentes, sont capables des plus puissants efforts. La duchesse le savait. Elle se connaissait en instruments. Celui-là lui parut tout d'abord énergique et digne de considération.

— Soit, dit-elle radoucie ; vous avez fait au roi d'Écosse d'importantes révélations : mais les preuves ?

— Votre Altesse ne suppose pas, répliqua Fryon tranquillement, que j'aie osé venir me présenter à une princesse habile, au plus sage génie de ce temps d'intrigues et de hautes idées, sans des documents qui constatent d'une façon irrécusable ma clairvoyance et mon dévouement.

La duchesse s'approcha. Fryon sentit qu'il avait à moitié gagné sa cause.

— Vous avez tout à l'heure entendu ce que m'a dit Catherine? ajouta-t-elle.

— Madame la comtesse veut bien avoir confiance en moi, depuis que le gracieux roi d'Écosse m'a permis de me tenir là. J'ai tout entendu : mais je dois dire que je n'ai entendu autre chose que ce que j'avais appris moi-même au roi Jacques. Ainsi l'indiscrétion n'est pas grande de ma part. Quant aux paroles qu'à prononcées Votre Altesse, je m'attendais bien à les entendre, puisque je suis venu ici. Je n'y suis venu que pour les entendre, madame, et vos sentiments sont connus de toute l'Europe. Vous n'avez pas un plan, une idée, un espoir que je ne connaisse comme vous.

— C'est parler hardiment, répliqua Marguerite troublée malgré elle par le calme de cette déclaration. Mes plans ne sont connus d'ordinaire que de ceux qui les font réussir. Pour d'autres que ceux-là, il peut y avoir danger à les pénétrer.

— Nul mieux que moi ne saurait vous donner satisfaction, madame, repartit Fryon ; le succès est en moi, je vous l'apporte.

— Je vous ferai deux questions, interrompit la duchesse. Quel motif vous pousse à trahir votre maître?

— Je réponds nettement : son avarice.

— Un homme d'esprit comme vous doit savoir changer un avare en prodigue.

— Jamais la prodigalité du roi Henri VII ne s'élèverait à la hauteur de mon ambition, dit Fryon sans embarras et sans emphase. J'ai rendu à ce prince de grands services depuis trois ans que je suis son secrétaire. Il ne m'a payé qu'en dédains ou en promesses. Or, je veux faire une très-grande fortune ou mourir très-jeune. La destinée de l'homme est dans sa main.

— Vous aimez l'argent?

— Beaucoup.

— Les égards, les honneurs?

— Passionnément.

— Que comptez-vous obtenir de moi?

— Tout ce que je veux, car vous avez tout à gagner avec moi, comme moi avec vous. Ceux qui cherchent à acquérir ne mettent pas de bornes à leur gratitude; ceux qui ne s'appliquent qu'à conserver calculent mesquinement.

— Et vous m'apportez?...

— La preuve irrécusable de la lutte qui va s'établir entre le roi Henri VII et les deux reines, sa femme et sa belle-mère, au sujet de l'existence d'un des fils du feu roi Édouard.

— Donnez... A moins que vous ne désiriez d'abord fixer le prix de votre service.

Fryon sourit avec finesse.

— Nullement, dit-il, car je ne puis vous donner aujourd'hui tout ce que vous pouvez tirer de moi, et les circonstances ultérieures peuvent seules me rapporter ce que j'attends de Votre Altesse.

En parlant ainsi, il tira de sa ceinture une boucle ingénieusement travaillée, dans l'épaisseur de laquelle un ressort délicat s'ouvrit tout à coup, et découvrit un billet caché au cœur du métal. Il tendit le billet à la duchesse.

— Votre Altesse connaît cette écriture? dit-il.

— C'est de ma belle-sœur Élisabeth!... la reine mère... Oh oui!...

— Eh bien, prenez la peine de lire, madame, dit le secrétaire avec un respectueux orgueil.

« Chère amie, chère complice, lut Marguerite avec émotion, il vient de s'accomplir toute une révolution dans ma vie. Hier le hasard m'a mise en présence d'un homme que je croyais autrefois ne pouvoir regarder en face sans mourir de douleur et de colère... Cet homme, cet assassin, l'auteur de toutes mes misères, n'a pu soutenir le poids de mon regard. Il s'est précipité à mes pieds... Il m'a dit : « Espérez, pauvre mère !... »

Ici Marguerite s'interrompit ; elle appuyait une main convulsive sur son cœur qui battait à l'étouffer.

— De quel homme parle donc ma sœur ! murmura-t-elle en interrogeant Fryon du regard.

Le secrétaire lui fit signe humblement de continuer sa lecture ; Marguerite obéit.

« Oh !... si Dieu a mis le remords à côté du forfait, la réparation après la douleur ; si Dieu a pitié de la triste York, il ne permettra pas qu'il y ait erreur ou trahison, c'est-à-dire un nouveau crime dans les paroles de Brakenbury... »

— Brakenbury ! s'écria Marguerite ; c'était Brakenbury, le gouverneur de la Tour, l'exécuteur des sanglantes volontés de Richard III ! le meurtrier des pauvres enfants !

— Il paraît, madame, reprit Fryon, que Dieu a exaucé la malheureuse reine, car les remords déchirent, dit-on, ce Brakenbury au point qu'on l'a vu errer, sinistre et fou, dans Londres, aux environs de la Tour... C'est là que la reine mère l'aura rencontré, là qu'il se sera précipité suppliant aux pieds de celle dont il a fait l'éternel malheur, et dont la présence doit être son plus horrible châtiment.

Marguerite reprit avidement sa lecture.

« Au cri que j'ai poussé, aux élans de mon délire, de ma folle joie, on est accouru. Le roi a voulu savoir. On m'a presque torturée, je n'ai rien dit. O mon amie ! vous qui êtes puissante, vous qui êtes libre, cherchez, fouillez le monde, arrachez à cet homme le secret que j'ai vu luire dans ses yeux. C'était un éclair de bonheur, d'espérance... Je suis folle, ma sœur.

— Ma sœur ! dit Marguerite avec stupeur. De quelle sœur parle-t-elle ? à qui cette lettre est-elle adressée ?

— A vous, madame, dit Fryon.

— Comment est-elle dans vos mains ?

— Le roi allait l'intercepter, comme toutes celles de sa femme et de sa belle-mère. C'est moi qui étais chargé de ce soin ; d'ordinaire je m'en acquittais fidèlement. Cette fois, ainsi que je vous l'ai expliqué, madame, je me suis trouvé à bout de patience, j'ai gardé la lettre au lieu de la montrer au roi ; et, muni de cette précieuse garantie, j'ai fui en Ecosse. Le roi Henri, qui attendait cette lettre et qui m'attendait aussi, a éclaté d'une double fureur ; mais j'étais déjà hors de son atteinte. Le roi Jacques, après avoir reçu ma confidence, m'a demandé ce que je prétendais faire. J'ai déclaré que vous étiez la seule personne capable de me comprendre et de servir utilement la cause d'York. Vous remarquerez en passant, madame, que je pouvais m'adresser au roi Charles VIII, à mon roi, qui m'eût payé cher une occasion de bouleverser l'Angleterre. J'ai préféré Marguerite de Bourgogne, fille d'York. Alors le roi Jacques m'a fait embarquer sur un navire prêt à mettre à la voile. J'ignorais que lady Catherine

Gordon fût du voyage. En débarquant à Calais, cette dame m'a remis un ordre de l'escorter jusqu'à Soissons. J'ai obéi. C'est à Votre Altesse maintenant de prendre un parti. Je dois la prévenir que de cette lettre merveilleuse, inconnue à tout le monde, excepté à celle qui l'a écrite, au roi d'Ecosse et à moi, il s'était exhalé avant que je vous la remisse, madame, comme un parfum d'espoir et de régénération qui s'est répandu par toute l'Angleterre. On dit le roi Henri VII furieux jusqu'à la démence. Partout des arrestations, des enquêtes, et plus le tyran étouffe ces rumeurs, plus elles grossissent, semblables à un orage qui envahit déjà les deux tiers de l'horizon.

Il se tut. La duchesse, absorbée dans une méditation solennelle, semblait l'écouter encore, mais ne l'entendait plus.

— Qu'est devenu ce Brakenbury? murmura-t-elle.

— Votre Altesse, bien secondée, le retrouvera, dit Catherine. Oh! il faut que nous le retrouvions!

— Oui, balbutia Marguerite, oui. Mais avant nous, Henri VII le saisira; il n'a que la main à étendre. S'il ne s'emparait pas de cet homme, je dirais....

— Votre Altesse, interrompit Fryon qui avait compris le regard défiant de Marguerite, Votre Altesse dirait d'abord que, pour chercher Brakenbury, il faut que le roi Henri sache ce qu'a fait et ce qu'a dit Brakenbury. Or, rien ne le révèle que cette lettre, et j'ai eu l'honneur de vous dire, madame, que je l'ai soustraite avant qu'elle eût passé sous les yeux du roi.

— C'est vrai, dit la duchesse; à moins que la reine ma sœur n'ait été faible et n'ait avoué à son gendre ses espérances. Brakenbury! ajouta-t-elle, pourquoi cette apparition, pourquoi cette consolation donnée à la reine mère? Tenez, Catherine, tout cela est folie ou perfidie. S'il vivait un rejeton d'York, ne le saurais-je pas depuis douze ans? Le premier bruit en viendrait-il à une mère par hasard, sans opportunité, alors que dix fois la conjoncture s'est rencontrée plus favorable. Non, vous dis-je, il y a là-dessous une trahison nouvelle, et les malheurs m'ont appris à deviner les traîtres.

Fryon haussa doucement les épaules, plutôt par commisération que par dédain. Marguerite le remarqua bien, mais déjà elle subissait l'irrésistible ascendant de cet étrange personnage. Elle ne s'irrita point.

— Votre Altesse, dit-il, parle toujours de trahison et de traîtres. Il faut bien, quelle que soit ma longanimité, que je regarde autour de moi pour savoir à qui elle fait allusion. Je ne trouve que moi, et je suis traître, en effet, à mon dernier maître. Mais c'est un cercle vicieux dont je forcerai bien Votre Seigneurie de sortir, sinon nous n'avancerions ni l'un ni l'autre en nos affaires. Ou l'on se défie de moi, ou l'on a confiance; si l'on a confiance, il ne faut pas tarder à m'en donner quelque marque importante, digne de la cause, digne de moi. Si l'on se défie, pas de scrupule! j'ai remarqué en bas, dans la cour, des crochets de fer et un puits, des valets vigoureux et un écuyer habitué aux expéditions promptes. Il faut d'ici à cinq minutes me noyer ou me pendre; mais ne perdons pas notre temps.

Catherine frissonna en voyant, d'un côté, la provoquante audace de ce conseiller de nouvelle espèce, de l'autre, la froide et sombre attitude de l'altière souveraine.

— Il s'est vu des gens aussi hardis dans la fraude, répondit-elle ; leurs embûches n'en ont été que plus dangereuses.

— Sans doute, répliqua Fryon, nous avons eu Zopyre, l'ami de Darius, qui avait fait le sacrifice de son nez et de ses oreilles ; mais il voulait trop prouver. Je prie Votre Altesse de ne pas me confondre avec ce niais, qui, d'ailleurs, a parfaitement réussi. C'était un dévoué, ce Zopyre ; moi j'agis uniquement pour Fryon. Rien ne répond de la fidélité d'un homme comme son intérêt. Pouvez-vous, voulez-vous récompenser mes services ? Soyez tranquille, ils ne vous manqueront point. Ne le voulez-vous pas ? un peu de franchise et je disparaîtrai. Mais, madame, vous le dissimuleriez en vain, vous avez besoin de moi. Je le sens, votre défiance est aux abois. Vous vous demandez en ce moment quel bénéfice Henri VII aurait à m'entretenir près de vous. Vous cherchez à lui faire tort, il le sait ; je ne le lui apprendrais pas. Vos démarches, il les fera épier avec bien plus de fruit par un inconnu que par moi, dont vous soupçonnez jusqu'au sourire. Tenez, madame la duchesse ; vous vous dites en ce moment même que mon rapport est sincère, bien qu'extravagant. Vous ne comprenez pas ce qui se passe à Londres, mais vous sentez qu'il s'y passe quelque chose. Il est absurde que Brakenbury ait rencontré, ait reconforté la reine. Cependant le fait est certain. L'existence d'un des deux fils du roi Edouard est impossible ; toutefois, vous vous demandez pourquoi la mère elle-même en caresse l'illusion : pourquoi le roi tremble à cette idée. Or, tout cela vient à vous par moi ; je ne l'ai pas inventé, je le raconte, je le prouve. Décidément, madame, main ouverte et confiance à ce fou, dont on peut tirer quelque chose. Sinon, puits ou corde à ce traitre, qui n'est absolument bon à rien.

Marguerite fixait un œil perçant sur le visage calme et presque enjoué du secrétaire. Tout à coup elle lui tendit la main.

— Ne vous éloignez plus de moi, dit-elle; vous faites partie de ma maison.

Fryon, sans montrer plus de joie qu'il n'avait manifesté de crainte, salua profondément la princesse et Catherine; il traversa la chambre et sortit par la porte qui donnait sur le perron.

Cette manœuvre, si intelligente, poussa l'admiration de Marguerite jusqu'à une sorte d'enthousiasme.

— Il faut l'avouer, Catherine, dit-elle en continuant de regarder après qu'il fut parti, tu nous amènes là un homme sans pareil. Ce n'est pas une intelligence, c'est un devin; il lit dans les cœurs. Je l'attendais à sa sortie. Tout autre, congédié par moi, fût rentré dans l'endroit d'où il est venu dans cette chambre; lui me montre qu'il n'a plus besoin de nous entendre, puisqu'il est mon serviteur et qu'il a reçu ma parole. Il prend rang tout de suite. C'est d'un esprit auquel les Flamands ne m'ont pas accoutumée. Tiens, je le saurais perfide comme Judas, que je n'oserais plus me décider à le faire pendre. J'aurais trop peur de détruire un chef-d'œuvre de l'Esprit créateur. On n'entend pas du perron, n'est-ce pas? ajouta-t-elle; le drôle se croirait tout permis.

— Non, madame, dit Catherine; mais pendant tout

votre entretien avec Fryon, j'admirais comment les génies supérieurs se trompent par trop de prévoyance. Vous vous obstiniez à refouler en cet homme les admirables qualités ensevelies sous son esprit de calcul, et qui percent parfois cette couche de glace comme certaines fleurs des eaux que j'ai vues l'hiver sous les neiges de nos montagnes. Il est bon, cet homme si égoïste ; il est naïf, ce rusé renard. En lui montrant toute l'étendue de votre puissance visuelle, vous sembliez provoquer son amour-propre à vous tromper ; moi, toute franche et sans défense, il ne me tromperait pas. Il n'est sorte de respects et de délicates attentions qu'il n'ait eus pour moi depuis le port jusqu'ici ; et déjà je le voyais, en imagination, occupant un poste éminent à votre cour, et mettant au service de votre cause la fécondité de ses expédients.

— Cette fécondité, ma Catherine, ne ressuscitera pas ceux que la race d'York a perdus.

— Elle pourra nous aider à les venger.

— Soit !... mais la vengeance, enfant, n'est pas un fruit qu'on sache apprécier à ton âge. Ce qu'il te faut, à toi, c'est du bonheur, de la gloire, des splendeurs dignes de ta beauté. Ce qu'il te fallait, c'était une couronne, celle qu'on te destina au berceau.

Catherine se leva comme inspirée par le souffle de la poésie et de l'amour.

— Eh bien, dit-elle, chère marraine, le croirez-vous ? pendant toute ma traversée, ces rêves ne m'ont pas quittée. Ils flottaient dans le brouillard, à travers les agrès, sur la cime des flots, dans les flocons d'écume. Ce bruit chimérique du salut d'un des fils d'Edouard m'avait agitée, transportée; je m'élançais, comme une âme libérée du corps, au-devant des souvenirs de mon enfance.

Vous le savez, cette enfance heureuse s'est écoulée près de mes cousins. L'un, Edouard, déjà grand quand je bégayais à peine, je le vois encore, triste et auguste, dans son pourpoint de velours brodé d'or sur lequel tranchaient ses beaux cheveux noirs. L'autre, mon compagnon, mon égal, Richard, avec sa robe de soie verte aux étoiles d'argent, avec ses cheveux blonds, ses yeux bleus; Richard qu'on appelait mon mari et qui m'appelait milady; Richard d'York, toujours riant, toujours bruyant, toujours baisant son frère aîné à la joue pour lui demander pardon de quelque irrespectueuse folie. Oh! s'écria Catherine, éclatant soudain en soupirs et fondant en larmes, ne me dites pas qu'ils sont morts: lui, le roi, douce majesté pareille à celle d'un archange; l'autre, mon tendre ami, chérubin rayonnant de vie et de gaieté. Jamais je ne m'accoutumerai, marraine, à l'idée de ne les plus revoir; jamais on ne me persuadera que Richard et moi, nous ne nous rencontrerons plus en ce monde. On ne parle aujourd'hui que de la résurrection d'un seul; eh bien, moi, je crois qu'ils vivent tous deux. Leur mort serait un crime si épouvantable que Dieu ne peut l'avoir permis. D'ailleurs, fussent-ils morts, est-ce qu'il ne ressuscite pas ceux qu'il veut, ce Dieu de clémence et de miséricorde? Tous les jours je l'en prie, et l'Angleterre l'en supplie à genoux.

Marguerite saisit Catherine dans ses bras, couvrit de baisers ce front pur, et se rafraîchit pour ainsi dire au contact de cette jeunesse palpitante.

— Ma fille chérie, dit-elle enfin, comment ne t'aimerais-je pas jusque dans la folie ? Seulement je ne puis t'y suivre : mon âge est pesant, il a perdu une à une les plumes de ses ailes.

— Est-ce bien sûr ? murmura la jeune fille avec un sourire charmant.

— Tu doutes ?

— N'avez-vous plus vos illusions, chère marraine ? J'ai peine à le croire, et rien ne le prouve dans votre conduite. Vous ne vous fâcherez pas, je vous prie, si je vous dis que vous avez l'esprit aussi jeune que moi. Une preuve, vous me demandez une preuve ? Eh bien, dans la guerre faite au nom de ce Lambert Simnel, de ce faux duc de Warwick, ne sait-on pas que vous avez prodigué vos trésors, vos soldats pour le triomphe d'une ombre, ombre chère, puisqu'elle rappelait la splendeur d'York ?

Marguerite avait rougi ; elle se taisait, battue par l'ingénieuse logique de cette enfant.

— Enfin, poursuivit Catherine en l'embrassant, est-ce que réellement vous fûtes dupe de cet imposteur ? Non, n'est-ce pas ? Vous voyez bien que vous aussi, vous caressez des chimères.

— Catherine, répliqua gravement la duchesse, je serai toujours dupe quand on prononcera devant moi le nom d'un fils de notre famille ; et je crois penser comme toute bonne Anglaise. A ces princes, fantômes ou réalités, appartient le sang et l'or d'Angleterre.

La jeune fille s'inclina ; elle sentait instinctivement que sa franchise avait pu blesser chez la princesse quelque sentiment caché, que le regard d'un enfant n'eût su démêler dans un âme aussi profonde. L'entretien continua sur Fryon, sur Jacques IV, sur l'état des esprits en Écosse. On devinait que Marguerite ne livrait plus à la jeune fille que la moitié de ses impressions et de ses idées. Toute une combinaison germait dans l'esprit actif de la princesse.

Le lendemain, quand un peu de repos eut rétabli l'équilibre à la suite d'une exaltation trop violente et d'une excessive fatigue, Marguerite, rendue à elle-même, fit appeler Fryon, et eut avec lui un entretien sérieux sur l'avenir qu'offraient à l'Écosse et aux partisans d'York l'attitude hostile d'Henri VII et la résistance de la reine douairière. Il fut arrêté que, sans accorder trop de créance à l'apparition de Brakenbury et à ses paroles décevantes, on ne négligerait pourtant pas de retrouver cet homme, de le faire déclarer complétement, et de s'en faire dans tous les cas un auxiliaire, un témoin. Mais Fryon insista bien pour que les recherches qu'on ferait de Brakenbury fussent conduites avec tant de mystère et d'habileté, que le roi d'Angleterre n'en sût rien avant l'explosion.

Marguerite ayant voulu éprouver mieux encore les talents de son nouveau conseiller, lui demanda un plan d'attaque. Sans hésiter, Fryon indiqua celui-ci :

« Le seul rejeton de la maison d'York était Warwick, renfermé à la Tour, pauvre idiot dont le nom et le fantôme avaient déjà fait une révolution en Angleterre. En s'emparant de ce jeune homme, en le faisant reconnaître par tous les souverains ennemis d'Henri VII; en l'entourant de sa famille, c'est-à-dire de la reine douairière et de Marguerite; en lui trouvant dans quelque cour européenne une belle alliance, on créerait à Henri VII une guerre civile et des embarras si longs, que la patience, les forces ou la vie lui manqueraient avant le dénoûment. Il ne s'agissait que de tirer le jeune Clarence de la Tour; il ne s'agissait que de favoriser la fuite de la reine douairière, et pour tous deux un asile était ouvert dans les États de la duchesse en Flandre. Cependant l'Écosse armerait de tout son pouvoir et occuperait Henri VII à une guerre de frontières et d'invasion. Cependant Fryon, lié secrètement avec les plus puissants conseillers de Charles VIII, solliciterait ce prince à entrer dans la ligue; on aurait les Suisses avec de l'argent, tout jaloux qu'ils fussent des Bourguignons; Maximilien d'Autriche, oscillant entre la France et l'Angleterre, pourrait être décidé par une promesse d'accroissement de ses possessions aux Pays-Bas. Or, cette promesse, dût-on la tenir, les États de la duchesse de Bourgogne pourraient être cédés quand cette princesse aurait en échange repris l'Angleterre. »

Ce plan rassasiait tout l'orgueil, toute la rancune de Marguerite; mais, quelle ne fut pas son admiration lorsque Fryon, abandonnant le sentier battu de la politique taquine et de l'intrigue vulgaire, fit luire tout à coup à ses yeux la splendide perspective d'une couronne.

— Madame, lui dit-il, je ne vous dissimulerai pas qu'en me présentant à vous, je n'ai pas entendu vous aider à tourmenter misérablement le roi d'Angleterre. Ce rôle de moucheron tournant autour des narines d'un lion n'est pas à ma taille. Il finirait par déconsidérer Votre Altesse. N'oubliez pas, madame, que vous êtes une princesse du sang royal; qu'en Angleterre les princesses règnent à défaut d'héritiers mâles. Songez que le jeune duc de Clarence, même restauré par vous, est inhabile à régner; sans compter qu'il ne peut vivre longtemps, usé, flétri qu'il est par les rigueurs, par la moisissure d'une captivité de quinze ans, pendant lesquels il n'a vu le soleil qu'une seule fois, le jour où pour prouver au peuple l'imposture de Simnel, Henri VII promena dans Londres Clarence, spectre languissant et pâle. Songez, Altesse, que la reine douairière n'est intéressante que par sa qualité de mère des deux enfants égorgés. Ses faiblesses envers Richard, envers Henri VII lui-même, l'ont dépopularisée parmi ses meilleurs amis. Que reste-t-il? Élisabeth, femme du tyran, mais elle plie sous son époux : elle est devenue Lancastre!... Jetez les yeux maintenant autour du trône, qu'y voyez-vous, sinon une grande princesse veuve d'un illustre monarque, le plus grand guerrier de son temps; une femme à la fois célèbre par son génie, sa vertu, ses malheurs : une souveraine qui a su demeurer puissante par sa conduite et ses richesses? Je ne parle pas des alliances. Cette princesse, madame, c'est vous, Marguerite d'York. Soit régente du malheureux Clarence, soit reine continuant le règne d'Édouard IV, vous avez le trône devant vous. Il est là! brillant à mes yeux comme un phare dans la nuit orageuse. Je ne vois que ce feu sur lequel je me guide; et, pour tout dire, enfin, madame, cette ambition dont j'osais hier vous entretenir, c'est d'être le ministre d'une grande reine.

Marguerite, éblouie, enthousiasmée, regarda Fryon. Ce regard fut un éclair d'ivresse.

— A l'œuvre donc ! dit-elle; voilà la première fois que ma pensée revêt un corps et marche vivante devant moi!

Il fut convenu que la comtesse Catherine retournerait annoncer au roi d'Écosse un subside considérable d'argent que la duchesse allait négocier à Tournay chez ses argentiers. Fryon reconduirait la jeune fille à Ostende, où l'attendait le navire mis à sa disposition par Jacques IV.

On passerait donc par Tournay, ce qui était le chemin le plus court. La veuve de Warbeck habitait dans Tournay. Marguerite résolut de faire diligence pour arriver chez elle avant le jeune homme malade, et porter ainsi la bonne nouvelle qui devait disposer favorablement cette mère au service de la ligue contre Henri VII.

V

Tournay, vieille ville bâtie sur l'Escaut, est formée de deux quartiers que divise le fleuve. Charles VII avait annexé le Tournaisis à sa couronne, puis il avait dû le céder au duc de Bourgogne. Enfin le comte de Meulan, ce bandit plus connu sous le nom d'Olivier le Daim, avait réussi, par un tour d'escamotage, à voler Tournay au Bourguignon pour le rendre à son ancien roi Louis XI. Ce dernier prince gardant bien ce qu'il avait pris, la ville était restée française jusque sous son fils Charles VIII.

Il y avait donc un mélange de Flamands, de Bourguignons et de Français dans la bonne ville. Les juifs y abondaient. De là, l'immense fortune de Warbeck, si humble d'origine, avait pris son brillant essor et couru le monde comme une renommée.

Rien de plus pittoresque que l'antique muraille de pierre flanquée de ses cinquante-cinq tours. On eût dit Tolède ou toute autre fondation sarrasine. Lorsqu'après avoir franchi le vieux pont, bâti deux cents ans avant, on pénétrait dans l'ancien quartier aux rues sinueuses, sombres, barricadées plutôt que bordées de maisons, l'œil rencontrait d'abord l'une des plus curieuses constructions de Tournay, un édifice quasi-contemporain de la ville, une immense ruche de bois, de brique et de pierre, aux flancs de laquelle, le goût ou le besoin des propriétaires, s'accommodant au génie de chaque siècle, avait accroché un ornement ou une annexe, pareils à ces végétations bizarres qui s'épanouissent sur les arbres séculaires. En sorte que chaque époque d'architecture s'y trouvait représentée par un détail ou par un extrait complet en son genre. On y sentait, rien qu'à l'extérieur, le passage des dominations différentes qui s'étaient succédé depuis Constance, fils de Constantin, jusqu'à Charles VIII en passant par Clodion, Childeric, Hugues Capet et Philippe-Auguste. L'un s'y révélait par l'ogive d'une fenêtre, l'autre par l'escalier ouvert qui serpentait sur le profil des briques comme les bras noueux d'un lierre. Enfin, deux tourelles inégales, hétérogènes, lourds appendices naïvement évidés pour soulager la muraille destinée à les porter, s'appliquaient l'une au midi, l'autre à l'est de la maison, comme deux garde-manger gigantesques, sans respect pour la symétrie des étages. C'était le contingent du treizième siècle. Ces tourelles, souvenir de Damiette, dont saint Louis avait raconté les merveilles à son architecte, quelque Flamand les avait sans doute enviées aux parois de l'hôtel de Sens, habité par Charles V. Cette maison bizarre, ou plutôt ce capharnaüm hybride, s'étendait, disait-on, sous terre encore plus loin et avec plus d'ingénieuses ramifications qu'au grand jour. Le classique Tartare des anciens était bien peu de chose auprès de cette mirifique hypogée. Certaine grille de fer à barreaux rouillés, mais dont la rouille trois fois séculaire avait à peine mordillé l'épiderme, apparaissait sur le quai de l'Escaut, quelquefois au niveau du fleuve, le plus souvent submergée, et, par cette grille, que nul n'avait vu jamais s'ouvrir, on prétendait que les trésors attribués à la maison de Warbeck, opéraient leur entrée ou leur sortie, l'Escaut apportant sans bruit ce qu'il remportait sans scandale.

Dans cette maison vivait et attendait dame Warbeck, femme saxonne, d'une taille d'héroïne, portant avec éclat, malgré sa tristesse, une splendide beauté de trente-six ans. Si l'intérieur de l'édifice eût ressemblé au dehors, nul doute que cette tristesse ne fût devenue mortelle pour la pauvre abandonnée. Mais, nous l'avons dit, la maison, bâtie dans le style romain, laissait pénétrer l'air et le soleil jusqu'à son centre, c'est-à-dire dans une grande cour carrée dominée, sur sa quadruple face, par une terrasse sur laquelle ouvraient et s'éclairaient tous les appartements, avec la fontaine au milieu et tout un parterre de fleurs choisies. Là venait se promener, jamais vue, jamais surprise, la mère qui pleurait son fils. Cette cour était le sanctuaire ; les étrangers n'y pénétraient point. Il y avait deux grandes salles basses consacrées aux bureaux et aux scribes, un vestibule immense destiné aux clients. Dame Warbeck se montrait peu, par suite de l'habitude qu'elle avait dû prendre, sachant que le spectacle de sa beauté surnaturelle était l'appât de toute la jeune noblesse et le désespoir de son mari.

Ce fut pourtant dans cette cour réservée, que, par un beau matin de juin, les femmes de la Saxonne vinrent lui annoncer la visite de la duchesse Marguerite. Dame Warbeck était vêtue de noir ; elle portait la coiffure sévère des veuves du Hainaut. Ses beaux cheveux d'or avaient disparu sous le froid bandeau à lames d'étain poli.

Elle se leva aux premiers mots, quitta les fleurs qu'elle soignait, et s'avança, dans un respectueux empressement, vers la tenture de Bruges qui séparait la cour du vestibule. Mais déjà Marguerite soulevait cette tapisserie, et, suivie de Catherine, pénétrait dans le gynécée.

Dame Warbeck s'inclina silencieusement, tandis qu'un page approchait des siéges ; la duchesse, frappée de la voir ainsi sombre dans sa sombre parure :

— Eh quoi ! dit-elle, dame Warbeck, triste je vous quittai, triste je vous retrouve !... Allons, allons, Warbeck ne mérite pas tant de larmes. Nous le pouvons dire maintenant. Il ne vous a pas toujours rendue heureuse. Songez à vous conserver belle pour de jeunes yeux qui bientôt vous verront.

La Saxonne, immuable et froide comme une statue, accueillit, sans paraître les comprendre, ce compliment et cette consolation, bien étranges au moins, s'il n'eût été d'usage alors qu'une bouche de prince ne laissât échapper que des paroles d'or.

— Eh bien, reprit Marguerite que Catherine surprise interrogeait du regard, ne vous animerez-vous point, ma mie? Nous vous aimons, nous vous plaignons; mais il nous semble que vous pourriez sourire quand il s'agit de la seule chose à laquelle, dit-on, vous soyez maintenant attachée en ce monde.

— Perkin! mon fils, murmura la Saxonne.

— Sans doute; heureuse est toujours la femme qui peut embrasser un fils quand elle a perdu son mari.

— Mais moi, madame, répondit dame Warbeck, je ne puis embrasser mon fils.

— Vous l'embrasserez tôt ou tard.

— Je l'ai espéré, je ne l'espère plus, dit la Saxonne d'une voix si brève, si basse, avec un tel accent de renoncement et de désespoir, que la duchesse s'arrêta de peur de faire éclater ce faible cœur en y introduisant trop vite l'atome de joie qui dilate.

— Et d'où vient que vous n'espérez plus? reprit Marguerite; il faut bien que ce jeune homme revienne!

— Voilà trois mois qu'on m'annonce son retour, madame. Il ne faut pas trois mois à un fils pour revenir de si près dans les bras de sa mère.

— Il vous aime, cependant, votre fils?

— Il m'adore, ou du moins il m'adorait lorsqu'il m'a quittée.

— Je ne vois pas de raison pour qu'il ait changé, dame Warbeck.

La Saxonne leva les yeux au ciel, un nuage passa sur son front : ce geste, ce soupir, signifiaient si clairement : « J'en vois, moi, » que la duchesse ajouta aussitôt d'un air libre :

— Ce n'est pas le père, je suppose, qui aura effacé cet amour dans le cœur de votre enfant ?

Dame Warbeck se leva soudain comme si, après cette parole si simple, si banale, elle n'eût pas eu la force d'écouter davantage.

— Qu'avez-vous ? demanda la duchesse. Qu'a-t-elle donc ? dit-elle plus bas en s'adressant à Catherine, pour qui cette beauté, cette douleur, cette sourde agitation semblable au remords, étaient un spectacle à la fois captivant et terrible.

Dame Warbeck s'était retournée vers la fontaine sans pouvoir résister à son émotion, comme l'eût exigé le respect dû à une grande princesse.

Marguerite se leva à son tour, fit un signe à Catherine pour que celle-ci ne parût pas remarquer les détails de cette scène, et, prenant le bras de la Saxonne, elle l'emmena plus loin avec l'aimable violence d'une femme tendre qui veut arracher un secret, c'est-à-dire une souffrance, à son amie.

— Voyons, dit-elle doucement, voyons, tout cela est-il bien naturel ? ou plutôt ne l'est-il pas ? Laissez-moi vous dire que vous avez des faiblesses incompréhensibles chez une personne de votre mérite. D'ailleurs, vous connaissant aussi pusillanime, pourquoi avez-vous souffert que Warbeck emmenât votre fils loin de vous ?

— L'ai-je permis? s'écria la Saxonne avec un oblique regard rapide et fauve. Est-ce qu'on m'a demandé la permission de m'enlever mon fils?

Marguerite, le cœur de bronze, fut pourtant remuée par cet aveu qu'arrachaient la colère et la douleur. De son côté, dame Warbeck, rouge, puis pâle, semblait se mordre les lèvres de dépit d'avoir parlé.

Les grands de la terre sont bien puissants quand ils veulent ajouter la séduction de la sensibilité à leurs autres séductions.

Marguerite pressa la main de la Saxonne, comme si elle eût compris ou du moins senti toute la portée des paroles qui venaient de lui échapper.

— Pauvre femme! dit-elle; pauvre mère! Mais alors pourquoi vous causer un pareil chagrin?

L'intonation était caressante, le sourire onctueux, le geste fascinateur; mais il était trop tard pour la curiosité de Marguerite; le cœur profond de la Saxonne venait de se refermer comme s'était masqué son visage.

— Mon Dieu! madame, dit-elle, Votre Altesse est mille fois trop généreuse de s'intéresser à une femme de ma condition; mais c'est qu'en vérité je n'en vaux pas la peine!

— Vous valez pour moi autant qu'une reine, ma mie. C'est pourquoi je vous prie de ne point manquer de confiance et de me dire la raison qui a pu déterminer Warbeck à séparer de son fils unique une mère telle que vous.

L'injonction ne souffrait plus de résistance. Il fallait compléter l'aveu ou mentir.

Dame Warbeck prit un air calme, et le passage de cette tristesse vraie, morne, à la componction de commande n'échappa point à la duchesse. La Saxonne répondit :

— Voici le fait, madame, puisque vous daignez l'exiger. Je me refusais à laisser voyager Perkin, mon fils ; toutes les mères sont ainsi. Cependant c'était pour le bien du jeune homme. Maître Warbeck s'est irrité de mon refus, et, sans me prévenir, pour éviter toute résistance, il a emmené notre fils.

— Sans prévenir ? dit froidement la duchesse, comme cela ?

— Oui, madame.

— En plein jour, ou par subterfuge ! En plein jour vous l'eussiez vu ?

— La nuit, par la porte qui donne sur l'Escaut.

La duchesse réfléchit que ce départ était bien étrange. Elle eût poussé l'interrogatoire plus loin, sans la crainte de blesser son hôtesse, trop embarrassée déjà de cacher les tronçons de ce secret. Le rôle de Marguerite n'était pas celui d'une maîtresse qui commande. Elle avait besoin, au contraire, de dame Warbeck, et l'indisposer n'eût pas été digne d'un politique.

Reprenant aussitôt le ton indifférent, la physionomie rassurante :

— Eh bien, dit-elle, votre blessure est facile à guérir, et je serai votre médecin. L'absence du jeune Perkin vous afflige. Riez bien vite, car il revient.

— Il revient ! s'écria la Saxonne avec un élan bientôt comprimé.

Elle ajouta :

— Combien de fois déjà ne m'a-t-on pas dit ces mots !

— Oui, mais ce n'était pas moi qui vous les disais, répliqua Marguerite avec une nuance imperceptible de hauteur qui persuada cette mère plus que n'eussent fait mille caresses.

Elle sentait le naturel et la vérité sous cet orgueil.

— Vous savez?... murmura la Saxonne en joignant les mains.

— Mieux que cela, dit Marguerite avec un sourire. J'ai vu.

— Vous avez vu mon fils?

— Oui.

— Revenant ?...

— Je l'ai fait placer dans ma litière.

— Il était blessé... malade ? Oh ! oui, on le dit malade, ce qui, pour les mères, signifie qu'il est mort !

— Puisque je vous annonce son retour, puisque je pourrais fixer à deux heures près le moment de son arrivée

— Madame !... Votre Altesse !...

— Ce sera pour aujourd'hui, pour demain matin au plus tard.

— Oh! s'écria la Saxonne en se jetant sur les mains de la duchesse pour les baiser ou plutôt pour les ronger de caresses.

Marguerite jouissait de ce délire et s'en promettait le plus heureux succès, quand un grand bruit de voix et de portes heurtées retentit soudain dans le vestibule.

Un cavalier venait d'annoncer l'entrée en ville d'une caravane dans laquelle dame Warbeck trouverait, disait-on, des voyageurs de sa connaissance.

Ces mots frappèrent la Saxonne au travers de la tapisserie. Elle fixa sur la duchesse, qui souriait, un regard plein d'angoisses et d'espérance à la fois.

— Assurément, répliqua Marguerite à cette interpellation muette.

La mère, presque épouvantée de son bonheur, demanda d'un air égaré à ses femmes une mante, et fit seller une mule pour aller au-devant de ce fils bienaimé.

Tandis qu'elle faisait diligenter tout le monde, Fryon entrait dans la cour, abordait mystérieusement la duchesse, et lui remettait une dépêche avec ce seul mot :

— D'Écosse, à Votre Altesse.

Marguerite, pour être plus libre dans sa lecture et dans l'entretien qui devait la suivre, monta le petit escalier qui de la cour conduisait à la terrasse circulaire du premier étage. Elle s'assit, appuyée sur la balustrade garnie de fleurs grimpantes, et décacheta, non sans émotion, la lettre qui n'arrivait pas si soudainement sans avoir une grande importance.

En effet, la première impression de la duchesse fut un sombre et morne découragement. Après avoir lu, elle fronça le sourcil et tendit la lettre à Fryon, sur le visage duquel se peignirent les mêmes sentiments.

Jacques IV annonçait à son alliée que toute cette intrigue de cour sur laquelle les ennemis d'Henri VII avaient fondé leurs plans de guerre venait de s'évanouir comme une fumée. Henri VII, dans une lettre à son ambassadeur

4

en Écosse, expliquait lui-même son stratagème avec un cynisme railleur. C'était lui, disait-il, qui avait aposté Brakenbury, lui qui, fatigué des efforts tentés par sa femme et sa belle-mère pour ressusciter la popularité d'York, avait voulu désintéresser le peuple à l'égard des York vivants, en égarant son amour et sa pitié sur un fantôme ; lui qui avait voulu, par la même occasion, juger de la conduite que ses ennemis tiendraient en pareil cas ; lui enfin qui, pour prouver combien il se sentait fort, semait spontanément les bruits de l'existence d'un fils d'Édouard, jetant ainsi le défi à ses adversaires.

Jacques IV terminait sa dépêche en annonçant que Henri VII, plus audacieux et plus envahisseur que jamais, venait, par acte solennel, d'annexer à son domaine tous les fiefs et biens de la famille d'York, se fondant sur le droit de sa femme et de son fils à la légitime possession de ces immenses revenus.

L'habile usurpateur enlevait ainsi à la famille rivale les ressources à l'aide desquelles on eût entretenu la guerre, contre lui.

Ce dernier coup frappa la duchesse au cœur ; il anéantissait tout ce qui lui restait d'espérance. Fryon, consterné, mais se roidissant d'instinct contre ce malheur, admirait le génie d'Henri VII, l'infatigable lutteur pour lequel toute chute devenait une occasion de rebondir.

— Eh bien, dit la duchesse avec un soupir étouffé, la fortune se refuse à nous servir ; ne nous obstinons pas contre la tempête.

— Votre Altesse ne dit pas ce qu'elle pense, murmura Catherine stupéfaite ; car elle aussi avait pris connaissance de la dépêche, et le coup ne lui avait pas paru au-dessus des forces d'un génie patient et fort comme celui de Marguerite.

— C'est en s'opiniâtrant contre le sort que le duc de Bourgogne a succombé, répliqua la duchesse.

— Parfois, dit humblement Fryon, la seconde qui va nous engloutir est celle qui nous apporte le salut.

— Vous parlez de miracles, maître Fryon, répliqua aigrement la duchesse. Je ne nie pas les miracles, mais je ne suis pas de ceux pour qui Dieu daigne les faire. Allons, décidons-nous, Catherine, mon enfant; il devient urgent que vous partiez pour Ostende, où vous attend votre navire. Qui sait si, profitant de la veine, le trop heureux Henri VII n'aurait pas l'idée de commencer la guerre par la confiscation de ce vaisseau; ce coup nous manque. Partez, je vais essayer de rappeler mes esprits pour vous dire nettement ce que vous répondrez de ma part à Jacques IV.

Elle s'arrêta soudain; il y avait en bas, dans la maison, un mouvement, un tumulte qui rappelèrent la duchesse à la réalité.

— J'oubliais, dit-elle; nous sommes ici dans un endroit habité par des gens heureux : une mère triomphante, un fils palpitant de joie ; on va s'embrasser, pleurer. Le bonheur ! c'est fort curieux pour des gens comme nous ; il faut bien regarder un pareil spectacle ! Allons, Catherine, accoude-toi comme moi sur le balcon ; regardez, Fryon, regardez, aussi : entre gens foudroyés, l'égalité commence.

Moitié pour complaire à la puissante princesse, moitié

pour reprendre contenance, Fryon obéit. Les trois spectateurs demeurèrent appuyés sur la balustrade, Catherine et Marguerite les mains entrelacées, le secrétaire soucieux et seul à quelques pas.

VI

Ce jeune homme si beau, si étrange, que ramenaient dans la litière les écuyers de la duchesse, fit une partie du voyage sans donner signe d'existence. Il avait d'abord accordé quelque attention aux hommes d'armes, aux beaux chevaux, à l'appareil militaire qui l'entourait comme s'il eût été quelque chose de grand dans ce monde; puis, retrouvant Zébée, Jean, c'est-à-dire les deux serviteurs juifs avec leurs phrases accoutumées, leurs soins accoutumés, leurs prescriptions d'usage, il s'était rencoigné dans la litière, dédaigneux et morne comme un lion rêveur en la cage dans laquelle on le fait voyager.

Une fois ou deux Zébée lui dit :

— Nous allons bientôt revoir la patrie.

Perkin ne répondit même pas.

Zébée, une autre fois, dit :

— Nous allons revoir la gracieuse maîtresse votre mère.

Alors un rayon perçant s'échappait des yeux du voyageur ; et Zébée pensait avec quelque soulagement que tout n'était pas perdu pour ce jeune homme, puisqu'il aimait encore sa mère au point que le nom seul eût la vertu de l'arracher de sa léthargie.

Quand la caravane traversa la voûte basse de la première partie du faubourg :

— Maître, dit Zébée en s'approchant de la litière, je crois qu'un de messieurs les écuyers a pris les devants pour donner avis de notre arrivée ; mais, néanmoins, la surprise pourrait être encore trop vive au cœur de dame Warbeck. Voulez-vous, pour la ménager, que nous fassions halte à la porte de l'Escaut, ou préférez-vous que nous entrions par la rue tout simplement ?

— Je ne vous comprends pas, dit le jeune homme.

— La porte de l'Escaut, maître, ou la rue ?

— Qu'est-ce que la porte de l'Escaut ? demanda Perkin.

Zébée se retourna vers son compagnon et il haussa les épaules ; Jean ajouta :

— Il est tout à fait idiot.

— Eh ! malheureux, s'il vous entendait, murmura Zébée.

— S'il m'entendait il ne me comprendrait pas, répliqua Jean. Mais appuyez un peu sur son intelligence ; dites-lui que nous sommes arrivés.

Zébée obéit.

— Nous voici à Tournay, maître, dit-il mielleusement, comme à un enfant qu'on veut persuader d'accepter une médecine amère.

Perkin ouvrit les yeux, mais ce fut tout.

— Tournay! vous savez bien, Tournay!

— Eh bien? dit Perkin.

— Eh bien, vous y êtes, maître; vous reconnaissez-vous?

Perkin se souleva sur son coude, regarda autour de lui, vit la voûte, la rue sombre aux pignons gothiques; plus loin un grand espace que le soleil coupait d'un losange d'or.

— Je ne me reconnais pas, dit-il tranquillement.

Et il se recoucha.

— Portons-le droit à la maison; il n'y a rien à en tirer, et nous sommes déjà trop heureux de le rapporter vivant. Si nous tardions, il serait capable de nous mourir dans les mains.

Ainsi conclut maître Jean, la litière poursuivit sa route, traversa le pont d'un pas rapide, et l'on arriva devant la maison de dame Warbeck, au moment où celle-ci se préparait à monter sur la mule pour courir au-devant de son fils.

Les portes s'ouvrirent, la litière abaissa son marchepied. Zébée offrit la main et l'épaule à Perkin pour descendre; mais celui-ci, repoussant le secours du vieux juif, mit pied à terre avec légèreté, considérant, plus attentif, plus étonné que jamais, la maison paternelle.

Au milieu des cris de joie et de l'empressement général, il avançait; sous le vestibule une femme perça la foule, et, folle, aveuglée par le sang et les larmes qui montaient de son cœur à ses yeux, elle vint au premier rang ouvrir les bras au voyageur. Chacun s'écarta respectueusement pour laisser passer l'heureuse mère, qui saisissait sa proie et l'entraînait dans la cour intérieure derrière les épais rideaux.

Perkin, la repoussant avec douceur :

— Quelle est cette dame? dit-il à Zébée.

— Il ne reconnaît pas sa mère! s'écria le vieillard qui, resté dans le vestibule avec les serviteurs, commençait à leur raconter la folie du jeune homme. Dame Warbeck, stupéfaite, avait reculé d'un pas. Elle tremblait, ses yeux fixes prenaient par degrés une expression d'égarement effrayante.

— C'est Perkin?... murmura-t-elle... vous êtes mon fils?...

Perkin ne répliqua rien ; il regardait de son côté cette femme, sans surprise, sans chaleur, avec une nuance de compassion qui révélait la plus complète, la plus calme intelligence.

— Mon enfant avait des cheveux noirs, dit cette mère en l'esprit de laquelle passait peu à peu la folie qu'on attribuait à son fils, vous, vous avez les cheveux blonds. Enfin, des cheveux changent, mais les traits... ce ne sont pas les traits de mon fils. Parlez donc, monsieur, parlez... Est-ce que vous me reconnaissez pour votre mère ?

— Non, madame, dit Perkin d'une voix lente et harmonieuse.

— Alors, pourquoi chercher à m'abuser! s'écria la Saxonne avec un serrement de cœur inexprimable ; pourquoi vous prêtez-vous à la tromperie?... c'est mal.

— Je ne suis pas le complice de ces hommes, continua Perkin ; je ne les connais pas, moi.

Du vestibule, tous les yeux voyaient cette scène bizarre; nul n'entendait les paroles sourdes qu'échangeaient ces deux étrangers effrayés l'un de l'autre.

— Madame, dit Zébée s'approchant de la mère infortunée, prenez garde d'augmenter la folie de notre jeune maître en le questionnant trop longtemps.

La Saxonne n'écouta pas; elle perdit patience. D'une main nerveuse elle saisit le vieillard par sa tunique, et lui dit avec un accent saccadé, avec un farouche regard:

— Qui es-tu, d'abord, toi?

— Zébée, madame... vous savez bien? répondit le juif stupéfait.

— Quel Zébée?

— L'entrepositaire de Constantinople, madame.

Et tout bas il se demandait si tout le monde était fou dans la famille.

— Qu'est-ce que c'est que ce jeune homme?

Les yeux de Zébée s'ouvrirent presque hagards de stupeur.

— Elle aussi!... pensa-t-il.

— Où l'as-tu pris? continua la Saxonne, entassant question sur question.

— A Constantinople, où son père m'avait appelé; je vous l'ai écrit.

— Je sais bien que tu m'as écrit; mais tu m'as écrit que maître Warbeck t'avait remis mon fils; tu m'as écrit que tu me ramenais mon fils. Eh bien, misérable, celui-là n'est pas mon fils!

— Miséricorde! s'écria Zébée en joignant les mains; vous vous jouez d'un pauvre vieillard, maîtresse.

— Je tiens un scélérat qui mourra sous ma main, s'il ne m'avoue pas sa trahison et s'il ne me rend pas l'enfant de mes entrailles.

— Je jure, maîtresse...

— Misérable, ne blasphème pas. Ce jeune homme avoue qu'il ne me connaît point.

— C'est sa folie... c'est ce qu'il disait même à son père.

— Il disait cela aussi à maître Warbeck?

— Comment le saurais-je, si maître Warbeck ne me l'avait appris? Tout cela vient des suites de la blessure qu'il se fit à la tête étant enfant.

— Jamais mon fils ne fut blessé à la tête.

— Eh! maîtresse, voyez la cicatrice!

— Jamais mon fils n'a eu de cicatrice à la tête, s'écria la mère en repoussant à son tour Perkin avec une sorte d'horreur. Allons, allons, c'est un complot, c'est un crime!... on m'a volé mon fils, on veut lui substituer un imposteur... Mais j'ai des amis, des protecteurs; on me défendra, on me vengera. D'ailleurs, méprisable vieillard, prouve, prouve que mon mari t'a remis ce jeune homme. Oh! si tu ne le prouves pas, qu'on appelle le magistrat!

Zébée, éperdu, écrasé sous cette grêle d'injures et d'accusations dont il ne comprenait pas la dangereuse portée, ne s'était pas souvenu du testament de Warbeck et des valeurs si péniblement mises à l'abri durant le voyage. Il se frappa le front avec joie, tira de son sein un sachet passablement sale, même pour un juif du quinzième siècle, et tendit à l'impatiente maîtresse le message à elle destiné par Warbeck mourant.

La Saxonne brisa le cachet de la lourde enveloppe ; une liasse de papiers de banque et de lettres de change se dispersa ; les millions jonchèrent la dalle ou volèrent dans le bassin.

Dame Warbeck avait enfin trouvé la lettre écrite par son mari. Elle la dévora d'un seul coup d'œil, puis tout à coup, épouvantée, hors d'elle-même, l'œil sanglant, les traits livides :

— Madame, madame ! cria-t-elle en tendant les mains à la duchesse, au secours !... au secours !...

Marguerite était descendue dès les premiers symptômes de démence qui avaient signalé le début de cette scène terrible. Elle saisit dans ses bras la Saxonne, qui pouvait à peine proférer une syllabe, et se tordait, la lèvre écumante, les dents serrées.

— Du courage, me voici, lui dit-elle. Qu'est-il arrivé ?

— Il est arrivé, murmura l'infortunée, que Warbeck s'est vengé, et qu'il a assassiné mon fils !

En disant ces mots, elle éleva ses bras comme pour maudire au ciel celui qui n'était plus sur la terre : elle chercha autour d'elle dans un égarement déchirant le fils chéri que son œil morne semblait apercevoir parmi les ombres, et, soudain, son cœur éclata, le sang inonda ses lèvres ; elle ne put achever. Le cri commencé fut son dernier soupir.

Un frisson d'horreur parcourut l'assemblée. Catherine s'enfuit jusqu'à l'oratoire, où elle s'agenouilla.

Cependant Marguerite prit la lettre du mari dans les doigts crispés de la Saxonne.

« Vous avez introduit un enfant dans ma maison, disait

Warbeck, j'en envoie un dans la vôtre. C'est toujours un fils. »

— Pauvre femme ! murmura la duchesse, tandis que les serviteurs éplorés relevaient le corps de leur maîtresse.

A deux pas de là, le jeune Perkin, tremblant et pâle, regardait, sans la comprendre, l'épouvantable catastrophe dont il venait d'être la cause et le témoin.

Marguerite leva les yeux et vit cette figure blanche, ce front noble. L'œil de Perkin, dilaté par un douloureux effroi, laissa échapper une larme qui coula sur sa joue.

— Ce jeune homme est-il vraiment fou ? dit la princesse. Ce n'est pas vraisemblable. Regardez donc, Fryon ; il a compris, il pleure. A qui est-il ? D'où vient-il ?...

Fryon ne répondit rien ; son regard seul parlait, vaguement absorbé dans une pensée profonde.

VII

Le bruit s'était répandu dans Tournay de l'arrivée de la duchesse. Ancienne souveraine, fort respectée, fort redoutée, malgré la protection du nouveau maître, elle pouvait s'attendre aux hommages de ce peuple qui, dans le passé, redoutait qu'il ne fût resté un germe pour l'avenir. Les échevins de la ville et le maire se firent bientôt annoncer à Marguerite. Ils arrivèrent à la maison de dame Warbeck, non sans avoir entendu parler de l'étrange événement qui jetait cette maison dans un deuil inopiné.

Après les premiers compliments, la duchesse remarqua l'air effaré, troublé, des magistrats de la ville. Cet effroi avait deux causes que Marguerite pénétrait, et dont elle voulut tirer parti, comme fait le bon politique, de tout événement indifférent en apparence.

La princesse protesta d'abord de son désir de conserver la paix et une neutralité absolue dans les affaires de l'Europe. Elle se reposait, dit-elle, en laissant reposer ses peuples. La France devenait son alliée. Elle en respectait les conquêtes, même les usurpations. C'était aux habitants de Tournay à mériter l'affection de leur nouveau maître, en s'assurant toutefois que l'amour et les services de leur ancienne maîtresse ne leur manqueraient jamais.

Quant à l'événement de la matinée, à la mort si brusque et si douloureuse de la dame Warbeck, dont toute la ville s'étonnait et s'inquiétait, Marguerite en raconta les détails et les causes apparentes aux magistrats institués pour connaître de tout ce qui pouvait offenser la conscience humaine.

Elle leur dit la stupeur de madame Warbeck à l'arrivée d'un jeune homme inconnu, alors qu'elle attendait son fils. Elle leur montra la lettre de Warbeck : sacrifiant ainsi, avec le féroce égoïsme du prince qui a ses raisons d'État, l'honneur et la mémoire d'une pauvre femme jusque-là estimée.

Le maire secoua la tête, et dit :

— Si ce jeune homme n'est pas son fils, qui est-il donc?

— Quelque aventurier, ajouta un échevin.

— Complice de la substitution tramée par Warbeck, dit un autre.

Marguerite ne répondit rien. Elle savait pourtant que ces suppositions étaient absurdes, puisque l'aventurier, le premier, avait déclaré à dame Warbeck qu'il ne la reconnaissait pas pour sa mère.

— Cependant, continua le magistrat, il y a un testament de Warbeck par lequel il lègue tous ses biens à ce jeune homme. Ne serait-ce pas pour s'emparer de ces biens que le faux Warbeck se présenterait ici? Qui nous répond que la lettre du père soit authentique? N'y a-t-il pas lieu d'interroger à la fois les serviteurs qui ont ramené le jeune homme, et ce dernier lui-même?

— Vous êtes les maîtres ici, répliqua Marguerite; ordonnez et exécutez.

Aussitôt Zébée, Jean et Perkin furent mandés par-devant les magistrats. Les deux serviteurs maintinrent leurs allégations. Ils paraissaient sincères, réclamant d'ailleurs avec larmes et imprécations le châtiment de cet inconnu qui portait malheur autour de lui. En effet, disait Zébée, nous l'avons vu, pour la première fois, au chevet du lit de Warbeck, et Warbeck est mort. Il arrive chez notre maîtresse, et elle meurt rien que de l'avoir aperçu. Qu'on en fasse justice, puisqu'il dit lui-même n'être pas Perkin Warbeck.

— Mais enfin, reprit le maire, comment maître Warbeck vous a-t-il remis, en qualité de père, ce jeune homme qui n'était pas son fils?

Les deux serviteurs haussèrent les épaules avec un frisson. On croyait au diable alors; Zébée et Jean n'étaient point esprits forts. On devinait, à leur coup d'œil oblique, à leur affectation de fuir Perkin, qu'ils le soupçonnaient de quelque infernale incantation.

— Puisqu'ils ne répondent rien, dit le maire au jeune homme, répondez, vous, il est bien temps que vous rompiez ce silence; il est bien temps que vous sortiez d'une léthargie trop profonde en pareille circonstance pour être naturelle.

Perkin se tut.

Marguerite le dévorait des yeux. Cette pâleur nacrée, ce regard dont une volonté surnaturelle modérait la flamme, cette immobilité inexplicable chez une créature intelligente, excitaient en elle un intérêt puissant comme une fascination.

— Votre silence opiniâtre, continua le magistrat, ne sert en rien votre cause; il vous est, au contraire, singulièrement nuisible. Vous êtes suspecté de prendre un nom qui ne vous appartient pas. Les soupçons de mes collègues et les miens, vous les devinez, pourquoi ne les combattez-vous pas?

Perkin ne remua pas même les lèvres; il ne fléchit pas un moment sa noble tête. Ses yeux regardaient, voyaient et ne reflétaient pas une seule des pensées que la duchesse sentait courir et s'entre-heurter sous le marbre vermeil de son front de statue.

— Pour la dernière fois, parlerez-vous? dit le maire

après avoir consulté du regard ses collègues, offensés d'une pareille audace; songez que vous allez être conduit en prison et jugé. La sentence peut être sévère.

— Voilà une perversité ou une stupidité inouïe, s'écria l'échevin principal.

— Bon, murmura Zébée, il se tait seulement depuis dix minutes; avec nous, il a quelquefois passé dix jours sans faire un geste : on ne l'entendait pas même respirer. Chez les autres créatures, il bat au moins un cœur, un pouls : voyez-le, palpez-le, je suis sûr qu'il n'a ni l'un ni l'autre. Ce n'est pas une personne de ce monde.

Ces dernières paroles produisirent sur l'assemblée une impression de secrète terreur; la vue seule de Perkin donnait le frisson. Calme, dédaigneux comme s'il eût bravé tous les dangers terrestres, il semblait les provoquer et les attendre pour se manifester sous sa véritable forme. Plus d'un, parmi ces échevins, trembla de voir poindre l'ongle diabolique aux pieds du jeune homme, et l'aile de chauve-souris sur ses épaules.

Marguerite alors, s'adressant au maire, lui dit à voix basse :

— Ne vous hâtez pas de conclure contre ce malheureux; on le dit malade : je le croirais volontiers idiot. Voulez-vous que je le fasse examiner par un savant médecin qui m'accompagne? Il en rendra bon compte à Vos Seigneuries. Cependant mes gardes le surveilleront dans cette salle.

— Nous serons tous sincèrement obligés à Votre Altesse, répliqua le magistrat.

Et il sortit de la salle avec ses collègues, tous respirant

plus librement depuis qu'ils n'avaient plus ce fardeau sur la conscience.

Marguerite prit Fryon à part et lui dit :

— Faites parler ce jeune drôle; qu'il dise ce qu'il voudra, mais qu'il parle. J'ai supporté qu'il mystifiât des échevins, mais je serais moins patiente pour ma propre curiosité. Qu'il parle donc, sinon je le ferai pendre avant que l'horloge ait marqué midi.

Aussitôt elle s'éloigna à son tour, laissant Fryon bien plus embarrassé de la mission que Perkin ne l'était de l'alternative.

En effet, dès les premiers mots qu'il risqua pour décider le jeune homme, et ces mots furent éloquents, pressants, ils eussent tiré un écho de la plus profonde pierre, Perkin fit signe à son harangueur de ne pas dépenser en pure perte d'aussi belles périodes. Le geste fut persuasif; Fryon sentit qu'il interprétait une irrévocable détermination.

— Songez qu'il s'agit de la mort, répliqua-t-il laconiquement, d'une mort assez prochaine pour que vos réflexions soient courtes.

Perkin leva les yeux vers l'horloge, qui marquait midi moins un quart, et son sourire demanda clairement à Fryon de supprimer ce quart d'heure de souffrances inutiles.

— Ma foi, tant pis, dit Fryon, après avoir lu sur ces traits encore tendres une résolution de fer; c'est un mal sans remède, et madame la duchesse fera ce qu'elle voudra.

Perkin lui tourna le dos sans manifester aucune émotion, aucune surprise de cet abandon qu'on faisait si vite de sa vie. Quant à Fryon, il s'apprêtait à rejoindre sa maîtresse, lorsqu'à l'entrée de la salle il fut arrêté par une apparition soudaine. C'était Catherine, encore pâle de tout ce qu'elle avait vu, encore tremblante de ce qu'elle venait d'apprendre, et qui arrêtait Fryon de ses bras étendus sur le seuil.

— Eh quoi, murmura-t-elle en anglais, tandis que jusque-là Perkin n'avait entendu que la langue flamande, ce serait vrai?... on mettrait à mort ce jeune homme !

— Et pourquoi non, si madame la duchesse le veut? dit Fryon dans la même langue ; c'est une brute ou un scélérat, n'en déplaise à vos yeux, qui s'abusent sur sa physionomie perfide. Brute, pourquoi le laisser vivre ; scélérat, pourquoi ne le pas punir ?

— Il se tait...

— Parce qu'il risque plus à parler qu'à se taire : croyez-le bien, madame la comtesse, ces masques impénétrables abritent toujours de sinistres pensées ou de sombres souvenirs.

— Je ne crois pas, répondit doucement Catherine, dont le regard miséricordieux et encore voilé de larmes, protégeait ce malheureux comme un rayon céleste. Il me comprend, bien que je m'exprime dans un idiome qui lui est inconnu; il me sourit : il n'y a ni crime ni remords dans ce sourire.

En effet, Perkin s'était retourné tout à coup au bruit des premiers mots prononcés en anglais par la jeune fille. Il venait de témoigner en une seconde plus de sensibilité que dans tout le cours de l'interrogatoire, sous la menace même de la mort.

Charmé, le visage épanoui, aussi naïf à montrer son ravissement qu'il avait été courageux pour dissimuler sa pensée, Perkin suivait des yeux chaque mouvement de la jeune comtesse; il aspirait la vie qui s'exhalait d'elle; il absorbait avec délices l'air qui vibrait sous sa parole. On eût dit, qu'impassible avec les autres créatures, parce qu'elles n'étaient pas du monde auquel il appartenait, l'étranger retrouvait enfin et saluait dans Catherine Gordon l'habitante d'une sphère familière. Et, de fait, en les voyant tous deux jeunes, souriants, candides et beaux d'une grâce surnaturelle, Fryon put croire un moment qu'il assistait à la rencontre de deux anges.

Il remarqua, non sans une joie involontaire, la transformation qui s'était opérée tout à coup chez son prisonnier.

— Ma foi, dit-il à Catherine, votre présence, madame, va faire un miracle; je ne répondrais pas que le muet ne retrouvât la parole.

— Et que, par conséquent, ajouta Catherine avec un battement de cœur, le mort ne ressuscitât à la vie; car, pour vous, il était déjà mort, le malheureux.

— Je l'avoue, madame la comtesse.

Catherine réprima un frémissement douloureux, et s'avança vers Perkin, que l'émotion et le respect tenaient enchaîné à l'autre extrémité de la salle. Fryon, pour favoriser le succès de l'épreuve, demeura près de la fenêtre, accoudé sur l'embrasure, la tête enveloppée de son chaperon et d'un pan de son manteau. Du fond de cette ombre improvisée il suivait chaque détail de la scène, dont ni l'un ni l'autre acteur, absorbé chacun dans son rôle, ne paraissait même soupçonner qu'il eût un témoin.

VIII

Catherine parla la première, en reprenant le dialecte flamand, sans lequel elle pensait que Perkin ne l'eût pas comprise :

— Ignorez-vous donc, dit-elle, le danger qui vous menace si vous vous opiniâtrez?

— Madame, répondit en pur anglais Perkin, qui laissait avec une sorte de volupté échapper enfin sa voix harmonieuse, je n'ignore pas ce danger; tout à l'heure, j'ai entendu ce qu'a dit madame la duchesse à ce seigneur lorsqu'elle l'a quitté : elle me fera pendre... C'est une laide mort, mais c'est une mort, c'est une issue pour sortir de la vie. Je ne demande pas autre chose depuis nombre d'années.

— Vous êtes donc bien malheureux? demanda Catherine toute bouleversée par cet accent simple et vrai, comme aussi par le son de sa langue natale qu'elle croyait étrangère à Perkin.

— Je répondrais oui si je savais ce que c'est que d'être heureux, dit celui-ci.

— Pourquoi me parlez-vous, à moi qui ne puis rien pour vous, quand vous avez refusé de répondre à vos juges, à ceux qui décideront de votre sort ? ajouta Catherine avec une naïveté d'innocence qui fit frémir Fryon.

Mais l'interlocuteur de Catherine était de tout point digne d'une si angélique candeur, car il répondit sans faste et sans sourire :

— Je ne sais pas ; à moins que ce ne soit parce que vous avez parlé une langue que j'aime ; reprenez-la, je vous en prie.

— Enfin, vous n'êtes pas le fils de Warbeck ? reprit la jeune fille en anglais.

— Non, dit Perkin ravi.

— Qui êtes-vous alors ?

— Un pauvre fou.

— Non, non, non ! s'écria Catherine avec impatience, vous ne dites pas la vérité ; vous retombez dans votre faute ; vous n'êtes pas fou et vous le savez bien.

Cette indignation de la douce jeune fille fit monter le rouge de la honte au front de Perkin ; il baissa la tête et murmura :

— Ils le disent tous.

— Qui cela, tous ?

— Zébée, Jean, maître Warbeck lui-même.

— Warbeck vous appelait son fils, cependant, et vous dites que vous ne l'êtes pas ; expliquez cette étrange situation.

— Oh ! dit Perkin avec un soupir... voilà le mystère : maître Warbeck m'appelait son fils, et quand je niais qu'il fût mon père, il m'accusait d'être fou. Aujourd'hui dame

Warbeck elle-même a bien déclaré que je n'étais pas son fils : une mère, c'est une autorité cependant, elle l'a dit, eh bien, suis-je fou encore ? Que m'arrivera-t-il, si je dis oui ?... N'offenserai-je pas Dieu, si je dis non ? D'ailleurs, s'écria-t-il tout à coup avec une explosion de sanglots convulsifs, et sans pouvoir répandre une larme, sais-je moi-même ce qu'il y a dans mon cœur ! suis-je sûr des idées qui s'agitent dans ma tête ? je parle, sais-je ce que je dis ? je vous regarde, je crois vous voir... n'est-ce pas une de mes visions qui me revient ?

— Quelles visions ? demanda Catherine.

— Ne m'interrogez plus, dit Perkin à voix basse, car j'en ai trop dit déjà ; d'ailleurs, que vous apprendrai-je qui soit intéressant pour une personne de votre qualité ?

— Quand vous ne me diriez que la raison de votre arrivée ici.

— Je l'ignore.

— Votre père vous y a envoyé, cependant, près de votre mère ?

— Puisqu'on dit qu'il n'était pas mon père, et que dame Warbeck m'a renié pour son enfant.

— C'est vrai, dit Catherine troublée dans sa logique par l'argument péremptoire de l'adversaire ; mais enfin vous savez au moins ce que vous laissiez près de Warbeck, et comment vous vous trouviez avec lui ?

Perkin leva les yeux au ciel ; ce regard désolé, mais honnête et d'une limpidité sans tache, semblait demander compte à Dieu d'une longue série de tortures imméritées.

— C'est tout ce que je dirai, murmura-t-il enfin ; je n'ajouterai pas un mot.

5.

Catherine voulut consulter Fryon du regard; celui-ci, sans affectation, pareil à un homme fatigué d'entendre des billevesées, poussait en ce moment même la porte de la salle et sortait. Il disparut; la jeune comtesse était seule avec le prisonnier.

Ce départ la surprit d'abord, presque aussitôt il l'épouvanta. Fryon, impatienté, n'était-il sorti si étrangement vite que pour aller chercher un bourreau !

— Vous voyez bien, dit-elle à Perkin avec une vivacité fébrile ; votre entêtement fatigue tout le monde. Vos raisons sont mauvaises ; vous ne persuadez même pas ceux qui voulaient vous sauver la vie, pas même moi qui avais pitié de votre jeunesse, et qui aimais mieux croire à vos malheurs qu'à vos crimes.

— Mes crimes ! s'écria le jeune homme en joignant les mains ; comment aurais-je commis des crimes? lesquels ? de quoi pourrait-on m'accuser?

— Ce testament de Warbeck qui vous attribue sa fortune.

— Est-ce que je la réclame! moi, puisque je déclare n'être pas son fils.

— Dites alors votre nom, vos parents, votre origine; expliquez vos relations avec Warbeck; et remarquez qu'une plus longue résistance me convaincrait de ce que, seule ici, je me refusais à croire : à savoir que votre folie prétendue est le masque dont vous espérez cacher le trouble et les noirceurs de votre âme.

Perkin sembla vaincu ; il appuya sa tête alourdie dans deux mains fines et nerveuses, dont la perfection eût révélé la race illustre à des yeux plus clairvoyants que ceux d'une jeune fille émue.

— Jamais, dit-il enfin, jamais voix humaine ne m'avait fait sentir autant de bonheur et de souffrance. Si je vous ouvre mon cœur, c'est à en mourir de douleur et de honte; si je persiste à me taire, je serai méprisé.

Il releva ses grands yeux brillant d'un feu sombre, et les tint fixés avec tristesse sur la douce Catherine qui baissa les siens, ne pouvant soutenir un si éblouissant éclat.

— Je ne veux pas que vous pensiez mal de moi, reprit-il après ce court silence; cependant, je ne puis prononcer devant vous un seul mot, qui ne vous prouve que je suis un fou, sinon un imposteur.

— Et pourquoi? Est-ce donc si difficile à dire ou à croire? Qu'êtes-vous à Warbeck? comment l'avez-vous connu?

— Vous le voulez, répéta Perkin avec son étrange regard, soit.

— On a parlé de Constantinople, interrompit Catherine embarrassée de cette soumission presque passionnée.

— Ce n'est pas à Constantinople que j'ai connu maître Warbeck, dit le jeune homme; avant ce moment, bien des choses se sont passées, plus ou moins vraisemblables. Quand je dis qu'elles se sont passées, excusez-moi, madame, je les raconte, voilà tout, je n'affirme pas qu'elles aient eu lieu... songez que c'est un esprit malade qui va vous parler. Pareil à ces vases précieux qu'un poison corrosif a rongés à l'intérieur, et qui conservent sur leur émail des traces de ses brûlantes morsures, ma mémoire a des taches, des lacunes; je crois raconter, peut-être inventé-je; seulement à partir de ce moment, j'atteste Dieu qui est aux cieux que je crois vous dire la vérité.

Catherine, effrayée de cette incohérence de sentiments et d'idées sous laquelle perçait la plus manifeste candeur, se surprit tout d'abord à reculer devant la confidence; la curiosité, l'intérêt, l'emportèrent : elle s'assit, elle écouta.

— La première fois que je vis maître Warbeck, dit le jeune homme du ton mystérieux d'un improvisateur qui s'échauffe au son de ses paroles, j'étais dans une tour carrée, bâtie en grosses pierres noires; je vivais là depuis longtemps; je ne voyais que le ciel, une immense nappe d'eau bleue comme le ciel lui-même; à ma gauche, des montagnes splendidement brodées de neige; à ma droite, des collines vêtues de forêts vertes, de campagnes diaprées de fleurs et de petites maisons blanches; longtemps, longtemps, j'ai vu ce magnifique tableau.

— Combien de temps? demanda Catherine.

— Je ne sais; un enfant ne compte pas ses jours; et, s'il y songeait, le sommeil et l'ennui effacent bien des heures dont il ne peut plus retrouver le compte!

— Vous savez, cependant, le nom de l'endroit où vous vécûtes ainsi?

— Non, madame; le pays m'était et m'est encore inconnu.

— Vous y êtes né, sans doute?

— Je ne sais; je ne crois pas.

Catherine fit un nouveau geste d'incrédulité.

— Il est bizarre, dit-elle, qu'on ignore l'endroit où l'on est né; c'est peu vraisemblable.

— Daignez vous rappeler, madame, que je vous ai annoncé des ombres dans le passé; cette ignorance en est une; quand je remonte au delà d'une certaine époque, celle de mon séjour dans ce château entouré d'eau, l'ombre s'épaissit à tel point que j'y chercherais vainement quelque point lumineux pour attirer mon attention. Oui, je le répète, de mon séjour en ces noires pierres date ma mémoire; tout ce que j'ai vu par la petite fenêtre d'où je contemplais ciel, eau, champs et montagnes, tout ce que j'ai rencontré d'objets ou de figures humaines, tout cela j'en puis répondre, j'en puis parler, je ne me tromperai pas, je ne tromperai pas celle qui m'écoute, je m'appartiens de ce moment-là. Le reste, oh! le reste... vapeurs... abîmes... feux follets errants, trompeurs; le reste, madame, c'est la folie. Le vertige me prend quand mon idée s'y pose, épargnez-moi la torture d'en parler!

Catherine fixa son regard franc et assuré sur le visage du malheureux Perkin.

— Contentez-vous alors, dit-elle, de raconter votre première entrevue avec Warbeck. Mais enfin, dans ce château si bien fermé, dans cette prison entourée d'eau, où vous ne sauriez dire comment vous êtes arrivé, il y avait des créatures douées de vie et de raison?

— Une seule, un vieillard dont je crois voir encore la haute stature, le regard perçant. Il est le premier être humain dont le souvenir m'apparaisse au réveil de cet épais sommeil dont je vous parlais tout à l'heure. C'est lui qui m'apprit la langue flamande à la place de l'autre...

de celle que vous avez parlée tout à l'heure, et qu'on m'avait forcé d'oublier, et qui m'a fait tressaillir de joie quand je vous ai entendue.

— On vous avait forcé d'oublier l'anglais?

— Ah!... c'est l'anglais cette langue? — je l'ignorais. Oui, madame, on m'y a forcé d'une manière bien simple. Le grand vieillard ne le comprenait pas ou feignait de ne me pas comprendre lorsque je m'exprimais dans cette langue. Il ne me parlait que flamand : force m'a été de parler flamand comme lui, et alors, après bien des jours, bien des jours, j'ai oublié l'anglais pour cette langue nouvelle. Je croyais l'avoir oublié du moins, mais je vois bien que non, puisque je vous ai comprise et que je réussis à m'exprimer, avec hésitation, c'est vrai.

— Avec un accent irréprochable, l'accent national.

— Vous croyez que je serais Anglais? s'écria Perkin avec une curiosité presque voisine de la folie. Oh!... peut-être!... Oh! si je pouvais le savoir!... si l'on m'aidait!... si je parvenais à jeter un pont sur l'abîme noir qui sépare ma seconde vie de la première! Abîme tellement large que je ne distingue plus rien au delà! Pourtant, si vous saviez, madame! si vous soupçonniez tout ce que j'y crois voir! C'est un rêve; c'est un tableau menteur. Mille fois j'ai cherché à le reconstruire pièce à pièce; mille fois j'en ai rassemblé les atomes tremblants, espérant, de ces nuages vains, me recomposer le ciel d'autrefois. Le ciel, ai-je dit? Oh!... c'est paradis qu'il faudrait dire. Ce pauvre abandonné, cet insensé qui fait rire les uns et trembler les autres ; cet inconnu que tous les bras repoussent, ce fils sans père, ce fils sans mère, celui qu'on va pendre tout à l'heure comme un chien, comme un juif!... Oh!... je ne suis pas juif!... Cet infortuné a eu, comme tant d'enfants, une mère, des frères, des petits amis jouant autour de lui ; voilà pourquoi je n'ai pas reconnu dame Warbeck ; j'ai dans l'esprit une autre image. Cette autre mère, je la vois, je la dépeindrais ; c'est celle-là qui est ma mère, madame, ils ont beau dire. Qu'on m'empêche d'avouer ma pensée, sous prétexte que je suis fou, l'image n'est pas moins vivante en mon cerveau. Tout ce qui ne sera pas cette image, je ne l'appellerai pas ma mère. Mais pardon! pardon! je m'égare, je m'égare, et vous n'avez pas la charité de me rappeler à la raison. Avertissez-moi donc, madame, vous que je croyais si bonne ; car peu à peu sur cette pente fatale je glisse et je redeviens fou.

Perkin s'arrêta épuisé. Sa voix n'eût pu ajouter un mot à l'hymne de douleurs qu'il venait de chanter en poëte. Ce langage irrésistible lui avait conquis Catherine tout entière. Elle restait là muette, éblouie. Elle le regardait, elle continuait le poëme commencé ; ses lèvres s'ouvraient déjà pour le prier de reprendre le récit.

Mais aux deux extrémités de la salle, simultanément, par une bizarre coïncidence, deux auditeurs nouveaux qui guettaient depuis quelque temps, chacun de son côté, Fryon et la duchesse, firent entendre une sorte d'exclamation arrachée soit par la surprise, soit par un sentiment d'intérêt plus profond. Marguerite surtout, soulevant la tapisserie, demeurait pensive comme une statue. Fryon, qui l'aperçut de loin, échangea avec elle un étrange regard.

Au bruit de leur arrivée, Catherine tressaillit. Perkin, rappelé à la réalité, se drapa dans une majesté morne et dédaigneuse. La jeune fille s'élança vers la duchesse, moitié pleurant le charme qui venait de se rompre, moitié suppliant l'austère souveraine de pardonner au malheureux prisonnier.

Marguerite, avec un sourire d'acquiescement, congédia sa filleule d'Écosse. Elle lui indiqua la grande cour, où l'attendaient pages, écuyers, équipages. L'heure du départ était venue, tous les préparatifs étaient terminés.

Catherine rougit d'une secrète inquiétude. Son regard cherchait naïvement Perkin; celui-ci, du regard aussi, lui envoya un adieu suprême et désolé, une de ces bénédictions après lesquelles l'âme soulagée n'a plus rien à faire sur la terre.

Il pensait sans doute, l'infortuné, que l'homme n'a pas à se plaindre lorsque Dieu lui impose les grandes peines après les grands bonheurs, et il se trouvait assez heureux d'avoir vu Catherine attendrie, pour tout accepter sans regret, fût-ce la mort. Il ne se troubla donc point, il ne poussa même pas un soupir quand Marguerite fit signe à son premier gentilhomme d'emmener celui qu'on appelait Perkin par la porte opposée à celle que Catherine venait de prendre pour sortir.

La duchesse et le secrétaire semblaient en ce moment animés de la même vie. Tous deux regardaient le jeune homme; tous deux s'oubliaient dans cette contemplation; tous deux suivaient en chacun de ses mouvements une pensée qu'ils croyaient se cacher l'un à l'autre.

Mais, au premier choc de leurs regards, ils sentirent qu'ils s'étaient compris.

— Voilà un enfant sans famille, inconnu à tous, inconnu à lui-même, dit la duchesse la première.

— Et dont la ressemblance avec le feu roi Édouard est merveilleusement frappante, répliqua Fryon bien bas. Oh! si Lambert Simnel eût ressemblé au jeune comte de Warwick, comme ce Perkin ressemble au dernier roi d'Angleterre, jamais Londres n'eût cru à son imposture, et Simnel régnerait peut-être à la place d'Henri VII.

— Ce sont de vaines paroles, murmura Marguerite, des paroles imprudentes, messire Fryon ; et je m'étonne, si bas que vous parliez, d'entendre un homme sensé comme vous les prononcer aussi haut.

— J'espérais, dit humblement le secrétaire, émouvoir la pitié de Votre Altesse en faveur de ce malheureux, et voilà pourquoi je mentionnais cette étrange ressemblance.

— Vous avez raison, interrompit la duchesse. Il y a là quelque chose qui doit me rendre sacrée la vie de ce jeune homme. Je vous le confie, Fryon... je veux qu'il vive et devienne très-heureux.

Fryon s'inclina sans que son œil pénétrant eût cessé de poursuivre chez la duchesse la trace de ses pensées.

— Votre Altesse, dit-il, me permettrait-elle d'obtenir de ce jeune homme la suite du récit que nous avons interrompu?

— Et de lui rafraîchir la mémoire? Oui, certes, car je suis certaine que si l'on voulait rouvrir les portes de cette mémoire rebelle, on y trouverait..

— Tout ce qu'on voudrait, n'est-ce pas, madame?

— Beaucoup de choses, Fryon... Il l'a dit lui-même; c'est un vase vide qui attend ce qu'une main habile y saura verser.

— Warbeck lui avait bien fait croire et dire qu'il était son père...

— En cherchant bien, Fryon, vous lui trouverez un père plus digne que Warbeck de cette royale ressemblance...

— C'est l'idée qui m'est venue, madame, quand je me suis rappelé l'imprudence du roi Henri VII.

— De quelle imprudence voulez-vous parler?

— Ne répand-il pas le bruit qu'il existe encore un fils d'Édouard?

— La dépêche du roi d'Écosse le dit positivement. Eh bien?

— Eh bien, madame, ajouta Fryon du même accent mystérieux et inspiré, pensez-vous qu'Henri VII eût osé répandre ce bruit s'il eût vu en face la figure de notre Perkin, et calculé l'effet qu'elle produirait sur le peuple d'Angleterre?

Marguerite éteignit d'un coup d'œil l'inspiration de son confident.

— J'ai dans la campagne de Tournay, dit-elle, une petite maison de chasse. Vous y conduirez ce jeune homme; inutile qu'on le voie, n'est-ce pas?

— Zébée, Jean et les magistrats l'ont vu pourtant, madame.

— Tant mieux; puisqu'ils savent qu'il n'est pas le fils de Warbeck, et pourraient en témoigner au besoin.

—Je comprends. Combien de temps Votre Altesse m'accorde-t-elle pour avoir ressuscité complétement la mémoire de Perkin?

— Vous être un maître habile ; prenez le temps qu'il vous faudra. Mais que je sois la première, la seule à juger les progrès de l'élève.

— Je l'amènerai à Votre Altesse aussitôt que l'éducation sera faite.

— Eh bien, je vais expédier des ordres à mon trésorier. Attendez la nuit pour partir, et ne comptez que sur vous pour la route.

— Comme pour le reste, dit Fryon, qui prit congé de la duchesse.

Marguerite, restée seule, acheva le plan d'un seul trait, d'un seul mot, comme les grands génies.

— Je crois maintenant avec Fryon, murmura-t-elle, que le sage Henri VII, le Salomon de l'Angleterre, sera bien embarrassé, si jamais j'ai la fantaisie de dire comme lui qu'il reste une rose sur le rosier blanc d'York!

IX

Le temps s'écoula. La duchesse était retournée dans ses États de Flandre. Elle amassait des matériaux en silence.

Un jour elle reçut de Fryon l'avis suivant par un courrier sûr.

« Un véritable trésor s'est révélé, préparez-vous à une joie immense; mais je ne suis pas sans inquiétudes. Des hommes suspects ont été vus rôdant autour de la maison de chasse. S'il fallait que nous perdissions ce que la Providence a daigné laisser tomber entre mes mains, j'aimerais mieux mille morts; et vous, madame, vous si éprouvée déjà, vous croiriez connaître le malheur pour la première fois. J'attends de Votre Altesse un grand renfort d'hommes et de chevaux, car je veux vous conduire moi-même l'illustre élève. Encore une fois, louez Dieu, et préparez votre cœur à l'excès de la prospérité. Vous allez recevoir un duc d'York bon à présenter aux amis et aux ennemis ! »

— Que veut-il dire ? se demanda Marguerite ; mais d'abord rassurons-le.

Elle fit monter à cheval ses meilleurs hommes d'armes, leur nomma pour chef le capitaine éprouvé qui la servait dans les grandes occasions, et qu'elle chargea de ramener, du château de chasse, Fryon et sa merveille, ce jeune homme passé à l'état d'illustre.

Plus elle réfléchissait, plus elle s'étonnait de l'enthousiasme du secrétaire. Perkin avait-il donc dépassé toutes les espérances de ses instigateurs ? Ce jeune homme, bien instruit par un des plus subtils politiques de ce siècle d'intrigues, était-il devenu l'infaillible instrument des vengeances futures de la fille d'York ?

Que faire sans nouvelles, sans preuves, sans détails ? attendre, attendre en se rongeant d'impatience, ainsi qu'il arrive quand la fièvre des passions brûle le sang, comme une mèche de lampe dévore l'huile. Marguerite se mit à calculer les jours, les heures, les minutes qui s'écouleraient avant l'arrivée de cet élève phénomène dont le rôle allait bientôt commencer. L'escorte envoyée par Marguerite fit diligence et revint à Gand, au palais ducal, quatre jours après son départ.

Le bruit des pas de chevaux, des voix, des armes, émut la souveraine. Elle s'étonna de sentir battre un cœur étouffé depuis si longtemps par le poids des revers. Ce tressaillement inusité, c'était déjà du bonheur, et elle se promettait de remercier Fryon, quand le vieux capitaine entra dans son oratoire pour lui rendre compte de l'expédition.

Le digne gentilhomme semblait indécis, troublé. Il n'apportait pas ce visage ouvert sur lequel les grands aiment à lire un heureux présage.

— Où est Fryon?... demanda-t-elle.

Le capitaine secoua sa tête blanchie.

— Dieu seul le sait, dit-il. Dans la nuit qui a précédé mon arrivée, comme il faisait une ronde aux alentours de sa petite forteresse, il a été enlevé avec deux gardes qui l'accompagnaient. On a entendu ses cris bien vite étouffés, et tout a disparu dans l'épaisseur de l'ombre.

— Enlevé!... s'écria Marguerite... est-ce possible!...

— J'ai vu de mes yeux, au matin, les traces de l'embuscade, le piétinement des chevaux, les vestiges d'une lutte.

— En sorte, poursuivit Marguerite, qu'habile chasseur comme vous l'êtes, vous savez, d'après ses traces, à quoi vous en tenir sur le rapt...

— Parfaitement, madame.

— Et vous connaissez les ravisseurs?

— A n'en pas douter. Votre Altesse, je suppose, les connaît ou le connaît encore mieux que moi.

— Pas d'énigmes de chancellerie, messire, faites votre rapport en soldat.

— Eh bien, madame, la troupe qui a saisi et enlevé messire Fryon est composée d'hommes exercés à la guerre. Chevaux et cavaliers sont anglais. Ce sont des émissaires du roi Henri VII, qui se venge de son ancien secrétaire. Du reste, ajouta le vieux guerrier, je l'avais bien prévu, la trahison appelle tôt ou tard la trahison.

— Mais le jeune homme?... demanda la duchesse avec angoisses.

— Oh! le jeune homme, répondit avec indifférence le vieux capitaine, on ne l'a pas enlevé, lui; c'est toujours ainsi; une brebis grasse et féconde est la proie du loup, l'agneau galeux reste au berger.

Il était loin de soupçonner, l'honnête homme d'armes, combien cet agneau calomnié tenait au cœur de la puissante maîtresse.

— Vous l'avez amené? dit-elle.

— Il est là, quelque part, toujours aussi stupide que quand Votre Altesse le recueillit à Tournay.

— Qu'on l'introduise dans mon cabinet. Il a, m'a écrit Fryon, une révélation importante à me faire, et je veux l'écouter au plus vite. Attendez-moi près d'ici.

Le capitaine s'inclina et sortit en murmurant :

— Pauvre Fryon! son voyage en Flandre le mènera plus loin qu'il ne pensait.

Et de fait l'auteur de cet enlèvement ne pouvait être que

le roi d'Angleterre. Henri VII avait un intérêt trop puissant à reprendre Fryon et ses secrets à la duchesse de de Bourgogne.

X

Quand Marguerite eut accordé quelques minutes de réflexions, en guise de regrets, à son infortuné serviteur, elle crut avoir largement payé sa dette de reconnaissance. Elle chercha bien à deviner pourquoi la troupe des ravisseurs anglais ne s'était pas emparée du château et de Perkin. Mais l'évidence éclatait. Perkin, grâce à la circonspection de Fryon, était demeuré inconnu aux agents du roi d'Angleterre. York perdait Fryon, c'est vrai, mais il lui restait Perkin, et Marguerite se félicita tranquillement du bonheur qui avait présidé à toute cette affaire. Fryon enlevé avant d'avoir instruit Perkin, c'eût été un échec irréparable. Après l'éducation de cet élève miraculeux, l'échec n'était préjudiciable qu'à Fryon lui-même. Marguerite le sentit et se trouva consolée. Il ne lui restait plus qu'à entamer l'exécution du grand projet mûri dans le silence d'une retraite de trente jours. Marguerite assura sa contenance, fourbit, pour ainsi dire ses idées, et passa dans le cabinet où ses huissiers avaient fait entrer Perkin.

C'était l'heure d'une audience. Les salles du palais et les vestibules se remplissaient de courtisans, d'officiers; nombre de voyageurs illustres, la plupart Anglais et Écossais, attendaient là d'être présentés à la sœur d'Édouard IV, à la très-noble fille de la maison d'York. D'autres étrangers, soit Français, soit Italiens, soit Allemands, recherchaient avidement l'honneur d'apercevoir la veuve du fameux du duc de Bourgogne. Ce jour-là, soit hasard, soit combinaison de la part de la duchesse, nous ne saurions affirmer pourquoi, la cour était brillante et tumultueuse, comme elle ne l'avait pas été depuis longtemps.

A peine ce flot doré avait-il ondulé quelques minutes de l'escalier aux galeries, à peine Marguerite avait-elle disparu un demi-quart d'heure dans son cabinet, que soudain les portes s'ouvrirent, la duchesse sortit pâle et tremblante d'indignation réelle ou feinte ; mais si tremblante et si pâle que ses gentilshommes favoris et quelques dames coururent à sa rencontre pour lui offrir respectueusement leurs services et savoir la cause de l'exaltation peinte sur son visage.

—Laissez-moi respirer, dit Marguerite d'une voix émue, laissez-moi prendre le temps de refréner une colère malséante chez une souveraine.

La curiosité, on le pense bien, ne fut que plus vivement excitée par un pareil préambule. Chacun voulut savoir, et proposa sa médiation.

— Il s'agit, reprit la duchesse, d'un crime énorme, d'un crime qui me frappe droit au cœur. Le coupable en sera châtié si rudement que désormais l'exemple fera réfléchir les traîtres et les imposteurs. Quoi ! parce qu'on sait ma faiblesse, mon fol amour pour ma race, parce qu'on me sait fière de mon nom d'York, et que nul au monde n'ignore combien j'ai versé de larmes, ce que j'en verse chaque jour sur mes frères, sur mes neveux Édouard V et Richard d'York, on spéculera sur cette tendresse de mon cœur qui devrait être sacrée, on se fera un jeu de mes tortures, on m'abusera par des impostures et par la profanation de mes chers fantômes! Dieu vivant! j'en tiens un de ces fourbes, de ces faux princes, il payera pour tous les autres.

Un long silence, un échange discret de regards effarés accueillit, dans la foule des courtisans, l'explosion bruyante du courroux de la souveraine.

Lord Kildare, un des grands noms de l'Angleterre, un des plus ardents partisans d'York, tombé dans la disgrâce d'Henri VII pour son opposition décidée aux Lancastres, s'approcha de Marguerite avec l'autorité que lui donnaient chez elle une vieille amitié, son immense richesse et un dévouement à toute épreuve. C'était un vieillard au front chauve et luisant, à la barbe blanche, au sourire à la fois bienveillant et railleur.

— De quelle imposture et de quels fantômes, dit-il, Votre Altesse daigne-t-elle nous parler?

— Ah! s'écria la duchesse, se tournant vers lui comme si elle l'eût aperçu en se réveillant en sursaut, c'est vous justement, cher duc! vous qui chérissez comme moi et qui connûtes tous les nôtres. Figurez-vous! le pourriez-vous croire, que je viens de me rencontrer là, dans ce cabinet, avec un homme, un audacieux, un sacrilége, qui raconte sa vie de telle sorte qu'il serait, si on voulait l'en croire, Richard d'York, le second fils d'Édouard IV, le frère du martyr de la Tour de Londres, mon propre neveu, le légitime roi d'Angleterre !

Un long murmure courut dans tout l'auditoire. C'était ce bruit multiple, hétérogène, des éléments dans la tempête. Tous grondent ou frémissent, notes discordantes que la grande loi physique résume en une harmonie immense. L'harmonie, à la cour, résulte du respect et de la crainte de chaque élément envers le maître. Elle résulte mieux encore de l'intérêt commun.

Toute l'assemblée n'avait pas donné à la déclaration de Marguerite un sens uniforme. Les jeunes crurent leur princesse sincère, et ils s'indignaient avec elle ; les simples, pour qui l'espoir est un dogme de religion politique, espéraient et par conséquent demandaient à voir l'imposteur ; les fins courtisans sentaient vaguement une idée sous tant de paroles, et ils bourdonnaient à l'unisson pour s'épargner la responsabilité d'une réponse.

Kildare, homme droit et exact, ne se réserva pas.

— Voilà, dit-il, une abominable imposture, les fils du roi sont bien morts : s'ils eussent survécu l'un ou l'autre, le monde en saurait quelque chose, et il n'eût pas été digne d'un fils d'York de laisser gémir si longtemps son pays sous l'usurpateur Henri VII, lorsqu'il n'avait qu'à se présenter pour nous sauver tous. Cela seul condamne à mes yeux sa prétention.

— Oh ! il allègue d'étranges raisons, milord ! s'écria la duchesse ; il prétend ne s'être pas connu lui-même. Il serait, dit-il, devenu fou après avoir reçu dans la Tour deux horribles blessures ; mais que prouvent des blessures, bien que je les aie vues? tout enfant ne peut-il avoir été blessé à la tête?

— Je suppose, reprit lord Kildare, qu'il aurait d'autres preuves à fournir.

— S'il en a!... je me suis enfuie avant de l'entendre, ajouta la duchesse; cette voix m'a étourdie, comme son visage m'avait éblouie : voix de mon frère; visage de mon frère vivant!... Mais que prouvent une voix et une ressemblance? N'ai-je pas aussi été abusée par ce vil sycophante, par ce honteux pâtissier Simnel, qui se disait Warwick, et que l'usurpateur victorieux n'a pas même daigné punir, sinon en l'envoyant à ses cuisines? Une fois trompée, c'est assez; j'y ai perdu trop de larmes, trop de sang de mes amis, trop de bons écus d'or. Tant pis pour celui-ci qui veut recommencer Simnel; il n'ira pas jusqu'à Londres: je veux qu'il soit écartelé dès demain sur la place du marché de Gand.

— Mais, d'où vient-il? demanda Kildare, soit qu'il fût dupe, soit qu'il tînt à prouver qu'il ne voulait pas l'être.

— Il a été trouvé par un homme assez habile pour inspirer quelque confiance, par Fryon.

— Fryon, le secrétaire du roi Henri VII, celui qui a quitté son maître? demanda Kildare.

— Lui-même, ardent à se venger.

Le vieux seigneur réfléchit quelques moments, puis, avec lenteur :

— On parlait beaucoup à Londres, quand je l'ai quitté, dit-il, d'un aveu fait par le meurtrier Brakenbury au sujet de la résurrection d'un des fils d'Édouard; voilà une coïncidence étrange.

— Dont l'imposteur aura profité, croyez-le bien, milord.

— Mais Fryon, où est-il?

— Je lui avais donné asile dans une de mes maisons; j'apprends que le roi d'Angleterre l'en a fait enlever. N'est-ce pas ce que vous m'avez rapporté, capitaine?

— Oui, Altesse, dit l'officier interpellé; j'en puis répondre, et en jurer au besoin.

— Voilà pourquoi, interrompit Marguerite, qui sentait s'échauffer son auditoire, tout à l'heure, en présence de ce jeune imposteur, je n'ai pas voulu l'écouter ni le trop regarder même. Il peut mentir à son aise, Fryon n'est plus là pour le contredire ou pour l'appuyer. Mais aussi nous sommes libres, et pour commencer, je me prononce contre son imposture, plus énergiquement que si elle m'était prouvée. L'idée seule d'une usurpation de ce glorieux, de ce cher nom d'York me transformerait en un tyran cruel. Je m'arrêterai aux limites de la justice. Le coupable mourra. Qu'avez-vous, mon cher duc? vous, baissez la tête, on dirait que vous hésitez, vous, notre meilleur ami, souffririez-vous un pareil sacrilége?

— C'est à cause même de ce dévouement à votre famille, madame, répliqua Kildare, que je vous supplierai de ne point écouter la colère, et de ne pas précipiter vos résolutions. Quel avantage procurerait à votre cause la mort d'un malheureux? Il ressemble, dites-vous, à votre frère Édouard; je m'étonne alors de votre courage; quant à moi, je ne consentirais jamais à répandre le sang d'une créature qui me rappellerait les traits de mon ancien maître.

— Mais, s'il ment, s'il me trompe, et n'est qu'un sujet de discorde, de railleries?

— Rien de plus facile que de le convaincre et de le chasser avec ignominie, répliqua le vieillard : je m'en charge volontiers. Je ne lui aurai pas plutôt adressé trois questions, que je saurai à quoi m'en tenir sur sa sincérité. Que dis-je, trois questions, il n'est pas besoin de cela : les deux princes, vos neveux, Richard d'York, celui-là même qu'il prétend être, ont joué mille fois sur mes genoux. Je me rappelle plusieurs particularités frappantes de ces entrevues. Une surtout, qui n'a pu être sue de personne, excepté de lui et moi; s'il ne la sait pas, s'il ne m'en parle pas, il n'est point le duc Richard, et deux minutes suffiront à l'en convaincre. Vous-même, madame la duchesse, vous êtes plus que personne capable de lui prouver son imposture. Qui mieux que vous connaît les détails de la vie et de la mort des fils d'Édouard? Qui pourrait aussi bien que Votre Altesse provoquer ces explications sur d'intimes circonstances, rappeler des mots, des faits, tendre les pièges dans lesquels il tombera s'il est un fourbe?

— Quoi! ajouta Marguerite avec une joie impénétrable, vous me conseilleriez cette épreuve? En vérité, n'est-ce pas donner à un misérable menteur l'importance d'un héros?

— Non, madame, dit froidement Kildare; un juge n'en agit pas autrement. Il interroge, il observe, et condamne ou absout.

— Mais tout en moi se révolte; il y a invraisemblance, il y a impossibilité; on rira de nous, Kildare.

6.

— Nul n'a jamais ri d'une princesse respectable, d'une princesse auguste qui recherche la justice et la vérité.

L'assemblée, avide de spectacle et d'émotions, approuva d'un murmure unanime le conseil du vieux lord.

— Soit donc! s'écria Marguerite : aussi bien l'on ne dira pas que je recule devant l'aveu de l'imposture. L'épreuve aura lieu, mais publiquement, ici, en plein jour, devant tous, amis ou ennemis. Chacun, ici, s'inspirera de sa conscience et aura le droit d'adresser une question à cet homme. Mais, je le répète, Kildare, et votre avis n'a en rien modifié mes sentiments; si, comme il n'en faut pas douter, je le convaincs d'imposture, il subira la peine de son crime et ne sortira du palais que pour monter sur un échafaud. Le monde saura de cette façon que j'aime par-dessus tout et défends les droits d'York, mais du vrai sang d'York, et que je combats l'ennemi de ma famille avec des armes loyales. Qu'on amène ici le prétendu Richard; vous, milords et hauts seigneurs, silence, impartialité, clairvoyance. Pas de faiblesse, Kildare, rien ne rendra le rosier blanc plus vénérable que le prompt châtiment des reptiles qui veulent s'abriter sous ses rameaux sacrés.

Chacun prit place dans la galerie : la duchesse s'assit sur le trône; Kildare, soucieux et inquiet, demeura debout, appuyé sur le fauteuil. La soudaineté de cette présentation, l'étrange animation de la duchesse, l'intérêt immense de cette question de dynastie d'où la guerre et tous les fléaux pouvaient s'échapper tout à coup et fondre sur l'Angleterre, cette imposante alternative recommandait bien mieux qu'un ordre de Marguerite le silence et la circonspection à l'illustre auditoire.

Bientôt l'on vit soulever un des pans de la tenture de velours; le capitaine des gardes de la duchesse parut le premier, se rangea, et laissa passer dans la vaste porte un jeune homme vêtu de noir, avec une broderie simple d'argent et de soie. Il tenait à la main son chaperon, et portait sans faste et sans humilité sa tête pâle. Un rayon de la lumière d'été vint jouer sur son front poli et communiqua la flamme à deux yeux tranquilles et purs qui parcouraient cette foule splendide avec une calme et sereine curiosité.

Sa démarche, naturellement gracieuse et légère, son assurance pleine de candeur impressionnèrent favorablement l'assemblée; mais quand on l'aperçut de plus près, quand éclata aux regards cette merveilleuse ressemblance avec Édouard IV, le plus beau des hommes, ce fut dans tous les rangs un frémissement d'admiration que Marguerite saisit avec une secrète complaisance, et qu'elle se garda bien de réprimer.

Kildare s'était penché, curieusement d'abord, puis avidement; il regardait avec toute son âme. Marguerite put entendre le soupir profond qui s'exhala du cœur de ce vieillard.

Quant à Perkin, avançant peu à peu dans la galerie, pareil à un mort réveillé dans sa tombe, il semblait reprendre avec le sentiment de la vie le souvenir d'un passé interrompu par ce léthargique sommeil.

Ces costumes splendides, ce palais, ces magnificences, l'atmosphère parfumée d'une cour, la beauté des dames et le murmure qui accueillit sa présence n'étonnèrent point Perkin. Il se dit qu'il avait vu cela autrefois. On le vit chercher dans sa première existence l'explication du tableau qui, maintenant, se dressait en relief devant lui.

Que s'était-il passé dans le cabinet de la duchesse entre elle et ce jeune homme? D'où venait à Marguerite cette assurance, à Perkin cette tranquillité?

— Monsieur, lui dit-elle tout à coup tandis qu'il saluait le trône, je n'ai pas voulu échanger avec vous une parole en particulier. C'est publiquement que se traitent les affaires de cette importance. Vous voyez ici ma cour, mon conseil. Priez Dieu qu'il vous inspire de sages réponses, car vous jouez votre tête en cas de mensonge ou d'erreur.

Perkin ne répondit pas; mais il garda son flegme et sa sérénité.

— Écoutez-le bien, hauts seigneurs, et vous, milords, jugez-le dans votre sagesse. Jeune homme, vous prétendez être né dans un palais?

Perkin répondit d'une voix pure et ferme :

— Je le crois.

— Vous prétendez avoir eu un frère roi?

— Je sais que j'ai eu un frère à qui j'ai vu une couronne sur la tête.

— Votre mère est, dites-vous, la reine douairière d'Angleterre?

— Je ne sais; ma mère aussi portait une couronne. Si l'on me montrait son portrait, je le désignerais; si elle m'apparaissait elle-même, je n'hésiterais pas à l'embrasser, fût-elle au milieu de mille autres femmes.

— Vous dites, en conséquence, être Richard, duc d'York ?

— Ce n'est pas moi qui ai dit cela. On m'a demandé : « Ne seriez-vous pas Richard ? » J'ai répondu : « Ce nom m'a été donné dans mon enfance. — Duc d'York ? — Je me souviens avoir été appelé ainsi bien souvent. »

— Si cela était, vous auriez été assassiné dans la Tour de Londres ?

— J'ai été victime d'un assassinat, oui.

— Racontez l'horrible scène.

— Je dormais avec mon frère ; j'ai entendu soudain du bruit ; une clarté pâle tremblait sous les rideaux de notre lit. J'ai crié parce que des mains froides et rudes se promenaient sur mon visage. Deux figures hideuses se penchaient sur nous. Tout à coup mon frère a crié aussi en se débattant, et m'a couvert de son sang tiède. J'ai voulu l'embrasser, un coup terrible m'a fait pencher la tête, puis un autre, et je n'ai plus rien senti.

Peindre le silence et l'immobilité de l'auditoire n'est pas l'ouvrage de la plume ; le pinceau y réussirait mieux.

— Cependant vous n'étiez pas mort ; vous vous réveillâtes plus tard ? demanda la princesse.

— Longtemps après. Quand je fus frappé, quand je perdis mon frère, j'étais un enfant ; je me réveillai grand et fort.

— Et vous n'avez fait part à personne de ce souvenir terrible ?

— Celui à qui je l'ai conté, le seul être humain qu'il me fût permis de voir, affectait de ne pas comprendre la langue dont je me servais alors; il m'en apprit une autre.

— Mais quand vous sûtes cette langue nouvelle, vous parlâtes du passé?

— Oui, car j'y pensais toujours!

— Eh bien, que répondit votre gardien?

— Que j'étais fou... que j'avais, en jouant, fait une chute; que ma tête, blessée par cette chute, était restée malade; que la fièvre avait déposé sa lie en mon cerveau, et que des vapeurs mensongères s'y jouaient en rêves insensés.

— On niait votre enfance dans le palais du roi Édouard?

— Oui.

— Votre famille, votre passé, votre catastrophe?...

— Délire.

— Cette langue anglaise que vous saviez, que vous savez encore?

— Quand j'en laissais échapper un mot, mon gardien haussait les épaules. Je finis par croire qu'elle n'existait que dans mon imagination altérée.

— Mais maintenant, vous vous rappelez, et il me semble que vous prenez votre revanche avec usure.

— On m'a parlé anglais et je me suis souvenu; on m'a dit que je n'étais pas un enfant sans famille, je me suis souvenu; on m'a cité comme des faits mille choses que je croyais des chimères, des visions, des folies engendrées dans la blessure de ma tête malade; je me suis souvenu de ces choses, et je maintiens que j'ai assisté à ces faits. Dans quel but a-t-on réveillé ainsi ma mémoire? Dans quel but veut-on que je parle après que d'autres m'ont si longtemps commandé de me taire? Je n'en sais rien. Mais comme je ne dis que la vérité, comme je n'affirme que ce que j'ai vu, entendu, souffert; comme on me fait espérer la réparation de mes longs malheurs, les caresses d'une mère, l'amour d'une famille que j'ai tant pleurée, et qui, dit-on, me pleure, je renais, je parle, je parlerais sous la hache des assassins; je verserais mon sang jusqu'à la dernière goutte. Je parlerais dans le feu prêt à me dévorer! car j'ai un espoir et je veux qu'il se réalise!

Perkin avait fini. Tous les cœurs battaient. Non, qu'on le crût déjà, jamais imposture n'avait paru plus grossièrement ourdie; mais jamais imposteur n'était apparu sous des dehors plus séduisants. Chacun dans l'assemblée l'eût déclaré menteur et faussaire, nul n'eût osé le condamner pour ses mensonges.

La duchesse demeura un moment recueillie. Elle épiait les impressions autour d'elle; elle admirait l'art avec lequel ce jeune homme venait de débiter une si monstrueuse histoire sans plus de trouble ni d'embarras qu'un apôtre confessant la vérité.

— Fryon avait raison, pensa-t-elle; il est fort, et c'est dommage de renverser cet édifice industrieux; mais si je n'insiste pas, un autre insistera. Ne nous laissons prévenir par personne.

— Tout ce récit, dit-elle solennellement, le premier venu l'eût pu faire. Les malheurs d'York sont connus. Pas un enfant qui, dans ses jeux, n'ait reproduit quelques-unes de ces scènes que ce jeune homme a racontées. Mais nous ne nous contentons point de banalités pareilles. Les questions vont grandir en difficulté.

— Tant qu'elles solliciteront en moi un souvenir, j'y répondrai non moins facilement, dit Perkin. Ne les épargnez point, madame. Je tiens peu à prouver aux autres que je suis Richard d'York ; mais je veux me le prouver à moi-même. Quand j'en serai sûr, le monde et la vie représenteront quelque chose pour moi ; si je suis le jouet d'une erreur, qu'on me punisse ! Le châtiment sera la fin de mes tortures, et c'est moi qui sollicite la mort comme une faveur !

— Il va bien loin, se dit la duchesse ; peut-il être sûr à ce point de son instruction?

Cette audace avait déjà porté ses fruits. L'assemblée ne dissimulait plus, sinon sa sympathie, du moins la crainte que l'erreur ne fût trop tôt démontrée.

Alors la duchesse se tint parole à elle-même et poursuivit si consciencieusement l'interrogatoire, qu'elle frémissait à chaque question de voir avorter ou s'égarer la réponse.

Mais, comme si un génie intérieur eût promené devant le front de Perkin sa mystérieuse flamme et lui eût fait déchiffrer les hiéroglyphes de ce passé sanglant et sombre, comme si l'ange de la famille d'York, descendu près du jeune homme, l'eût assisté invisiblement et lui eût soufflé à l'oreille chaque réponse, jamais le prétendu Richard ne se trompa. Les pièges les plus subtils, il les éventa ou les signala sans colère, sans crainte. Parfois il hésitait ; mais c'était pour atteindre à une expression plus juste, à un détail plus précis. Ces lenteurs étaient pour lui un temps nécessaire pour fouiller dans les profondeurs de sa mémoire. Ainsi le plongeur disparaît, et pendant quelques secondes travaille mystérieusement sous l'eau; quand il revient, c'est avec le sourire sur les lèvres, avec la perle dans la main.

Perkin fournit ainsi à la duchesse les plus exactes notions sur son enfance, sur ses frères et sœurs, sur sa mère et son père Édouard IV. Il dépeignit les plus secrets détours du palais et des maisons de plaisance que sa famille avait habités; rappela ses jouets favoris, nomma ses chiens, ses oiseaux; fit le portrait de tous ceux, amis, serviteurs ou officiers qui avaient fait partie de la maison d'York. Une fois lancé sur la piste des souvenirs, il les aborda, il les saisit avec une sorte de fureur enthousiaste, s'animant à mesure qu'il sentait l'admiration et l'intérêt grandir autour de lui. Il raconta en détail à Marguerite un voyage secret qu'elle avait fait à Londres pour implorer le secours d'Édouard IV; décrivit son costume, rappela une promenade en barque pendant laquelle cette princesse avait eu ses deux neveux assis à ses genoux, tandis qu'elle causait familièrement sous le dais de tapisserie avec le roi son frère et sa belle-sœur. Ce dernier souvenir fit tressaillir Marguerite, qui, cette fois, stupéfaite réellement, regarda Perkin avec une expression presque craintive et se dit:

— Comment sait-il cette particularité que je n'avais pas dite à Fryon?

L'auditoire, habile à comprendre la pensée de la souveraine, et fortement ébranlé d'ailleurs par une pareille accumulation de preuves fournies sans orgueil, et qui semblaient loin d'être épuisées, commença dès lors à murmurer hautement l'opinion favorable qui résultait pour chacun de cet interrogatoire.

Quant à Perkin, ce succès ne soulevait en lui ni joie ni triomphe. Ainsi qu'il l'avait dit naguère, c'était bien pour sa propre satisfaction qu'il établissait son origine, et si l'on eût pu surprendre sur ses traits quelque indice de sa pensée, c'était tout au plus l'étonnement naïf de s'être persuadé lui-même.

— En vérité, dit alors Marguerite, qui, toute convaincue qu'elle fût de la fourberie, ne pouvait refuser son admiration à une telle supériorité de courage et de présence d'esprit, en vérité, ce jeune homme m'a révélé des choses que seule je croyais savoir.

Alors le duc de Kildare, jusque-là spectateur immobile et silencieux, s'approcha, déterminé à porter au fantôme un coup suprême et décisif.

On le vit, descendant l'estrade, arriver jusqu'à Perkin comme un champion dans l'arène. Sa résolution d'en finir avec l'imposture était écrite sur son visage ; quelque chose de malicieusement hostile éclatait dans ses yeux. Ce vieillard avait été ému comme tous les autres assistants ; plus d'une fois il avait senti battre son cœur aux accents si nobles et si sincères de Perkin : aussi ne lui pardonnait-il pas cette surprise, et, tout honteux, se préparait à l'en faire repentir.

— Me reconnaissez-vous ? dit-il. Je sais bien que vous pouvez dire oui, car bien des gens me connaissent ; mais prenez garde ! ma question a plus de portée qu'il ne semble au premier abord.

— Je ne vous connais pas, répliqua Perkin.

— Je suis le duc de Kildare ; on m'appelait Patrick quand j'étais à Westminster auprès des enfants d'Édouard. Vous voyez que je vous aide.

— Patrick ? dit Perkin, rêveur.

Et il chercha dans ses souvenirs.

— Cherchez bien, ajouta Kildare ; car si vous vous rappelez ce que j'ai dans l'idée, vous verrez disparaître de mes lèvres le sourire d'incrédulité que vos premières paroles y ont laissé. Cherchez, fût-ce un quart d'heure, et si vous trouvez, ce quart d'heure vous vaudra cher, messire, vous n'aurez pas perdu votre temps !

Perkin fixa sur le vieux lord un regard attentif. Les mains jointes, le genou fléchi, adossé à une colonne de la salle, il observait le masque railleur de ce rude antagoniste, et, sans découragement, mais sans confiance, il cherchait.

Autour d'eux, observant l'assemblée, comptant les secondes, Marguerite serrait convulsivement ses ongles dans ses mains fiévreuses. Lord Kildare et Perkin se regardaient incessamment, pareils aux gladiateurs qui méditent leur attaque.

Les assistants haletaient, partagés entre l'intérêt que Perkin avait soulevé dans leurs âmes, et le respect que nul ne pouvait refuser à la parole du vieux lord aux cheveux blancs.

— Patrick ?... répéta encore une fois Perkin. Je me souviens bien de mon bon ami Patrick ; mais il n'avait pas la tête chauve ; je l'ai connu avec des cheveux noirs qui tombaient épais sur ses épaules.

— C'est vrai, dit Kildare ; mais j'ai vieilli vite, et mes cheveux ont été noirs avant d'être blancs, avant de ne plus être...

Et sa voix trembla, comme si ce mot « vieilli » eût évoqué un lugubre souvenir.

— Patrick, répéta Perkin se parlant à lui-même, je me le rappelle bien, mon bon ami Patrick, mais je ne puis affirmer que ce soit vous. Cette fois le piège ne me paraît pas loyal, car je ne vois pas au delà de l'horizon de mon enfance ; il y a dix ans que je ne sais plus rien de ce qui se passe dans le monde, et l'on aurait tort d'exiger de moi la science du présent. Restons dans le passé.

— Ainsi ferai-je, dit le vieux lord touché de ce reproche. C'est bien dans les limites du passé que je prétends qu'on reste. Aussi, vous dis-je que je suis le Patrick que milord Richard, duc d'York, appelait son bon ami ; seulement, si vous êtes ce prince, vous raconterez ici une chose secrète connue seulement de Richard et de moi. Ah ! si vous savez cette chose, si vous la révélez, vous m'aurez convaincu comme ici vous avez déjà convaincu bien du monde.

Perkin regardait toujours ; son œil scrutateur s'illumina soudain d'une flamme fugitive, et le pâle visage redevint, comme avant, sérieux et impénétrable.

— Il faut lui laisser le temps de chercher, dit le vieillard à ceux qui l'entouraient ; ce n'est pas que la circonstance à laquelle je fais allusion soit de nature à être facilement oubliée ; le vrai duc d'York me l'aurait déjà jetée au visage ; mais enfin, ce jeune homme l'a demandé ; franc jeu ! ne le troublons pas dans sa recherche.

— Ne supposez pas que je cherche, dit froidement Perkin en se redressant sous l'injurieux doute ; non, je sais bien de quoi vous voulez parler, milord. Mais avant que je le dise tout haut, qui me relèvera du serment que Patrick m'a fait faire autrefois de n'en parler jamais ?

Ces mots parurent à la duchesse une défaite habile, mais insuffisante à sauver Perkin des serres de son redoutable antagoniste. Cependant, quand elle se retourna vers Kildare, elle le vit chanceler, trembler, et s'écrier de surprise :

— En effet, murmura le vieux lord dans son saisissement, je demandai le secret au jeune duc.

— Vous le fîtes jurer sur la croix, milord, interrompit Perkin avec la même sereine majesté.

— Oui, oui, dit Kildare, je le confesse.

Un long frémissement fit onduler dans l'auditoire les têtes épanouies par ce premier triomphe de l'acteur favori.

— Et, continua Perkin, Richard a tenu fidèlement son serment. Or, si je vous rapporte l'événement, et que je ne sois pas Richard, c'est que vous vous serez trahi vous-même en le racontant à quelqu'un.

— Jamais, s'écria Kildare, jamais ! car j'en frissonne encore aujourd'hui.

— Eh bien donc, reprit Perkin, béni soit Dieu qui me donne une si facile occasion de vous convaincre, milord : voici le fait auquel vous prétendez faire allusion. Le duc Richard était à Windsor, dans le petit jardin à gauche du parc, auprès du grand fossé rempli d'eau ; — ne m'interrompez pas, j'ai besoin de toute mon attention pour préciser les détails, car ma tête est faible et votre mauvais vouloir opiniâtre. — Ainsi donc Richard était à Windsor, jouant avec un petit chien qu'on lui avait donné; c'était Patrick, je crois, qui avait offert ce petit chien d'Écosse au jeune duc... n'est-ce pas?

— C'est vrai, balbutia Kildare; mais beaucoup de gens savent que je fournissais, de ma précieuse race écossaise, le chenil de mes amis et de mon roi.

— Ce que l'on sait moins, poursuivit Perkin, c'est que le petit duc, cruel comme tous les enfants, attacha le jeune chien par une patte à une longue corde, et s'amusa méchamment à le plonger dans le fossé; la corde rompit, le petit animal se noya; Patrick survint, et, à cette vue, s'irrita justement contre le jeune prince; je crois que je ne me trompe pas? dit Perkin en regardant fixement le vieillard.

Kildare pâlit et ne répondit rien.

— Je continue, reprit le jeune homme : Richard, honteux des reproches de Patrick, s'emporta bien vite à son tour! Il était irascible; il menaça son serviteur de le faire lancer au fossé par ses gardes. Patrick jeta rapidement les yeux autour de lui; l'occasion était belle pour corriger un mauvais petit prince qui pouvait devenir tyran. Patrick saisit Richard par la ceinture, et, l'enlevant d'un bras robuste, le suspendit au-dessus du fossé même. Seulement, dans la précipitation de ce mouvement, et dans la résistance qu'opposa Richard, la dague de Patrick se retourna, perdit son fourreau et pénétra dans la chair du jeune prince, entre le col et l'épaule; Patrick fut aussitôt couvert de sang. Tenez, lord Kildare, ajouta Perkin en ouvrant son pourpoint dont il déchira le collet brodé par un geste vraiment royal, ne serait-ce pas là une blessure de votre connaissance? et, si vous avez encore la dague qui a ouvert ma poitrine, ne pourriez-vous en comparer la pointe à la largeur de cette cicatrice; avouez, avouez! Il n'y a plus de danger aujourd'hui, comme le jour où vous me fîtes jurer de n'en rien dire au roi mon père.

Kildare, foudroyé, l'œil hagard, le cœur pantelant, laissa échapper un sanglot, joignit les mains et fléchit le genou devant le jeune homme en l'appelant seigneur, en l'appelant maître, en l'appelant roi!

La stupéfaction de l'assemblée, sa joie, son ivresse à ce merveilleux spectacle, éclatèrent comme un tonnerre. Quant à Marguerite, elle se crut le jouet d'un complot tramé par de plus habiles poëtes qu'elle n'était habile politique. Kildare, aux genoux de Perkin, acheva de confondre ses idées, et elle murmura :

— Quoi, jusqu'à Kildare! Fryon l'avait gagné aussi! Kildare était du complot, lui que je redoutais le plus!

Et, s'approchant du vieillard afin de le compromettre jusqu'au bout par une interpellation solennelle :

— Ainsi, dit-elle, vous le reconnaissez, vous! vous, Kildare, la fleur des chevaliers d'Écosse; vous, la loyauté, vous, l'honneur, vous, la vérité! vous reconnaissez ce jeune homme?

— Je le reconnais et le proclame, dit Kildare aussi enthousiasmé que naguère il était sceptique. Celui-là est Richard, duc d'York, dont j'ai versé le sang, ce qui a fait blanchir mes cheveux en une nuit; vous en souvenez-vous, milord?

— Si bien que le lendemain, dit Perkin, quand j'étais au lit avec la fièvre, prétendant m'être blessé avec un clou au bord du puits, tu vins me voir et me remercier de ne pas t'avoir trahi; et tu me montras ces cheveux blancs, et je les baisai en t'embrassant comme je t'embrasse encore aujourd'hui.

— Vive le roi Richard IV! s'écria Kildare en fondant en larmes.

Et sa voix fut aussitôt couverte par l'immense clameur soulevée dans tous les coins de la galerie, dont les échos répétèrent : « Vive le roi Richard IV! »

— Mon neveu, fils d'York, Rose blanche immaculée! venez m'embrasser, dit Marguerite; je vous salue, roi d'Angleterre!

Perkin, enivré, ébloui, rayonnant de joie, d'orgueil et de beauté, s'élança vers la duchesse et appuya un cœur brûlant de loyale tendresse sur ce cœur dont les orgueilleux battements le repoussaient, malgré l'étreinte de deux bras menteurs.

XI

L'Écosse avait alors pour roi Jacques IV, jeune prince élevé au trône par une révolte populaire sur le cadavre même de son père, Jacques III. L'Écosse, toujours en garde contre les tentatives d'envahissement de l'Angleterre, était la protectrice naturelle de tout ennemi d'un monarque anglais ; ce fut dans ce foyer de rancunes belliqueuses que la duchesse de Bourgogne envoya son prétendant avec une armée, de l'argent et des recommandations puissantes.

Ce fut en Écosse que Perkin se rendit après avoir fait soulever l'Irlande, qui, tout d'abord en le voyant, le reconnut et l'acclama fils d'Édouard.

Si nous prétendions détailler ici non-seulement les faits, mais les idées de ce jeune homme qu'un caprice de la fortune tirait du néant pour le lancer au sommet des grandeurs humaines, nous écririons un traité de morale quand il ne s'agit que de raconter une histoire pleine de passion et de mélancolie. Pourquoi analyser la saveur du fruit ? pourquoi commenter le parfum ? Réciter, ici, c'est intéresser, la plume trouve un ouvrage trop facile. Rarement, en effet, drame plus simple et plus poignant se sera déroulé aux yeux d'un lecteur.

Après tout ce que Perkin avait vu, éprouvé, reconquis avec sa mémoire et rattaché au domaine de sa propre vie, certes il n'était plus Perkin ; il ne l'avait jamais été, il ne supposait pas pouvoir l'être : il était Richard d'York, et nous lui donnerons ce nom désormais.

De quel droit l'eût-on fait douter, lui qui rencontrait à point nommé la lumière si longtemps perdue, lui qui retrouvait toutes choses d'accord avec ses souvenirs subitement renoués ; lui dont on légitimait tout à coup les ambitions ! Une illustre princesse l'appelait son neveu ; le

7.

plus loyal chevalier de l'Angleterre l'appelait son maître; des bataillons fidèles l'entraînaient à la conquête d'une couronne; des souverains étrangers, Charles VIII et Maximilien, l'appelaient frère, et faisaient des vœux pour son drapeau. Richard obéit à sa destinée; il marcha résolûment.

Ses premiers pas furent, nous l'avons dit, des triomphes : partout les populations sauvages de l'Irlande et de l'Écosse se courbaient devant le nom adoré d'York; il fanatisait non-seulement le peuple, mais les grands, mais les riches; et, d'ailleurs, quant à ceux-ci, l'élément le plus déterminant n'était peut-être pas la sympathie pour Richard : c'était la haine qu'ils avaient conçue pour Henri VII.

Défendre un fils vrai ou faux de la maison d'York, n'était-ce pas humilier et affaiblir l'usurpateur Lancastre ? En peu de mois, l'armée du prétendant se grossit avec sa cour. Et, comme les libéralités de Marguerite lui permettaient de ne rien demander à ses sujets, que leurs bras et leur amour, tandis que Henri VII était plus positif dans ses exigences, la rumeur publique, avant-coureur de la popularité, donna toutes les vertus, et par conséquent tous les droits au jeune prince qui venait solliciter l'appui de l'Irlande et de l'Écosse.

Jacques IV avait obtenu le premier la révélation de ce grand secret. Le plan gigantesque, mûri dans le cerveau de Marguerite, lui fut apporté par des ambassadeurs. Déjà Catherine Gordon, revenant de France où nous l'avons vue avec la duchesse de Bourgogne, avait pu l'instruire des agitations et des espérances de cette princesse. Il est vrai que Jacques les avait un moment répudiées lorsqu'il lui écrivait que Henri VII était l'inventeur de ce bruit d'une résurrection d'un fils d'Édouard ; il est vrai que le retour de Catherine Gordon, témoin du désespoir de Marguerite, avait achevé de renverser les projets du roi d'Écosse; mais, depuis, tout cet échafaudage s'était reconstruit. Marguerite avait publié si haut sa découverte, la France, dans la personne de Charles VIII, avait fait à Richard un si brillant accueil, les portraits envoyés partout du prétendant avaient monté si haut l'enthousiasme de ceux qui avaient connu Édouard IV, que Jacques d'Écosse, fasciné comme tout le monde, croyait fermement au retour d'un vrai fils d'York et l'attendait à sa cour, et lui préparait une réception splendide et amicale, une alliance de frère à frère, de roi à roi.

Quant à Catherine, depuis son voyage en France, elle avait conservé je ne sais quelle impression triste et douce qui avait mûri subitement son caractère d'enfant, et donné à sa beauté riante une sorte de solennité qui lui conciliait autant de respect que d'amour.

C'est que la duchesse lui avait appris, peu de mois après leur séparation, que ce Richard d'York, miraculeusement conservé, était le même fantôme entrevu pâle et résigné dans la maison de dame Warbeck, à Tournay. Et tout l'intérêt né du malheur qui menaçait ce pauvre jeune homme, intérêt si vague et si étrangement puissant dont Catherine alors s'était étonnée elle-même, cet intérêt, disons-nous, la jeune fille se l'expliquait par un pressentiment, par une commotion sympathique du sang fraternel. Richard, son petit ami et compagnon d'enfance, son petit mari qu'elle avait tant pleuré, elle seule l'avait deviné tout de suite rien qu'en l'apercevant. Elle seule avait senti battre son cœur au récit des souffrances de cet étranger, de ce vagabond repoussé par tous, menacé par tous, voué à une mort ignominieuse par la duchesse, par sa tante; et Catherine frémissait en se rappelant la pâleur de celui qu'on nommait Perkin, l'heure fixée pour le supplice, et la terrible alternative que, dans son égarement, Marguerite offrait au dernier rejeton de la branche d'York !

Elle se rappelait aussi, et parfois elle évoquait avec ivresse tous ces souvenirs, en parcourant soit les grèves solitaires, soit les bois fleuris au penchant des collines; elle se rappelait l'inflexible jeune homme qui avait préféré mourir quand on lui demandait des aveux; elle se racontait une à une les paroles qu'il avait prononcées, sa joie aux premiers mots anglais articulés par elle, son sourire enivré quand il l'avait aperçue, sa docilité presque tendre quand elle lui avait commandé de parler.

— C'est à moi seule qu'il s'est fié, se disait Catherine, à moi seule qu'il a cédé. Il m'avait donc aussi pressentie, reconnue par le cœur; il subissait donc comme moi-même cette influence de nos premières amitiés, de notre alliance enfantine, Richard se révélait donc aussi à sa Catherine bien-aimée?

Et le cœur de la jeune comtesse palpitait d'une joie céleste, volupté sans égale des innocentes amours.

A partir de ce moment, elle aussi avait son secret, secret si sublime, si puissant, qu'il dominait tous les autres. Qu'importait la vaste machination politique de Marguérite, de Jacques IV, du roi de France et de l'empereur; à quoi bon tant d'armées mises en marche pour soutenir les droits de Richard, tant de science diplomatique dépensée dans les conseils de quatre grandes nations? Catherine se sentait assez de force pour faire couronner Richard à elle seule : elle ferait rayonner autour d'elle la persuasion ; son amour et sa foi embraseraient Écosse, Irlande, tout le monde ; elle apporterait au jeune prince tant de dévouement, qu'elle changerait en soldat jusqu'au dernier de ses paysans et de ses montagnards; elle lui donnerait son sang pour que nul ne fût en droit de lui refuser sa vie, et quand elle aurait inspiré, préparé, forcé la victoire, quand Richard serait rentré roi à Westminster, s'il l'oubliait, s'il ne la voyait pas souriant dans l'ombre, s'il ne l'aimait pas, elle qui l'adorait, Catherine se sentait la force d'être encore assez heureuse, puisque Richard serait vainqueur, tout-puissant et heureux.

C'est dans de telles dispositions que la cour d'Écosse attendait le neveu de la duchesse de Bourgogne. Jacques et Richard étaient à peu près du même âge ; cette entrevue devait être une fête.

Quant au jeune prince, objet de tant d'espérances, il n'arrivait pas avec moins d'ardeur. Pendant les moments trop courts de l'apparition de Catherine à Tournay, il s'était senti pour la première fois de sa vie entraîné vers une créature humaine par un autre sentiment que la curiosité ; cette beauté l'avait séduit, cette bonté l'avait enchaîné : jamais, avant cette minute décisive, son âme, étouffée depuis tant d'années, n'avait réussi à reprendre l'essor ; le seul mouvement de ses lèvres, un seul éclair de ses yeux avait régénéré cette âme tout entière. De là une seconde vie avait commencé pour lui. Sa mémoire était ressuscitée au choc de la première question, une flamme divine avait embrasé son sang. En présence de Catherine, l'inconnu honteux, avili, avait cessé d'exister : un autre jeune homme, beau, brillant, courageux, venait de jaillir de la sordide enveloppe qu'on nommait Perkin, et si, dans tout l'éclat de la reconnaissance solennelle faite par la duchesse, quelque chose avait enorgueilli l'aventurier, c'était l'idée qu'il n'était plus inférieur à Catherine, c'était la certitude qu'il pouvait la revoir et la regarder sans rougir ; c'était bien plus encore, car son cœur généreux brûlait du désir de payer une dette sacrée : c'était l'espoir de remercier la jeune comtesse en déposant à ses pieds la couronne qu'il gagnerait à la pointe de l'épée.

L'amour et la reconnaissance, comme toutes les hautes vertus du cœur, enfantent les prodiges, créent les héros. Il manquait à l'héroïsme de Richard l'atome d'inquiétude qui décuple les efforts d'un homme lorsqu'il s'agit de la réalisation de ses plus doux rêves. L'inquiétude, au sujet de Catherine, ne tarda pas à germer dans son cœur.

Souvent, dans les fêtes que la duchesse avait célébrées en Flandre pour faire voir Richard à toute sa noblesse et le populariser dans ses armées, le jeune prince avait trouvé l'occasion de parler de Catherine avec des seigneurs anglais ou écossais, qui la citaient comme une des princesses les plus riches, les plus belles et les plus accomplies de la chrétienté. Il savait qu'elle était alliée à la famille royale d'Écosse, dont le comte de Huntley, son père, passait pour le plus puissant vassal. Bien des fois Richard, pâlissant d'angoisses, avait entendu dire que Jacques IV aimait si tendrement Catherine, comme sœur d'abord, qu'il finirait par vouloir l'aimer comme sa femme, et que ce mariage s'accomplirait sans doute, si quelque intérêt d'État ne forçait le roi à une alliance étrangère. Alors Richard tremblait, il interrogeait la contenance de la duchesse, son regard, et s'étonnait de trouver parfois ce regard sévère jusqu'à la cruauté. Chaque fois qu'en particulier il avait tenté d'amener l'entretien sur ce sujet, elle avait répondu de façon à prouver qu'elle ne comprenait pas ou ne voulait pas comprendre, et Richard, toujours timide et embarrassé devant elle, n'avait jamais osé poursuivre, et il avait renfermé son secret dans l'ombre la plus profonde de son cœur.

Comment interpréter chez Marguerite cette étrange froideur, qu'il soupçonnait sans pouvoir y croire, car les preuves du contraire éclataient dans sa munificence et ses protestations publiques de tendresse? Richard se disait que l'austère veuve de Charles le Téméraire n'admettait pas qu'un prince détrôné songeât à un bonheur frivole, à des satisfactions d'amour, avant d'avoir récupéré son nom et sa couronne; de là sans doute la glaciale résistance de sa tante à tout épanchement de tendresse stérile; de là ce front sévère quand Richard prononçait, fût-ce en tremblant, le nom de Catherine.

— Qui sait, se disait-il d'ailleurs, si cette noble jeune fille n'est pas, aux yeux de Marguerite d'York, indigne de l'amour d'un fils d'Édouard destiné au trône? Qui sait si déjà la duchesse ambitieuse ne m'a pas choisi une femme sur quelque trône?

Et Richard, au désespoir, se promettait tout bas de

s'affranchir à force de victoires et de travaux ; il se donnait pour tâche de satisfaire toutes les ambitions de Marguerite, excepté celle de se choisir une nièce sans la volonté du neveu.

— Quand je serai roi, pensait-il, quand j'aurai rendu à ma tante son rang et ses domaines en Angleterre, quand elle ne pourra plus m'accuser d'ingratitude, tant mes bienfaits et mes largesses auront dépassé son attente, la seule faveur que je lui demanderai en retour, ce sera la liberté d'aimer Catherine et de mériter son amour.

Cet amour et le désir dévorant de revoir sa mère, sa véritable mère, qui l'appelait et le cherchait depuis la révélation de Brakenbury, enfonçaient à chaque pas de Richard leurs aiguillons dans son cœur avide de tendresse. Car s'il se sentait soutenu et protégé par sa tante, il ne se sentait pas aimé. Retrouver Élisabeth, la veuve du roi Édouard, tomber à ses pieds, se faire reconnaître, proclamer par son cœur de mère avant d'être proclamé par l'amour du peuple et des soldats, telle était l'unique, l'incessante préoccupation de Richard. Et sans la volonté formellement déclarée de Marguerite, qui lui avait tracé son devoir et son itinéraire, le jeune prince se fût rendu clandestinement à Londres avant d'aller en Écosse. Déguisé, insoucieux des dangers, il eût pénétré dans le palais d'Henri VII; il eût sollicité de sa sœur, la reine, une entrevue avec leur mère.

— Comment, disait-il dans son enthousiasme, tout un peuple me renierait-il, quand ma propre mère et ma sœur m'auraient reconnu ?

La duchesse de Bourgogne, Richard se le rappelait

avec amertume, n'avait accueilli ce plan qu'avec un sourire dédaigneux. Elle avait refroidi par un simple haussement d'épaules toute l'ardeur de ce fils tendre, toute la délicatesse de ce cœur généreux. Et le pauvre prince se demandait tout bas comment une âme pouvait être si profonde qu'elle contînt à la fois le dévouement le plus absolu aux intérêts de la famille et le mépris de tout sentiment affectueux inspiré par cette famille même. Cependant il obéit, et s'embarqua pour l'Écosse, trop heureux d'aller retrouver au moins l'une des deux affections qui correspondaient à chaque battement de son cœur.

Ainsi, pour lui, pour Richard, plus d'incertitudes, plus d'hésitations dans la vie. Sa nouvelle route se déroule devant lui. Bien loin derrière il retrouve, dans les sombres profondeurs du passé, l'ancien tronçon de ce chemin, coupé par le poignard de Richard III son oncle. Il devine et recompose. Au lieu de l'achever, l'assassin l'a épargné. Au lieu de mourir, la victime a guéri. Dans son exil au bord de ce lac, il n'était pas fou, mais convalescent. Ce que ses gardiens appelaient rêves, c'étaient ses souvenirs. La violence qu'on lui faisait pour qu'il oubliât l'anglais, pour qu'il oubliât sa vie, c'était une fraude pieuse de ses amis dévoués. Le vieillard qui le tenait en captivité ne cherchait qu'à le sauver des recherches de Richard III. On ne l'avait livré à Warbeck que pour continuer cette œuvre de salut. Warbeck ne l'avait appelé son fils que pour dépister les soupçons d'Henri VII, aussi dangereux à un rejeton d'York que le couteau des meurtriers de la Tour. C'est ainsi que Richard expliquait tout son passé, bénissait ses sauveurs en attendant l'heure de les récompenser, et ne trouvait qu'une ombre à sa félicité, à sa grandeur prochaine, la mort si douloureuse de cette pauvre femme saxonne qui lui avait tendu les bras le croyant son fils, et l'avait maudit sans doute en exhalant son dernier soupir.

Il songeait aussi à Fryon, cet autre bienfaiteur, qui, en croyant seulement faire son éducation de prétendant à la couronne d'Angleterre, lui avait appris et l'avait convaincu qu'il était réellement Richard d'York. A Fryon toute sa reconnaissance, car l'ancien secrétaire d'Henri VII n'avait pas eu plutôt découvert le secret, qu'il s'était dévoué corps et âme avec une sincère admiration au service du prince dont il avait cru seulement ébaucher la statue. L'enlèvement mystérieux, la disparition de Fryon, véritable calamité pour son jeune pupille, était encore une douleur dans son passé, un vide dans son avenir. Souvent il regrettait ce conseil sagace et intrépide; il l'espérait toujours: il se jurait de le retrouver et de lui faire oublier la mauvaise fortune, si, dans sa prévoyance trop connue, Henri VII n'avait pas déjà confié à la mort le soin d'étouffer cette nouvelle conspiration contre sa couronne.

Le résumé est fait. Richard a oublié Perkin; il cherche sa mère; il songe à Fryon; il va revoir Catherine; il marche droit au trône.

XII

L'Irlande à cette époque était déjà une terre de misère. Tel est son lot, immiséricordieusement dévolu par la Providence, qui a fait l'Écosse si riche de poésie, l'Angleterre si riche d'industrie. Cependant jamais peuple n'a mieux mérité d'être heureux et tranquille. Nul caractère, parmi ceux que le Créateur a disséminés dans notre monde, ne prête mieux à la réalisation de ce rêve de l'imagination qu'on appelle le bonheur.

L'Irlandais est gai ; son esprit vif et de bonne humeur prend facilement un parti. Son corps est robuste. Il a du courage lorsqu'il le faut. Soit par habitude de la pauvreté, du malaise, soit par vertu naturelle, il est dur, et ses ambitions ne dépassent point un horizon raisonnable. Au quinzième siècle, ce peuple n'avait pas encore le jugement qu'ont développé en lui les révolutions, les invasions et l'oppression de l'Angleterre ; mais il avait plus : il avait sa nature, il avait une sorte de liberté inséparable de sa misère et de son état sauvage. C'était pour un jeune prince généreux, compatissant, avide d'arriver vite au but, une ressource féconde que l'enthousiasme de ce peuple.

Richard, de qui les grandeurs et la prospérité n'avaient

pas eu le temps d'endurcir le cœur, fut touché de l'accueil chaleureux de ces peuples. Il répondit à leurs acclamations par une affabilité pleine de promesses; tout en lui respirait le maître et le bon père. Trois jours de marche ou plutôt de triomphe à travers l'Irlande lui conquirent la nation tout entière, et lorsqu'il arriva à la cour de Jacques IV, une rumeur d'amour et de bonheur le précédait; cette grande voix du peuple eût suffi à lui gagner le cœur du roi d'Écosse, quand bien même la duchesse de Bourgogne par sa coopération et Catherine par sa persuasion éloquente n'eussent pas déjà disposé le jeune prince en faveur du prétendant.

La confiance universelle entraînait ainsi la confiance du roi. Jacques IV, qui, ne fût-ce que par politique, se promettait d'accueillir avec une apparente réserve le nouveau roi d'Angleterre, se vit déborder par l'empressement de toute sa nation. Richard était arrivé à Édimbourg, et sollicitait une audience du souverain, en qualité de duc d'York. Jacques accorda sur-le-champ cette entrevue. Une foule immense envahissait les rues, une foule aussi impatiente de nobles écossais s'était rendue au palais à l'appel du prince. Chacun se jetait avidement à la rencontre du fils d'Édouard, qui, à cheval, tête nue et ses beaux cheveux blonds au vent, saluait modestement le peuple, dont il fendait les flots bruyants. Sa rougeur, son affectueux sourire, la douce majesté de son front pur, transportaient de joie et d'admiration. A ses côtés marchait le vieux lord Kildare, l'idole des highlanders, derrière lui s'avançait une brillante escorte de barons anglais dont les rangs se grossissaient à chaque pas des plus nobles recrues irlandaises. Tous ces visages rayonnants d'espoir, tous ces bras levés pour saluer et pour bénir, toutes ces femmes enivrées qui se glissaient parmi les armures et écartaient les pertuisanes et les hallebardes pour voir de plus près le jeune duc, cette immense acclamation d'un peuple qui se livrait ainsi sans condition, en un mot, cette pompe et cette victoire remuèrent profondément l'âme de Richard, qui, levant les yeux au ciel, semblait jurer de consacrer sa vie à la défense et au bonheur de ses sujets.

Le cortége arriva au palais. Balcons, fenêtres, portes et terrasses regorgeaient de spectateurs. Richard descendit de cheval sans avoir fait un mouvement, les bras des gardes et des serviteurs le portèrent, comme un flot respectueux, jusque dans la salle des cérémonies, où Jacques, brillant aussi de jeunesse et de parure, attendait son hôte illustre.

Ce ne fut point le roi, ce ne fut point la noblesse étagée sur les gradins, ce ne fut pas la magnifique salle gothique, toute frémissante d'étendards, toute bleuâtre d'encens que Richard honora de son premier regard. Il cherchait Catherine; il interrogeait les groupes des femmes mêlées aux groupes des barons et des lairds écossais. Le premier mot de Jacques IV vint l'arracher à sa contemplation.

— Seigneur, dit le jeune roi, est-ce bien vous qui dites être Richard, duc d'York ?

— C'est moi, seigneur, répliqua Richard ; un ennemi cruel a voulu m'arracher la vie, et ne m'a pris que ma couronne. Dieu l'a puni en le privant de l'une et de l'autre. Mais aujourd'hui un ennemi nouveau, plus terrible et plus puissant, l'usurpateur de mon royaume, Henri Tudor, a épousé ma sœur ; il tient ma mère en captivité, il nie mes droits, il me nie moi-même. J'ai voulu en appeler au jugement des rois. Vous, seigneur, mon plus proche voisin, mon allié naturel, ne me daignerez-vous pas reconnaître ? Charles VIII de France, Maximilien Ier d'Allemagne, madame la duchesse de Bourgogne, m'envoient vers vous mes titres à la main. Je viens, et je me livre. Si je suis un imposteur, punissez mon crime ; si je suis Richard d'York, si ma naissance est écrite sur les traits de mon visage, si vous reconnaissez en moi, comme l'a fait ce peuple, le sang de ma race et le bon droit de ma cause, votre appui, seigneur, votre amitié, votre main au plus loyal et au plus infortuné des princes, qui plus tard vous payera ce service par une indissoluble alliance entre les deux nations.

Jacques sentait vibrer autour de lui l'orgueil et l'enthousiasme national ; on entendait frémir les armes, battre les cœurs ; cette scène était grande et touchante. Quelques secondes de plus, et l'assemblée, qui se contenait à peine, eût rendu réponse elle-même. Le roi s'avança vers Richard, et au milieu d'un silence religieux :

— Oui, dit-il, je connais vos malheurs et j'y compatis. Aux premiers bruits de votre apparition, aux premiers soupçons de mon peuple, je me suis informé ; j'ai interrogé le passé, j'ai puisé la vérité à des sources certaines. Vous êtes Richard d'York, mon allié, mon ami. Vivez en paix, vivez libre à ma cour, soyez-y le maître comme moi-même : j'accepte l'alliance que vous promettez à l'Écosse au nom de l'Angleterre, et, quels que soient les obstacles qui surgiront autour de vous, comptez sur mon soutien ; vous ne vous repentirez jamais de vous être adressé à moi.

Il tendit, en achevant ces mots, ses deux bras à Richard, qui s'y jeta avec effusion. Une acclamation formidable ébranla les voûtes de l'antique demeure des rois d'Écosse. Mais, au sein de cette tempête, Richard avait démêlé une voix chérie, une harmonie divine : il avait reconnu le cri de joie échappé du cœur de Catherine. Il l'aperçut elle-même, exaltée, pâle et prête à défaillir de bonheur, qui s'élançait vers Jacques dont elle pressait les mains avec tendresse.

Toute la lumière de ce beau jour, tout l'or des armes et des parures, tous les prestiges de son triomphe s'effacèrent en un moment pour le malheureux Richard. Il lui sembla que la vie abandonnait son cœur. Sans doute Catherine félicitait son roi au nom de tout un peuple, sans doute elle avait pris dès l'enfance ce droit d'une familiarité de sœur, et l'excès même de sa joie témoignait d'une certaine sympathie pour le prince auquel Jacques accordait son amitié ; mais Richard eût mieux aimé Catherine silencieuse et recueillie ; il l'eût mieux aimée loin du trône, dans la foule ; il eût préféré un simple sourire d'elle à cette manifestation éclatante.

— Elle remercie Jacques, pensa-t-il, d'avoir répondu au vœu de ses sujets ; elle le félicite d'avoir acquis un nouveau titre à l'amour du peuple ; est-elle donc à ce point idolâtre de la popularité de son prince, et ce qu'on m'a tant de fois rapporté de leur tendresse mutuelle, est-ce donc vrai?

Il rêvait ainsi malgré lui, malgré le bruit et l'empressement de la multitude. Kildare et ses autres amis réveillèrent bien vite son attention. Un roi ne s'appartient jamais à lui-même, fût-il seul! et en ce moment plus de dix mille spectateurs le dévoraient de regards avides comme des caresses.

Il s'agissait d'aller gagner, à travers cette haie tumultueuse, la partie du vieux palais que Jacques avait désignée pour l'habitation du nouveau roi d'Angleterre. Richard y fut conduit par le roi d'Écosse et l'élite de ses chevaliers. A mesure qu'il s'éloignait de cette salle où Catherine était demeurée avec la cour, Richard croyait retourner dans une prison. Il eût donné une année de sa vie, l'année du couronnement à Londres, pour oser se retourner et regarder la jeune fille; mais, non, un roi ne se retourne pas lorsqu'il cause avec un roi.

— Hélas! pensa-t-il, je regardais librement quand j'étais Perkin Warbeck!

XIII

Une semaine s'écoula dans les fêtes, et Jacques IV devenait plus affectueux et plus dévoué de jour en jour. Il subissait sans doute l'influence de cette nature élevée, sympathique de Richard, qui transformait ses ennemis en amis, ses amis en fanatiques.

On eût pu s'attendre à voir les Irlandais accourir avec leurs vassaux, les chefs écossais avec leurs clans, pour offrir au roi des hommes et des chevaux dans la guerre que tous désiraient depuis qu'elle arborait une si belle cause. Jacques s'étonna de la tranquillité des hauts dignitaires de la nation, tandis que le peuple s'agitait avec tant d'enthousiasme; et comme peu à peu il s'était mis avec Richard sur un pied d'amicale confiance, comme il avait jugé son âme aussi ferme que son cœur était délicat, il ne lui fit pas mystère de ces symptômes inquiétants.

Un soir, que tous deux respiraient sur la terrasse du château l'air vif et parfumé des bruyères en fleur de la montagne voisine :

— Nos grands, dit-il, sont moins prompts à s'émouvoir que leur premier accueil ne semblait le présager. Ce n'est pourtant point l'avarice qui paralyse d'ordinaire les nobles sentiments de ma noblesse d'Écosse ; en vain leur ai-je annoncé qu'il gronde du côté de l'Angleterre une tempête menaçante, en vain pressentent-ils comme moi la signification de ce silence dans lequel s'enveloppe Henri VII, ils attendent que je leur fasse un appel ; je m'attendais à les voir le devancer.

Richard leva sur Jacques son regard intelligent et pur : un exilé, un orphelin, un pauvre, craignent toujours comme les criminels. Il est vrai qu'en ce monde, exil, abandon et misère sont trois grands crimes.

— Serait-ce déjà que je gêne? pensa le fils d'Édouard.

Et il étouffa un soupir.

Jacques reprit avec une insistance bien peu faite pour rassurer son hôte :

— Les levées donnent de maigres résultats; moi qui ne voudrais pas contraindre les chefs de clan, je me vois à la veille d'être forcé d'exiger.

— Chacun, en ce pays, semblait avoir embrassé ma cause avec ardeur, avec conviction, répliqua Richard. Le peuple irlandais est-il à ce point versatile? je ne le croyais pas.

— Le peuple est bon et bien disposé, dit le roi, mais il est fort travaillé par vos ennemis.

— Ah!... soupira Richard de plus en plus réservé devant ces tergiversations de son protecteur.

— Lesquels ennemis sont puissants, continua Jacques IV.

Richard se tut.

— Et habiles, ajouta Jacques. Vous les connaissez?

— Je connais Henri VII. Est-ce à lui que Votre Grâce fait allusion?

— A lui-même. Il suit pas à pas toutes vos démarches; il a des espions ici; il pratique mes conseillers.

— Vraiment! dit Richard plus inquiet qu'il ne voulait le paraître.

— Enfin, seigneur, acheva Jacques, il a fait distribuer chez tous vos partisans des libelles qui vous déchirent.

— Que peuvent-ils dire?

— Des calomnies; mais la calomnie est une arme dangereuse.

— La croyez-vous de trempe à tuer au fond d'une poitrine écossaise la fidélité, l'honneur, le dévouement?

— Peut-être, si elle est habilement maniée.

Richard tressaillit. Jacques ne s'était pas encore expliqué aussi nettement.

— Veuillez, dit le jeune prince en se levant, me rendre service jusqu'au bout, éclairez-moi tout à fait.

— Je ne suis venu à vous que dans cette intention, répliqua le roi avec un regard affectueux et loyal. Henri VII prétend que vous êtes un faux prince d'York. Oh!... je sais qu'il n'a pas autre chose à dire; mais, enfin, il le dit. Beaucoup ne le croiront pas, quelques-uns pourront le croire. Il cite l'exemple de Lambert Simnel, dont il a fait son cuisinier; il reproche à ma noblesse de se laisser prendre au plus grossier piége; il sait, dit-il, de quelle main part le coup dirigé contre sa couronne; mais il ne fait qu'en rire.

— Des armées, une guerre terrible, un résultat douteux, est-ce donc si risible?

— Il annonce qu'il ne lèvera pas un soldat; il ne tirera pas l'épée; il combattra ce nouveau rival, c'est le libelle qui parle, avec le mépris et le bon sens publics.

Richard haussa les épaules.

— Si c'est pour de tels raisonnements qu'on l'a surnommé le Salomon de l'Angleterre, voilà un prince mal nommé.

Jacques demeura sérieux, presque pensif.

— Je trouve le moyen plus habile que vous ne le croyez, dit-il enfin; et la preuve qu'il est assez bon, c'est qu'il a réussi.

— Ah! dit encore Richard, cette fois avec angoisse.

— Oui, seigneur. J'ai recueilli les opinions des lairds et des chefs sur la portée de ce manifeste d'Henri VII, et j'ai été surpris de trouver que plusieurs répétaient certains de ces arguments. « Ainsi, disent-ils, nous allons commencer une grande guerre pour un prince qui nous aime aujourd'hui parce qu'il a besoin de nous, et qui, sitôt qu'il aura réussi, nous oubliera complétement, et nous laissera moisir dans notre pauvre Irlande. »

— Ceux-là me jugent mal. Ne peut-on leur répondre?

— Quoi? quels gages leur donner? Vous le savez, seigneur, l'homme prudent, quand il veut étayer son édifice, doit ne rien ôter de la solidité des étais. Il doit même l'accroître par tous les moyens en son pouvoir. « Ce digne prince, répètent nos gentilshommes, est soutenu par les Français, par les Allemands, par les Flamands; il contractera quelque jour chez ces nations-là une bonne alliance, riche et avantageuse pour lui et pour elles. Mais nous, pauvres gens du Nord, nous qui n'avons pas de dot à offrir à nos filles, nous prendrait-on pour famille?... » Excusez-moi, prince; mais voilà ce qu'ils disent, et si je vous le rapporte, c'est que vous m'en avez prié.

Richard avait écouté patiemment, attentivement, comme quelqu'un dont le sort se décide. Il répondit:

— Votre Grâce m'a dit ce que les autres pensent. Mais ce qu'il m'importe de savoir, c'est ce que vous-même vous pensez.

— De quoi?

— De moi, et de la conduite que nous devons tenir réciproquement.

Le ton courtois et ferme à la fois de cette question prouva au roi d'Écosse que Richard s'était senti blessé par les défiances de ses amis. Jacques était jeune, généreux, plein de probité ; il se hâta de répondre que depuis le jour où il avait engagé son amitié au proscrit, jamais il ne s'était repenti, jamais dédit ; que son cœur était toujours le même, prêt à soutenir l'épreuve ; mais il devait la vérité à son ami. La vérité était que les peuples d'Écosse et d'Irlande ne se sentiraient pas liés à la cause du prétendant, si ce dernier ne leur offrait une solide garantie.

— Laquelle ? dit Richard.

— Une alliance avec nous, cimentée par quelque union indissoluble, par quelque mariage.

Au mot mariage, Richard, jusque-là calme et circonspect, se laissa entraîner, il bondit.

— Oh ! s'écria-t-il, déjà ma liberté ! déjà mon cœur ! déjà ma vie !

Jacques le regarda surpris ; cette exaltation insolite de l'homme le plus doux et le plus secret lui parut une réponse définitive, un refus aussi poli que possible. Le visage assombri de Richard parlait éloquemment. Son œil avait couru chercher l'horizon comme pour y reprendre sa chère liberté, trop tôt menacée. A vingt ans, deux cœurs se comprennent. Jacques soupira à son tour ; il pensa que son allié réservait son avenir soit pour l'ambition, soit pour l'amour, et, afin de le ménager, même dans ses fautes, il rompit l'entretien, passa vite à des sujets moins sérieux, traita en peu de mots les affaires les plus urgentes, et prit congé.

8.

Mais le coup était porté ; Richard apprenait qu'un refroidissement fatal à sa cause avait gagné les Irlandais et les seigneurs d'Écosse. Refroidis avant d'avoir combattu pour lui ! quelle sombre perspective !

Cette alliance, qu'on semblait exiger de lui comme garantie, c'était la ruine de ses espérances de jeunesse et d'amour. Nous l'avons dit, Richard, depuis qu'il avait revu Catherine, depuis qu'il respirait le même air qu'elle, ne vivait plus que par la poésie dont il rapportait tout le charme à cette enchanteresse, qu'il nommait sa divinité protectrice. Catherine était bien réellement la fée de ces grands lacs encadrés dans les vertes montagnes, la fée de ces vieux manoirs où on l'appelait roi, la fée toujours désirée, toujours aperçue, qui présidait à ses actes les plus solennels, comme à ses plus vagues pensées. Quand Catherine, de sa fenêtre située en face du logis d'York, l'avait regardé en rougissant, quand elle lui avait souri le matin, sa journée était faite, à ce pauvre prince, dont le royaume était au pays des chimères ; et après cette entrevue de chaque matin, après ce salut de bon présage qu'elle envoyait en sujette respectueuse, et qu'il rendait en vassal soumis, Richard se sentait béni pour le reste du jour ; il bondissait plus fier sur son cheval, il apparaissait plus sagace à ces conseillers, plus entraînant à ses soldats. Mais les jours s'ajoutaient aux jours, et Jacques IV, s'il ne disait plus rien à son hôte, n'entreprenait rien non plus pour la réussite du projet commun.

Richard s'en ouvrit à lord Kildare, son fidèle serviteur. Le vieux lord était près de lui le représentant avoué de la duchesse de Bourgogne ; il était aussi le trait d'union entre l'Angleterre encore interdite et les deux autres royaumes, qui s'étaient déclarés pour le fils d'Édouard. Ce dernier, craignant que la paralysie signalée par Jacques ne dégénérât en une mort politique aussi prompte que honteuse, fit un effort sur lui-même, et demanda l'avis de Kildare sur cette alliance que les Irlandais réclamaient de leur jeune duc.

Le vieillard fronça le sourcil. La question répondait, dit-il, à ses plus ardents désirs, et le respect seul l'avait rendu muet jusque-là, un respect d'autant plus louable que son opinion à lui, Kildare, était celle du roi Jacques. Richard se perdait en refusant de s'unir à quelque puissante famille. Il se rendait suspect en n'osant briguer une alliance de ce genre, et plus d'une fois le vieux Patrick avait entendu sonner à ses oreilles des doutes injurieux sur l'identité du prince que nul ne soutenait, sinon par de l'argent et des brigues. Richard demanda au fidèle lord ce que pensait la duchesse de ces dispositions de l'Irlande et de ces exigences. Patrick avoua qu'à ses dernières communications, dont l'objet avait été cette défiance même et les projets d'alliance, la duchesse avait répondu par ces seuls mots : « Qu'il en aille en avant ! »

Lord Kildare, avec cette franchise, acheva de briser le cœur de son prince. Quelle misère brillante, quel esclavage doré ! Poussé en avant par des mains impitoyables, Richard ne songerait-il plus jamais qu'à devenir roi ? écraserait-il, en avançant, tout le germe de son avenir, si libéralement répandus, par Dieu même sur son passage ? Résister, n'était-ce pas son droit ?

Kildare secoua la tête et répondit :

— La duchesse nommerait cette résistance ingratitude.

Richard tressaillit.

— Notre grande princesse, continua le vieux Patrick, vous a prodigué ses trésors, ses conseils; elle vous a traité en véritable mère!...

Richard l'arrêta froidement : ces derniers mots avaient empli son regard d'un feu inaccoutumé.

— En mère!... vous exagérez, Patrick, répliqua-t-il. Jamais je n'ai senti battre le cœur de cette femme, que je brûlais d'aimer si elle m'eût témoigné le moindre amour. En mère!... la duchesse!... Non; elle me traite en alliée, en protectrice, en sœur par le droit divin; mais voilà tout. Elle expose sa richesse, elle me prête ses armées; vainqueur et roi, je saurai payer la dette; vaincu, je me l'avoue avec effroi, je sens... faut-il le dire... je sens que je ne lui devrais rien ! Une mère m'eût réchauffé de façon à embraser ma poitrine, elle m'eût envoyé tout droit là où mes premiers pas devaient s'adresser, avant toute combinaison, toute tactique. Oui, Patrick, il est un endroit de l'Angleterre où Richard devait voler d'abord, voler à tire-d'aile, comme l'oiseau un moment égaré se précipite dans le nid, son berceau. Car j'ai une mère, une véritable mère, Patrick, qui se déchire le cœur en songeant à moi, et c'est dans ses bras que je devrais être, et c'est dans ses bras que l'on m'a défendu d'aller !

Le jeune homme s'était exalté en parlant ainsi. Pour la première fois, depuis son départ de Flandre, il exhalait une douleur, un ressentiment trop longtemps contenus. Patrick essaya de le calmer, de le rappeler à des sentiments plus respectueux pour sa protectrice.

—Plus un mot, interrompit Richard avec la véhémente indignation de la loyale jeunesse. La sœur d'Édouard IV devait avant tout cette satisfaction à la veuve d'Édouard, cette réparation tardive au malheureux orphelin.

—Votre Grâce raisonne mal, dit lord Kildare. C'eût été mal protéger son neveu, mal aimer sa belle-sœur, que de vous envoyer dans l'antre où le roi Henri VII cache votre mère, dans le piége où sans nul doute il vous attend. A l'âge de la duchesse, après tant de malheurs, le cœur bat moins vite peut-être, mais le cerveau est plus actif, rien ne le distrait en ses opérations, rien ne l'écarte du triomphe. Votre triomphe, monseigneur, dépend de votre habileté à éviter les serres du vautour de Lancastre.

—Mon habileté, Patrick, consiste-t-elle à me faire contester ici, à laisser les doutes injurieux dont tu parles, ronger peu à peu, comme une rouille, le premier éclat qu'avait jeté ici mon nom?

—Tout vous a réussi, grâce à votre docilité aux plans magnifiques de notre duchesse.

—Et l'on m'insulte tous les jours, et ma mère aussi doute de moi, puisque je ne vais pas à elle? et pour ressusciter ici la confiance qui expire, je me vois contraint d'aller mendier quelque alliance de princesse contre laquelle proteste mon cœur et se révolte ma fierté. Voilà ce que je suis, voilà où j'en suis, et tu appelles cela réussir? Oh! je te le répète; si, plus généreuse envers moi, la duchesse m'eût, sans secours, mais aussi sans condition, permis d'ouvrir mes ailes, déjà nous eussions revu la reine Élisabeth, ma noble, mon infortunée mère, déjà je serais mort ou vainqueur dans ses bras. L'Angleterre a douté de Marguerite lorsqu'elle donnait son appui à Simnel ; jamais elle ne douterait d'Élisabeth criant : « Voilà mon fils ! » fût ce cri le dernier soupir de la reine accompagnant mon dernier soupir. Quant à mon bonheur, quant au triomphe, où allons-nous les chercher, Patrick ? Mon cœur ne me trompe pas, crois-le bien ; c'est là, dans une pareille mort, et non ailleurs, que Dieu les a placés pour moi !

Le vieux lord baissa la tête ; lui aussi, peut-être, lui, un vaillant, un sage, s'étonnait de penser comme ce jeune homme.

— Ce n'est pas moi, reprit-il pourtant après un long silence, qui vous laisserai désobéir à madame la duchesse de Bourgogne. Non.

Et il s'affermissait peu à peu dans ce retour à l'expérience entêtée.

— Votre mère, la reine douairière Élisabeth, gémit sur votre sort, dites-vous ? Qui vous le prouve ? Elle l'ignore certainement... Le roi Henri VII a su la séquestrer de façon que pas un bruit ne lui parvienne de votre apparition. Je connais le monastère de Bermondsey où il l'a renfermée. C'est une forteresse bien défendue, croyez-le, et si une rumeur n'y entre pas, vous n'y eussiez point pénétré davantage, à moins que complaisamment la porte ne vous en eût été ouverte comme est la trappe de tout bon traquenard. Quant à ces belles illusions de l'efficacité du cri maternel pour vous soumettre toute l'Angleterre, laissez un vieillard rusé en hausser tristement les épaules. Votre Grâce est bien novice dans l'art de juger les hommes. Vous oubliez que déjà Henri VII a répandu lui-même le bruit de votre imposture. Il prévient toutes vos tentatives ; il les juge et les condamne en les annonçant. Pris dans Bermondsey ou seulement aux environs, vous êtes absorbé, vous êtes mort! Attendez-vous plutôt à ce qu'il vous fasse saisir quelque jour, non pas en Angleterre, mais ici, dans votre chambre, dans votre lit, par le moins suspect de vos serviteurs, par moi tout le premier, dont vingt fois déjà le dévouement et la fidélité ont été marchandés par des tentateurs habiles. Allons, demeurez, prince, calmez-vous, éteignez les battements de ce cœur si mal instruit aux devoirs comme aux dangers de la royauté. Répondez à Henri VII par une escrime de sa force. Il vous dénonce imposteur, prouvez votre sincérité; il vous dit méprisé, sans soutiens, sans but possible, montrez vos alliés, multipliez-les, ces alliances, renforcez-les, étendez-les comme une cuirasse impénétrable autour de vous; mais souvenez-vous bien, mon fils, que le guerrier périt souvent faute d'avoir bien choisi cette cuirasse précieuse. Je me souviens, moi, que le roi votre père en acheta une un jour. Elle avait été trempée en Asie, elle était à l'épreuve, on en demandait un prix énorme, et par-dessus ce prix, le vendeur exigeait de votre père son meilleur chien et son plus beau cheval de bataille. Le roi aimait le chien, il adorait son cheval, il n'était pas insensible à l'argent. Cependant, pour avoir la cuirasse, il donna la somme, il donna en soupirant le cheval, il donna le chien en pleurant, mais il eut la cuirasse. Trois fois, à Tawnton, à Barnet, à Tewksbury, elle lui sauva la vie. De même, mon prince, ayez l'alliance que Jacques IV et tous vos amis vous demandent. Vous avez assurément quelque sacrifice à faire, un secret souvenir... qui sait! un amour peut-être, excusez-moi ; je parle librement comme je pense, eh bien, Richard, soupirez comme le roi Édouard, pleurez au besoin comme lui, si toutefois un amour sacrifié peut valoir un bon chien perdu, soupirez et pleurez, dis-je, mais, pour marcher contre Henri VII, il vous faut l'invincible cuirasse, ne marchandez pas, ayez-la !

Richard s'inclina, rêveur et troublé à son tour.

— Quelque princesse qu'on tient déjà toute prête, murmura-t-il, et que tout l'univers connaît, excepté moi. Si je savais seulement...

Il leva les yeux. Kildare souriait, naïvement joyeux de le voir hésiter après tant d'assurance. Cette victoire anticipée fit peur à Richard.

— Je réfléchirai encore, dit-il, et certainement je ne me marierai point sans avoir consulté ma mère.

— Madame la duchesse... interrompit Kildare.

— J'ai dit ma mère! s'écria Richard d'une voix brève qui trancha tout à coup l'entretien comme un coup de poignard.

Le vieux Patrick regarda le prince avec tristesse, s'inclina en affectant le plus absolu respect, et le quitta lentement.

XIV

Au sein des plaisirs, comblé des respects de sa cour nouvelle et des témoignages de l'amitié de Jacques IV, Richard n'était pas heureux. Son supplice menaçait de durer longtemps. L'habitude de la persécution et du doute, la nécessité d'une dissimulation constante avaient refoulé en lui les élans d'expansion qui soulagent toute âme souffrante. Richard ne se confiait à personne. Il combattait opiniâtrément les instincts de sa nature sympathique et communicative. Cet amour, cette idolâtrie, son secret, personne encore n'avait su le pénétrer. Catherine était celle dont il se défiait le plus, craignant la limpide perspicacité d'un regard qui seul affrontait le sien.

Il résultait de son attitude réservée une froideur plus grande de ses amis. Se sentant suspectés, ils s'abstenaient. Rien ne marchait à la cour du roi d'Écosse, rien que les fêtes, les chasses dans la montagne, et les projets fort libéralement épars sur le papier.

Quelques-uns des chefs principaux, les plus enthousiastes à l'arrivée de Richard, faisaient leurs préparatifs de départ. On les disait mécontents ; ce qu'ils eussent souhaité, ce n'était pas l'appui de la Bourgogne ou de la France, mais l'union de tout le pays d'Angleterre, d'Écosse et d'Irlande en faveur du prétendant. Il était facile de voir que les intrigues de Henri VII commençaient à ébranler la fidélité des clans. Ses accusations d'imposture pénétraient dans le peuple, qui examinait d'un œil plus attentif les traits du duc d'York quand il sortait dans Édimbourg.

Tout ce qui, dans un plan politique, n'avance pas résolûment, recule avec rapidité. La duchesse de Bourgogne elle-même, cette audacieuse, semblait hésiter devant le froid dédain de Henri VII, qui ne levait pas un soldat pour combattre son adversaire. Le moment était venu, décisif pour la victoire ou la défaite, et Richard n'en profitait pas, et personne autour de lui n'osait se hasarder à l'instruire, personne, pas même Jacques, qui sentait tant d'espérances se fondre comme un peu de neige au soleil.

Quant à Richard, sa torpeur n'était pas de l'impéritie ou de l'aveuglement ; il voyait clair. Mais, trop fier pour se plaindre ou pour implorer l'assistance active qu'on lui refusait, il s'enfermait dans sa dignité, dans sa douleur.

Plus de plaisirs, plus de sommeil. Peu à peu le noble duc d'York redevenait ce sombre isolé, ce farouche Perkin, auquel pas un serviteur n'eût su arracher une parole. On le voyait, prétextant des souffrances justifiées du reste par sa pâleur et l'amère contraction de ses traits, passer et repasser comme une ombre dans la galerie gothique, à colonnes noires, qui bornait son palais au nord, et dominait l'embouchure du Forth. Là, battu par le vent de la mer qui soulevait jusqu'à lui des gouttes d'écume salée, abîmé dans la contemplation des flots tour à tour étincelants ou obscurcis comme sa propre destinée, Richard se demandait si le passé n'était pas regrettable, si la maison du négociant Warbeck n'eût pas été un asile de paix et d'oubli. Il interrogeait Dieu, dont la volonté souveraine l'avait jeté au milieu des luttes et des catastrophes splendides de l'orgueil, sans lui donner la compensation que tout ambitieux trouve en sa famille, quelquefois même en ses amours.

— Les rois, se disait-il, sont plus malheureux que les autres hommes ; mais ils sont quelquefois aimés. Mon père a rencontré des cœurs dévoués à Édouard bien plus qu'au roi d'Angleterre ; Henri VII, cet usurpateur qui a volé ma couronne et volé ma sœur, s'est fait de celle-ci une épouse soumise, aimante, peut-être !... Jacques IV, mon hôte, mon ami, à quelques pas de moi, vit heureux de l'amour qui accompagne chaque minute de son existence. Catherine Gordon l'aime, comment ne serait-il pas heureux ? Qu'a-t-il besoin d'être puissant, riche et roi ?

« Certes, ajouta-t-il, se parlant avec désespoir, il y a une fatalité sur moi. Et certains hommes sont marqués parmi les autres pour d'éclatantes infortunes. Ce n'est pas assez qu'un assassin m'ait frappé, que Dieu m'ait sauvé, qu'un inconnu m'ait ramené en Flandre, que Dieu m'y ait fait rencontrer la duchesse ma tante ; il fallait qu'à côté du salut, de la résurrection, du retour à la fortune, cette fatalité plaçât une jeune fille que j'ai aimée en la voyant, et qui déjà n'était pas libre et ne le sera jamais, et qui tombe comme une goutte amère dans la coupe de mes jours redevenus heureux ! O Catherine, c'est pour vous que je me perds, pour vous que je meurs, pour vous que je méprise et le trône et ma gloire, et l'honneur de toute ma famille, et les larmes d'une mère qui m'appelle; tout cela pour vous, qui souriez sans le comprendre et à qui je n'aurai pas même la triste joie de l'apprendre jamais!

Comme il se plongeait avec une âcre volupté dans cette douleur la plus poignante qu'il eût encore ressentie, ses yeux furent frappés d'un spectacle étrange et beau qui eût fait les délices du plus misérable des hommes. Le soleil, montant au zénith, avait bu comme une vapeur les gros nuages roulés naguère autour de son disque par le vent humide de l'Océan. Lumière et chaleur couraient en grands frissons d'or sur la crête humiliée des vagues; au loin les collines et la plaine resplendissaient dans l'azur; le Forth, calmé, roulait dans le golfe ses eaux bleuissantes, et de longues barques, aux voiles blanches gonflées, remontaient lentement le fleuve, cinglant vers les bras ouverts du vieux port.

On eût dit que Dieu, touché par la plainte de Richard, lui envoyait le soleil comme une promesse, et déchirait autour de lui les voiles de la tristesse pour l'empêcher de désespérer. Et, de fait, le jeune homme se relevant plus fort, commençait à regarder, comme au sortir d'un rêve, les ogives empourprées du palais, et le ciel serein, et l'horizon vermeil, quand on vint l'avertir que la comtesse Catherine Gordon était là, qui sollicitait une audience.

Richard, frappé au cœur par cette coïncidence du bienfait et de la prière, eut à peine la force de répondre oui. Tandis que l'officier courait rendre réponse, il étreignait sa gorge suffoquée, il cherchait vaguement l'objet de cette visite de la jeune fille, et la forme insolite de sa démarche achevait de brouiller le peu d'idées qui lui restaient.

Catherine Gordon entra bientôt radieuse de beauté comme toujours, mais plus belle encore que de coutume aux yeux de Richard, parce que son visage, doucement pâle, reflétait une ombre de la tristesse qui dévorait le cœur du jeune prince.

La noble fille de Huntley s'était fait accompagner de sa nourrice, une Écossaise aux yeux noirs, aux cheveux argentés, au menton saillant, véritable type des noires fées de la montagne. Celle-ci ne se glissa point dans la galerie, derrière Catherine, sans avoir interrogé d'un regard perçant la physionomie anxieuse de Richard. Cet examen, plus prolongé qu'il ne convenait à une respectueuse servante envers un roi, ne fut troublé ni par Catherine ni par Richard. Tous deux se regardaient, embarrassés sans doute de commencer l'entretien.

Et, pendant ce muet prélude, la vieille continuait d'observer le prince, et parfois fronçait le sourcil, parfois souriait d'une façon indéfinissable, s'abritant derrière l'une des sveltes colonnettes du balcon ouvert sur le fleuve.

Lorsque Richard, plus hardi, eut enfin demandé à Catherine le motif de cette visite dont il la remercia d'abord courtoisement :

— Un service à vous rendre, milord, répliqua timidement la jeune fille.

— Soyez la bienvenue, comtesse, dit Richard tremblant.

— Mais, reprit Catherine, Votre Altesse regardait, si je ne me trompe, ce qui se passe sur le Forth.

— Oui, pourquoi ?

— Parce que peut-être alors savez-vous ce que j'aurais tant de peine à vous dire, et je remercierai Dieu de n'avoir point à vous l'apprendre.

Cette fois Richard ne se méprit point à l'hésitation, à la pâleur de Catherine : elle venait lui annoncer quelque nouveau malheur. Il se prépara au choc.

— Milady, répliqua-t-il avec une fermeté touchante, je ne comprends point que vous me ménagiez ainsi. Je suis courageux, j'ai l'habitude des revers ; parlez, si vous m'estimez homme de cœur. Oui, je regardais le Forth et ses flots qui courent, et les grandes barques vides que le vent pousse vers le môle... Eh bien ?

— Milord, ces navires ne seront plus vides demain.

— Expliquez-vous mieux, comtesse.

— Demain, ces navires auront remmené en Écosse, dans leurs clans respectifs, tous les contingents d'hommes de guerre que les chefs écossais avaient conduits sous vos drapeaux.

— Demain, plus de soldats ! plus d'amis ! murmura le malheureux prince ; mais pourquoi ? qu'ai-je fait à l'Écosse, à l'Irlande ? Suis-je moins aujourd'hui aux yeux de ces peuples que je n'étais il y a un mois lorsqu'ils m'accueillirent avec des transports d'allégresse ?

Catherine ne répondit pas.

— M'abandonner ! reprit Richard. Et voilà les fidèles, les loyaux Écossais ! Un peu d'or et de belles paroles du roi Henri VII, adieu la fidélité, adieu le dévouement... Oh !

pas d'amis autour de moi ! pas une âme honnête qui m'ait averti que je n'aurais d'appui qu'à la condition de payer d'avance !

— Milord ! s'écria Catherine émue, vous calomniez de braves gens.

— Ceux que j'accuse, je ne les calomnie pas, répliqua Richard avec la même impétuosité. Je suis venu, j'ai levé le drapeau; ai-je contraint qui que ce soit à le suivre ? On venait à un roi, n'est-ce pas ? et comme depuis un mois je n'ai pas encore de trône à faire voir, on s'en va sans doute aux pieds de celui qui, plus heureux, domine du haut d'un trône cette foule de lâches !

— Altesse ! Altesse ! dit Catherine les yeux gonflés de larmes, tandis que derrière sa colonne de granit la vieille Écossaise rugissait sourdement et serrait les poings.

Richard, éperdu de colère et de honte, marchait à grands pas, et il murmurait :

— Et l'on me prévient quand le malheur est consommé ! Et le roi Jacques, qui se disait mon frère, ne m'avertit même point, et me laisse porter ce coup par la seule main que j'eusse redoutée !

— Le roi Jacques vous a prévenu, répondit Catherine. Tous vos amis vous ont prévenu. Vous avez été sourd, vous n'avez rien voulu comprendre à la délicatesse de ces peuples que vous maudissez aujourd'hui.

— Que voulez-vous dire ? demanda Richard, duquel cette voix calme et cette douce autorité suspendirent soudain les furieux transports.

Mais Catherine en avait assez dit sans doute, car elle vint s'asseoir près de la balustrade de pierre, ses coudes appuyés sur la tablette rongée par le soleil, et là, épuisée comme après un violent effort, elle cacha son visage entre ses mains et son cœur éclata en douloureux sanglots.

Richard, frappé de stupeur et moins instruit que jamais, allait s'approcher d'elle et l'interroger encore ; une grande ombre surgit tout à coup entre eux deux. C'était la nourrice écossaise, qui, se drapant avec majesté dans son plaid à larges carreaux de pourpre :

— L'enfant, dit-elle, a raison, et tu es justement puni, prince. Les Écossais, que tu accuses, t'aimaient ; ils t'eussent donné leur sang ; mais pourquoi, lorsqu'ils t'acclamaient, lorsqu'ils accouraient pour te défendre, pourquoi les as-tu répudiés, insultés dans ce qu'ils ont de plus cher ?

— Moi ! s'écria Richard.

— Toi ! toi ! poursuivit la vieille avec un sourire haineux ; toi, un Anglais tout orgueil et tout avarice ! Ah ! certes, nos vies et nos trésors sont ta propriété, n'est-ce pas ? soit ! On te les apporte et tu les refuses. Marche seul et sois maudit !

— Mais que dit cette femme ? interrompit le jeune prince en frappant ses mains l'une contre l'autre avec le désespoir d'une inintelligence de plus en plus nébuleuse.

— Tais-toi, Susannah ! tais-toi ! dit Catherine à la vieille en la priant plutôt qu'elle ne lui commandait.

— Mais laissez-la parler, au contraire, s'écria Richard ; laissez-la vomir ses menaces et ses injures. Celui-là qui déclare sa haine est meilleur qu'un traître dont le bras frappe dans l'ombre. Et puis il me tarde de savoir à qui de vos Écossais j'ai pris la vie. Qu'on me nomme au moins ces bienfaiteurs, car je jure Dieu que je ne les connais pas.

— Tu blasphèmes, duc Richard! répondit Susannah.

— Nommez donc ces généreux amis dont j'ai refusé les trésors, reprit le jeune homme avec ironie. Quant aux trésors eux-mêmes, voyons, les connaissez-vous ?

— Oh! murmura Susannah d'une voix altérée par la colère, ce prince eût été mauvais roi. Dieu ne voudra pas qu'il règne. Il préfère les richesses à l'honneur; il foule aux pieds les serments. Honte sur Richard d'York! l'Écosse détournera de lui sa tête.

— Silence! je te l'ordonne, s'écria Catherine, qui avait vu Richard bondir de rage sous cette violente imprécation.

— Et moi, je t'ordonne de parler! rugit le lion d'York; tu m'outrages, justifie-toi, ou je te lance comme un vil caillou par-dessus cette rampe.

— Partons, Susannah! partons, dit la jeune fille, saisissant convulsivement le bras de sa nourrice.

— Oh! elle aussi! interrompit Richard; elle se joint à mes ennemis, elle veut partir, au lieu de châtier la misérable insensée qui vient de m'appeler parjure et prince sans honneur!

Catherine entraînait peu à peu Susannah frémissante vers la porte de la galerie. Mais la vieille luttait avec énergie; elle glissait sans marcher, elle méditait une dernière malédiction sous laquelle Richard demeurât anéanti. Déjà toutes deux allaient disparaître, quand Richard s'écria :

— Est-ce donc là le service que Catherine Gordon venait

9

rendre à son ami d'enfance? Est-ce là cette loyale compagne qui me jurait jadis une éternelle amitié?

— Qu'as-tu à lui reprocher? riposta Susannah en se rapprochant de lui par un bond de tigresse; ce qu'elle te jurait, y a-t-elle failli? Et toi, tiens-tu ce que solennellement ta famille avait juré à la nôtre?

— Susannah! par pitié! cria Catherine en fermant la bouche de sa nourrice. Mais rien désormais n'eût su retenir Richard. Le voile venait de se soulever, il avait comme entrevu la lumière après les mortelles ténèbres. Ce fut lui qui arrêta la jeune fille; Susannah continua, véhémente, avec son éloquence sauvage:

— Va! va-t'en épouser des filles de France ou d'Allemagne, parce qu'elles seront riches; méprise la pauvre Écosse qui t'a servi de mère; méprise notre enfant, notre enfant chérie, notre trésor; méprise Catherine à qui ton père t'avait fiancé dès le berceau... mais ne compte plus que sur les Français ou les Allemands. Plus d'Écossais pour toi; nous gardons nos lances pour celui qui aura pris nos cœurs. Adieu, York..., Catherine se consolera!

En parlant ainsi, elle entraînait à son tour la jeune fille; mais Richard avait compris. Le nuage, en éclatant sur son front, l'avait inondé de lumière. Il s'élança entre la porte et les deux femmes qui l'allaient franchir, il saisit la main de Catherine, il l'étreignit dans les siennes.

— Est-ce bien vrai, ce qu'elle dit? demanda-t-il avec une fiévreuse volubilité.

— Mais... milord... murmura la jeune comtesse.

— Je vous parle, répondez. Est-il vrai que l'Écosse ait compté que j'épouserais Catherine Gordon?

— Ne le savez-vous pas? bégaya la jeune fille en rougissant sous le souffle ardent du prince.

— Il le savait si bien qu'il t'a refusée, interrompit Susannah.

— A qui refusée, bonne Susannah ? dit Richard.

L'Écossaise vindicative répondit :

— Ne t'a-t-on pas parlé, fait parler par tes amis, par notre Jacques lui-même, d'épouser Catherine ?

— Jamais ! s'écria Richard.

Puis fronçant le sourcil avec le sombre ressentiment de ses doutes passés sur l'amitié qui unissait Catherine et le roi d'Écosse :

— D'ailleurs, pourquoi Jacques m'aurait-il proposé Catherine qu'il aime et dont il est aimé ? c'est chose assez publique.

— Lui, aimé ! exclama la jeune fille dans un élan si passionné que Richard en fut pénétré comme d'une révélation céleste.

Il n'eut pas le temps de répondre. Une voix partie du seuil l'arracha soudain au charme de ces émotions imprévues.

Le jeune roi d'Écosse avait entendu la fin de cette discussion étrange : il s'était senti blessé ; il intervenait avec une sorte d'amertume.

— Milord, dit-il, avez-vous bien réfléchi avant de prononcer ces paroles, qui pourraient être mortelles pour l'honneur de cette jeune fille et pour le mien ?

Richard, se retournant vivement, murmura :

— Vous ! Altesse : J'ai dit, il est vrai, ce que le monde répète non-seulement ici, mais dans toute l'Europe.

Catherine rougit de douleur et de honte.

— En Europe, je l'ignore, continua Jacques ; mais ici, je ne le crois pas ; ici, où Catherine et moi nous sommes connus, c'est-à-dire respectés. Mais, quoi qu'il en soit, permettez-moi une réflexion, pardonnez-la-moi même.

Il s'arrêta un moment, fixant sur Richard ses grands yeux loyaux et fiers ; puis, adoucissant l'inflexion de sa voix comme pour en étouffer l'écho :

— Il me semble, dit-il, que pour vous excuser près de cette jeune fille, vous eussiez pu ne pas recourir à un subterfuge ; il eût été plus digne de votre race de déclarer franchement la vérité. De cette façon, ne m'accusant pas, n'offensant pas Catherine, vous eussiez conservé un assez beau rôle qu'à mon grand regret je suis forcé d'interrompre. Eh bien, oui, mes peuples désiraient le mariage de Richard d'York avec lady Catherine Gordon. Eh bien ! oui, Catherine eût été heureuse et fière ; mais vous avez refusé... nul ne songe à vous en faire un crime.

— J'ai refusé !... s'écria Richard avec véhémence ; mais quand donc ai-je refusé ? Ce mariage, j'en entends parler aujourd'hui pour la première fois.

— N'exagérez pas la courtoisie, milord, dit le jeune prince ; ne cherchez plus à ménager Catherine. Elle est courageuse, et sait votre pensée aussi bien que moi. Je lui ai montré la lettre de la duchesse de Bourgogne.

— La lettre de la duchesse, répéta Richard avec stupeur ; quelle lettre, et que voulez-vous dire ?

— Ah ! je sais, reprit Jacques, combien votre esprit délicat a su trouver d'ingénieux détours pour adoucir la rigueur de ce refus. Mais en politique, à proposition nette réponse décisive. Et croyez-le bien, Madame la duchesse de Bourgogne n'a pas voulu qu'après sa réponse il restât chez nous le moindre doute sur vos résolutions.

Richard, écrasé par ce nouveau mystère qu'il voyait fondre sur sa tête comme une nuée d'ouragan, s'élança vers Jacques, lui prit les mains, et tremblant à la fois de tendresse et de colère :

— Écoutez, lui dit-il, frère, je brise en vain ma raison, je ne trouve pas le sens de vos paroles. J'ai longtemps passé pour fou, je l'ai été peut-être ; excusez-moi, frère, c'est peut-être un retour du mal ; je ne vous comprends pas. Et vous, lady Catherine, ne craignez pas de me regarder, ne fuyez point, je ne vous comprends pas davantage. Un malheur est sur moi, voilà tout ce que je sens. Traitez-moi tous deux avec bienveillance ; ne vous dites pas : « Il dissimule et veut mentir. » Dites-vous : « Il souffre, il veut qu'on l'aide. » Aidez-moi. Vous parlez de résolutions que j'aurais ; quelles résolutions, dites ? Vous parlez d'une lettre de ma tante, la duchesse de Bourgogne ; quelle lettre ? Je ne sais pas, je ne devine pas, je me dévore de vous voir ainsi méfiants et glacés.

Jacques et Catherine se regardèrent, après avoir avec saisissement constaté sur le visage de Richard la pâleur de cette irrécusable souffrance.

— Que vous répondrai-je que vous ne sachiez ? répliqua le roi d'Écosse, après un silence de quelques instants. La noblesse de ce pays me pressait de vous exhorter au mariage projeté jadis entre votre famille et la mienne ; je vous ai pressenti et fait pressentir plusieurs fois. Enfin, poussé de plus en plus par l'impatience de tout un peuple, j'ai écrit à la duchesse de Bourgogne, qui naturellement pouvait le plus sur vous. Je la conjurais de me donner son assistance, et de me rendre réponse après vous avoir consulté.

— Et elle a répondu? demanda Richard palpitant.

— Sans doute.

— Que je refusais?

— Assurément.

— Que je refusais Catherine Gordon? s'écria Richard en proie aux fureurs d'un désespoir poussé jusqu'au délire; Catherine que j'aime, Catherine dont la pensée m'anime et me soutient comme mon souffle; Catherine l'ange de mes rêves, le flambeau de mes jours, l'étoile vers laquelle je marche les yeux invinciblement rivés à sa douce flamme... la duchesse vous a répondu que je refusais!

— Voici sa lettre, dit Jacques, stupéfait à son tour et qui contemplait ce tableau fantastique du fougueux jeune homme égaré par la passion, de la jeune fille palpitante qui souriait en défaillant dans les bras de sa nourrice, et de cette dernière, fascinée par le regard flamboyant et l'irrésistible beauté de Richard.

Celui-ci saisit avidement le parchemin que lui tendait le prince. Il dévora d'abord, puis lut avec une attention sombre et recueillie chaque phrase, chaque mot, chaque lettre de cet écrit dans lequel la duchesse affirmait que le duc d'York avait déclaré ne pas vouloir entendre parler de ce mariage, se réservant pour l'avenir.

Ses cheveux se hérissèrent d'effroi. Elle était donc bien maîtresse de son sort, la femme audacieuse qui disposait ainsi de lui sans l'avoir averti de la réponse qu'elle voulait faire !

« Sire, écrivait Marguerite à Jacques, que tout cela demeure entre nous deux, mon neveu le désire ; ne lui parlez donc plus de ce mariage qu'il repousse, et qui d'ailleurs ne saurait convenir à ma bien-aimée Catherine. Une occasion prochaine va se présenter de vous donner à tous deux mes explications ; je la saisirai. Jusque-là faites prendre patience aux Écossais ; je doublerai, s'il le faut, les subsides et les contingents de troupes destinées à mon neveu d'York. La restauration de la Rose blanche est indépendante de toute alliance quelconque, et nous saurons dédommager magnifiquement l'Écosse de ce mécompte. »

Cette morne surprise de Richard pendant sa lecture, Jacques l'interpréta comme le contre-coup d'une révélation à laquelle il ne s'était pas attendu. Quant au malheureux York, il eût moins souffert en roulant vivant du paradis au fond des gouffres infernaux.

— Ainsi, se répéta-t-il avec angoisse, la duchesse ma tante ne veut pas que j'épouse Catherine ! Ainsi j'ai failli par elle perdre à jamais cet ange ! Ainsi, stupide image, jouet ridicule de je ne sais quelle ténébreuse politique, on me donne, on me reprend, sans me faire l'honneur de craindre ma résistance. Mais que suis-je donc ? s'écria-t-il tout à coup mordu au cœur par l'orgueil et la rage, pour me laisser ainsi ruiner dans mon honneur et dans ma fortune ? Suis-je le fou imbécile ou le prince régénéré ?

Son égarement et sa douleur avaient attendri Jacques, ému Catherine jusqu'aux larmes, et la superstitieuse Susannah priait pour lui les sauvages divinités de son pays.

— Richard, reprit enfin le roi d'Écosse, ce que Catherine voulait vous persuader avant toute chose, c'est qu'elle ne partage ni le ressentiment de ses compatriotes, ni leur dessein de se séparer de vous. Elle tenait à vous dire que vous êtes libre envers elle de tout ce qu'a pu promettre votre père à sa famille, et son départ pour la solitude vous convaincra, j'en suis sûr, de la noblesse et du désintéressement de son amitié.

— Son départ ! s'écria Richard réveillé de sa torpeur funèbre. Elle me quitte ?

— Sa barque est là devant vos fenêtres; vous pouvez en voir les voiles qui aspirent le vent.

— Jamais ! dit Richard, en proie à une sombre fureur. Jamais rien ne séparera Catherine de son ami d'enfance; jamais rien ne forcera Richard à trahir la parole de son père.

Puis, se précipitant vers Jacques, dont il saisit les mains avec une tendre violence :

— Me la donnez-vous ? dit-il, je vous la demande, je la demande à l'Écosse, je la demande publiquement. Appelez ! appelez ! qu'on m'entende déclarer ici que je l'aime et qu'elle montera près de moi sur le trône d'Angleterre. Qu'on ouvre l'église : je la conduis sur l'heure à l'autel.

Catherine, enivrée, fit quelques pas en avant et vint tomber aux pieds de son amant, qui l'étreignit dans un embrassement avide.

Quelques instants après, cette nouvelle, planant sur Édimbourg, arrachait au peuple des cris de joie, aux soldats des hourras d'enthousiasme. Le bruit des cloches,

de l'artillerie roulait en puissants échos de la montagne
au fleuve, un chant de guerre et de triomphe réveillait la
belliqueuse Écosse, et Richard, respirant à longs traits,
comme au sortir d'une pression étouffante, s'écriait avec
un sourire de héros :

— Il est trop facile d'être heureux !

Kildare voulait, par déférence pour la duchesse de
Bourgogne, retarder l'annonce et la célébration de ce
mariage jusqu'au retour d'une ambassade que Jacques
et Richard venaient d'envoyer à la fière souveraine
pour l'instruire d'un événement si contraire à ses projets;
mais le duc d'York s'y opposa d'autant plus résolûment
qu'il avait jusque-là obéi avec plus de patience. D'ailleurs
tout un peuple ivre de bonheur le poussait à précipiter ce
dénoûment trop longtemps différé. La sagesse conseillait,
disait-il, de mettre à profit cette chaleur de la reconnaissance des clans. L'amour ne conseillait-il pas encore
plus haut que la sagesse? Tous ces jeunes cerveaux prirent
feu, et se jetèrent ardemment dans la voie nouvelle au
terme de laquelle ils entrevoyaient la gloire et le bonheur.

Il fut décidé en conseil qu'immédiatement après la célébration du mariage, dont on différerait la pompe et la so-
lennisation jusqu'à la première victoire, le jeune prince
sortirait d'Écosse, et marcherait vers Londres à la tête de
son armée, dont le dévouement fanatique ne permettait
aucun doute sur la splendide issue de cette expédition.

XV

Cependant l'ambassade était arrivée à la cour de la duchesse de Bourgogne, et lui avait appris les projets d'union formés par le duc d'York et approuvés par le roi d'Écosse.

A cette nouvelle, on vit pâlir Marguerite. Elle demanda en tremblant si le duc, si Catherine n'avaient pas ajouté pour elle quelque commentaire intime à ce message officiel; et comme il lui fut répondu que non, elle commença d'entrer en une de ces silencieuses colères plus terribles peut-être que n'étaient autrefois les éclatantes fureurs du Téméraire, son époux.

On eût dit que la vérité, l'audacieuse révélation de son imposture allait s'échapper de ses lèvres. Comme une nausée de la fièvre, ce secret monta de son cœur à sa gorge. Mais la jalouse ennemie de Henri VII tenait plus à ses haines qu'à ses amitiés. Un aveu de sa bouche empêchait Jacques de se compromettre pour un sycophante, empêchait Catherine de lier à jamais sa destinée à celle d'un faux prince, fils équivoque d'un juif; mais cet aveu perdait la cause d'York, dégoûtait à jamais l'Angleterre de la Rose blanche, affermissait inébranlablement Lancastre sur le trône. Marguerite dévora sa douleur, sa honte, étouffa sa conscience et se tut. Elle voulait régner.

Elle fit aux envoyés d'Écosse un accueil de reine, les félicita du succès que le zèle de leur nation promettait à la bonne cause, et les congédia chargés de présents, selon l'usage.

Mais à peine furent-ils partis, à peine se trouva-t-elle seule, dans le silence, aux prises avec ses remords, qu'elle sentit toute l'étendue de la faute et ses immenses conséquences pour l'avenir.

Consacrer ce mariage par l'autorité de son consentement, sans réclamation, sans avertissement préalable, c'était en déclarer les fruits légitimes, c'était reconnaître véritable le faux fils d'Édouard, c'était courber à toujours sa race, se courber elle-même devant un misérable fantôme qu'elle avait forgé, qu'elle croyait plus que jamais un fantôme, et dont le génie astucieux l'épouvantait à force de triomphes.

— Quoi! murmurait-elle, ce fourbe enfant a séduit Fryon, le plus intelligent des hommes; Kildare, le plus loyal; il a fasciné Jacques, il s'est concilié Catherine, les peuples l'acclament, il joue son rôle de roi mieux qu'un roi de cœur et de race. Mais, en vérité, il va plus loin que je ne veux, et si je lui permets, comme à mon limier, d'éventer la proie, je prétends qu'il ne puisse la dévorer. Je lui prête ce nom de roi, cet écusson où brille la Rose blanche, je lui prête une épée, une armée, de l'argent; mais une alliance, mais une femme de sang royal, mais un ange comme Catherine, cela ne se prête ni ne se donne au fils de Perkin Warbeck!

« Honte à jamais sur moi et sur ma famille, si je tombe dans le piège que me tend ce misérable! Il sait que ma réclamation publique serait la ruine de mes projets; il sait que je veux détruire par lui la maison de Lancastre; que mon enjeu dans cette partie est déjà colossal, et il compte que la peur de perdre me fera garder le silence. Oh! mais je saurai bien, sans bruit, sans esclandre, le forcer à se renfermer dans son rôle. Ce que je ne puis dire à d'autres, je le lui dirai à lui-même. Il m'envoie des ambassadeurs, le traître! moi j'irai le trouver, face à face, et lui prouver d'un mot que si j'ai su le tirer de la fange, je saurai l'y faire rentrer. Oui, je comprends, ajouta-t-elle en serrant les poings de rage, que messire Warbeck trouve à son gré la fille de Huntley, la parente d'York; je comprends qu'il ambitionne cette perle pour la coudre aux oripeaux dont je le laisse s'affubler; mais qu'il n'y touche pas, à ma perle d'Écosse! ou je fais rouler sa tête à mes pieds!

La duchesse, ainsi résolue, prit peu de repos, annonça que pendant les chaleurs de l'été, elle ferait son voyage accoutumé sur les côtes de Flandre et de Picardie, pour respirer l'air frais de la mer.

Elle choisit une suite nombreuse, discrète, descendit jusqu'à Saint-Valery, où elle fréta une grande barque de pêcheur, et, profitant d'un vent favorable, elle traversa la Manche, bien décidée à se rencontrer avec le duc d'York, que ses espions lui annonçaient être attendu dans le pays de Cornouailles.

En effet, une révolte considérable venait d'éclater chez ces peuples sauvages. Ils avaient appelé le prétendant à leur secours contre Henri VII. La duchesse connaissait assez l'habileté de Richard pour savoir qu'il ne perdrait pas cette occasion sans pareille d'entamer la guerre en Angleterre. Elle avait, d'ailleurs, tout préparé pour qu'il en fût ainsi avec ses agents d'Irlande et d'Écosse.

Une fois hors de vue de la côte de France, elle fit mettre à fond de cale le pêcheur et lui substitua un pilote qu'elle avait amené. Ce dernier reçut l'ordre de serrer la côte anglaise avec prudence, en observant de guetter chaque voile qui viendrait d'Angleterre. C'était le moyen d'avoir des nouvelles et de prendre une direction sûre. La duchesse comptait ainsi découvrir la retraite de Richard, et le surprendre par sa présence et ses formidables injonctions. Mais il n'en fut pas de ce projet comme des autres. Le piège qu'elle tendait, ce fut elle qui tout d'abord y tomba.

Depuis vingt-quatre heures elle rasait la côte anglaise et louvoyait en attendant l'occasion favorable, quand elle crut découvrir quelque mouvement inusité à terre; son attention fut absorbée tout entière de ce côté. Cependant elle était observée elle-même par deux barques de guerre qui, venant tout à coup du large, lui coupèrent la retraite, et, après un interrogatoire auquel ses gens ne pouvaient répondre avec une sincérité satisfaisante, la conduisirent dans la baie de Moüns, sans savoir pourtant quelle importante capture elles ramenaient au port.

La duchesse, déguisée à la hâte sous les coiffes de toile et le vieux plaid d'une pêcheuse d'Irlande, s'effaçait de son mieux derrière ses gens, qui tremblaient d'être tombés aux mains de quelque garde-côte de Henri VII. Mais quelle ne fut pas leur surprise quand en vue du petit port, les barques, jusque-là mystérieuses, hissèrent le pavillon d'York, une rose blanche, que du rivage saluèrent mille frénétiques acclamations.

C'est que les deux navires venaient d'Irlande, chargés de munitions et de vivres pour l'armée rebelle de Cornouailles ; c'est que les révoltés avaient déjà reçu parmi eux Richard d'York ; et la duchesse, d'abord épouvantée, passa bientôt à une joie excessive en apprenant que sa fortune, dont elle se défiait, venait de la conduire au point précis où elle n'eût jamais espéré d'aborder si heureusement.

Elle cacha son émotion, commanda au pilote de demander, aussitôt qu'on aurait touché terre, une audience au duc d'York pour des communications de la plus haute importance ; et ce ne fut pas sans une vive impatience qu'elle se laissa conduire en prisonnière, avec tout son équipage, vers le logement que le prince occupait à quelque distance du port.

XVI

Richard commençait à goûter les fruits de la royauté. Partout sur son passage, l'enivrement des faveurs populaires. Sa marche, depuis le débarquement, n'avait été qu'un triomphe.

Ardent à frapper les premiers coups, il méditait une

attaque contre la ville d'Excter. Son armée l'y entraînait, ses conseillers déclaraient le succès assuré. Richard sortait du grand conseil de guerre où l'expédition venait d'être résolue, quand on lui annonça qu'une barque française, suspecte de tout point, avait été capturée près de la côte, et que le chef présumé de l'équipage prétendait avoir de graves révélations à lui faire.

Richard, préoccupé, fixa l'audience au lendemain; et son capitaine d'armes était à peine sorti pour porter la réponse aux pêcheurs étrangers qu'il rentra précipitamment, et remit au duc d'York un anneau sur lequel Richard n'eût pas plutôt jeté les yeux qu'il poussa une exclamation de surprise, et congédia sa suite, en ordonnant que le porteur de l'anneau lui fût amené sans délai.

Une femme, drapée dans un large manteau de laine sombre, entra d'un pas tranquille, se découvrit le front dès qu'elle fut près de Richard, et regarda froide comme une statue dans sa rigide immobilité.

— Vous!... s'écria Richard, vous, ma tante! quelle joie...

Et il accourait l'œil brillant, les bras ouverts.

Dédaigneuse et glacée, la duchesse leva la main. Son ongle arrêta l'élan du jeune homme plus sûrement que n'eût fait une épée tendue.

— Nous ne sommes donc pas seuls? dit-elle d'une voix dure et insolente.

— Pourquoi? demanda-t-il, surpris de cet accueil.

— Parce que, si vous supposiez que personne ne peut nous entendre, vous ne prendriez point la peine de vous mentir à vous-même.

— Je ne vous comprends pas, murmura-t-il.

— Vous me comprenez parfaitement. Vous savez bien que quand nous sommes seuls, ce n'est pas ma tante, mais Madame que vous devez dire... Voyons, pas de ces regards effarés. Réservez vos moyens de comédie pour les moments où vous trônez sur la scène. Je ne suis pas venue ici, je n'ai pas fait ce pénible et dangereux voyage pour vous admirer dans votre rôle. Certes, vous le jouez à merveille devant tous les imbéciles qui vous suivent et que je paye. Mais comme je vous paye aussi, en jouant bien vous ne faites que votre devoir. Ce devoir, observez-le toujours, monsieur Warbeck, ne l'oubliez jamais! entendez-vous, jamais! je viens pour vous le rappeler!

Elle avait prononcé ces quelques phrases avec une volubilité si furieuse, avec une si humiliante ironie, elle regardait son interlocuteur avec des yeux chargés de tant de menace et de mépris, que Richard recula un moment comme devant un démon ou une folle.

— Est-ce bien vous, balbutia-t-il, vous, madame la duchesse?

— C'est bien moi, moi la duchesse, oui, répliqua vivement Marguerite en doublant la flamme de son regard. Je vois que vous commencez à rentrer en vous même, et que nous nous mettons chacun à notre place. Oui, c'est moi qui viens vous dire : Vous paraissez vous oublier, mon maître! vous vous preniez au sérieux, en vérité! Insecte tiré de la fange, vous vous emportez sur les ailes que je vous ai laissé pousser....

Richard commençait à s'assombrir. Après la stupéfaction, la colère. Il s'approcha de la duchesse et lui dit :

— Me reprochez-vous vos bienfaits, madame? vous auriez tort. Je comptais vous les payer le prix que vous m'en eussiez demandé.

— Misérable ! s'écria la duchesse. Tu traites avec moi, Dieu me pardonne ! comme avec une égale ! Te figures-tu, par hasard, qu'il suffise, pour s'égaler aux rois, de prétendre à des alliances dans leur famille, et de leur envoyer des ambassadeurs? J'ai reçu les tiens, Warbeck ; ils m'ont appris tes desseins sur lady Catherine, ma filleule, tes insolents desseins ; et je suis venue te dire : N'approche pas ta main de la main de cette noble fille, ne croise pas ton regard avec le sien; ou, par le Dieu du ciel! quand j'y devrais ruiner ma gloire et ma fortune, moi, qui t'ai déguisé en prince, je te fais pendre dans tes guenilles de mendiant !

Au cri de sauvage douleur que poussa Richard, au geste désespéré que cette atroce douleur lui arracha, la lourde porte tapissée de velours qui séparait ce cabinet d'une chambre voisine, s'ouvrit avec fracas, et Catherine, pâle, tremblante, se précipita entre la duchesse et le jeune prince. L'effort l'avait épuisée tout entière ; elle s'appuya au mur, elle n'articula pas un soupir.

— Catherine ! s'écria la duchesse épouvantée de cette apparition; Catherine, ma bien-aimée, ici ! Que fais-tu ici? Sais-tu bien où tu es? Viens ! viens ! tu ne peux pas demeurer ici !

— Je ne puis pas demeurer chez mon époux? murmura l'enfant, plus blanche que son collier de perles.

— Toi ! sa femme !... la femme de ce misérable ! Ce crime affreux serait consommé !

Et la duchesse joignit avec effort ses mains tremblantes.

— C'est ainsi que vous insultez le nom d'York! votre sang! le fils de votre frère! dit Catherine, qui suspendait ses bras défaillants à l'épaule de Richard, tandis que celui-ci, aussi pâle qu'elle, sentait une frayeur secrète se glisser comme un serpent jusqu'à son cœur.

— York? s'écria la vieille souveraine en désignant le jeune homme avec un sinistre éclat de rire. York? tu crois ceci de notre race. Ah! pauvre enfant avilie! Oh! faut-il que j'arrive si tard! Mais je te sauverai. Tu ne resteras pas dans cette ignominie... dussé-je me perdre!...

— Tenez, interrompit Richard en croisant ses bras sur sa poitrine, je ne sais pas si je fais un affreux rêve; mais si je le fais, je l'achèverai! Ce torrent d'injures m'avait d'abord noyé le cœur; je ne comprenais pas, je veux comprendre. Que parlez-vous d'York, de misérable, et d'ignominie? Pourquoi plaignez-vous cette jeune femme? de quoi dites-vous donc que vous la sauverez?

— De toi! vil imposteur, dit la duchesse d'une voix étouffée; de toi... Oh! tu l'as fascinée, c'est clair. Elle te croyait prince! mais patience, sa main que tu as volée, que tu retiens encore dans les tiennes, va bientôt fuir ta main avec effroi, avec dégoût. Oh! tu te dis que je n'oserai achever la confidence; tu as compté que mon ambition, que ma haine pour Lancastre feraient de moi un monstre aveugle et muet; tu t'es figuré que, te sacrifiant un royaume, je te sacrifierais cette jeune fille. Non; deviens roi, nous verrons, nous compterons plus tard; je saurai te racheter la couronne, et tu me la vendras, fils de juif! Mais tu ne garderas pas Catherine; tu ne souilleras pas d'un sang bâtard cette famille auguste que l'Angleterre adore à deux genoux. Non, Catherine, tu ne resteras pas près de cet homme. C'est un nouveau fantôme que j'ai inventé ; c'est une machine ignoble que j'ai fait instruire ; il n'est pas plus York que le pâtissier Simnel ; il n'est pas même le fils légitime de Warbeck ; je ne sais pas ce qu'il est, il ne le sait pas lui-même... Pardonne, pauvre enfant ; je donnerais la moitié de mon sang pour racheter ton malheur ; mais je n'ai pu prévoir l'audace du démon.

— Oh!... rugit Richard, voilà que je revois tous les feux d'enfer qui jadis me dévoraient le cerveau !

— Oui, oui, dit la duchesse impitoyable, en saisissant les mains de Catherine palpitante, sa folie, une de nos plus heureuses inventions. Cette folie, qui rendit plausible son silence et son oubli pendant tant d'années. Oh! Perkin Warbeck est un imposteur de génie ; je l'admirerais s'il l'avait respectée.

— Catherine ! Catherine ! tu ne la crois pas ! s'écria Richard en délire, quand il vit sa jeune femme s'incliner toute mourante vers la duchesse.

Mais Catherine ne l'entendait plus. Ses yeux s'appesantirent, ses genoux se dérobèrent sous le poids de son corps ; elle tomba évanouie sur le tapis, et la duchesse n'essaya pas de la relever.

— Écoute, dit-elle à Richard ; je puis te pardonner encore. Laisse en paix cette enfant ; oublie, fais qu'elle oublie ; je te laisserai suivre ta route. Tu monteras où tu voudras ; mais demain, mais ce soir, Catherine retournera près du roi Jacques, et tu ne feras pas même un geste pour la retenir. Si tu m'obéis, je t'aiderai comme par le passé; si tu me refuses, prends garde!

Richard demeurait hagard, écrasé; ses yeux roulaient une vapeur rouge. Il luttait contre la tempête bouillonnante dans son sein.

— Mais non, interrompit la duchesse, s'inspirant d'une inquiétude soudaine. Non! ce que je tiens je ne le perdrai pas. Voici la nuit, je pars et Catherine me suivra. Tu diras que tu as craint pour elle les dangers de la guerre; tu diras que tu me l'as confiée; tu diras tout ce que tu voudras, et je le dirai avec toi. Mais je ne te laisserai point ce précieux otage; je l'emmène.

En parlant ainsi, elle se courbait pour relever Catherine; elle l'avait redressée, assise sur les coussins, elle cherchait à la rappeler à la vie. Elle l'attirait à elle, sur sa poitrine; on eût dit qu'elle allait la traîner, l'emporter, du moins c'est ce qui apparut à Richard.

L'éclair sillonna son front. L'ouragan, trop longtemps contenu, éclata enfin dans toute sa splendeur. Il s'élança sur Catherine, l'arracha des mains de la duchesse, qu'il repoussa comme le vent repousse une herbe desséchée.

— Va-t'en! dit-il, va-t'en, monstre venu de l'enfer! Ne touche pas à ma bien-aimée, à ma femme! Elle est à moi! Fais ce que tu voudras, dis ce que tu voudras, mais ne touche pas à Catherine.

— Veux-tu que j'appelle? dit la duchesse tremblante de colère et ramassant ses forces pour lutter avec majesté.

— Fais un pas, lève un doigt, entr'ouvre tes lèvres, répliqua Richard soufflant le feu dans chaque frémissement:

ose seulement me regarder en face, et j'appellerai aussi, mais pour qu'on relève ton cadavre !

Il avait d'un coup dégainé sa large épée, l'acier flamboyait moins brillant que sa prunelle, et la lame terrible vibrait sous la convulsive pression de sa main.

— Ah !... murmura-t-il en voyant pâlir la duchesse, ah !... tu recules, reine.., tu fais bien !

Elle reculait en effet, atterrée ; il lui semblait voir se dresser Édouard lui-même, si terrible et si beau dans ses effrayantes colères.

Il la poussa ainsi jusqu'au seuil. Elle sortit, elle gagna le port. La foule s'ouvrit muette devant elle. On eût dit que cette femme glissait, atome obéissant, dans le sillon de flamme échappé du regard de Richard.

Les compagnons de la duchesse la rejoignirent sur la barque. Le flot les remporta, eux consternés, elle luttant contre la peur et contre la soif d'une prompte vengeance.

XVII

Une scène douloureuse succéda aux violences de cette entrevue. Ceux qui purent pénétrer chez le duc d'York le trouvèrent agenouillé, pleurant près de Catherine toujours étendue, toujours immobile et froide.

Il avait essayé vainement de la rappeler à la vie. Elle

n'ouvrit point les yeux, on l'eût cru morte sans la vapeur imperceptible qui s'échappait de ses lèvres et ternissait la surface d'acier que Richard épouvanté venait de présenter à sa bouche.

Bientôt la chambre fut envahie. Susannah s'y était précipitée la première, aussi touchée de la douleur du prince que de l'état de Catherine. Les médecins appelés ne pouvaient reconnaître le mal, n'en pouvant deviner la cause, et Richard se dévorait du double tourment de voir souffrir sa bien-aimée et de ne lui apporter aucun soulagement.

La duchesse d'York ne recouvra ni la vue ni la parole pendant la nuit et la journée qui suivirent. En vain Susannah, défiante et jalouse, interrogea-t-elle sur les commencements d'une si étrange maladie, en vain chercha-t-elle le secret dans les yeux gonflés de Richard, ce prince ne se confia ni à elle ni aux courtisans. Il attendait le duc de Kildare, alors à l'avant-garde de l'armée. Il n'espérait qu'en Dieu, il ne communiquait qu'avec lui.

Les médecins nommèrent enfin la catalepsie. Ils avaient consulté leur Aristote. Richard, sombre et désespéré, les accusait de mentir. Elle était morte! disait-il; sinon résisterait-elle à ses sanglots, resterait-elle sourde à sa voix suppliante? ne se lèverait-elle point sous les baisers, sous les larmes dont il inondait ce front décoloré.

L'Écossaise, muette et l'œil rivé sur le lit de douleur, semblait accuser déjà Richard de ne pas faire un miracle. Elle le trouvait trop affligé pour un homme sans reproche. L'excès de ce désespoir lui donnait le soupçon de quelque remords.

Cependant un courrier venu de l'armée rompit cette

situation pénible. Lord Kildare prévenait le prince des bonnes dispositions de la ville d'Exeter. L'occasion s'offrait magnifique de conquérir cette clef du pays. Il suffirait, disait-il, de la présence du fils d'Édouard pour faire tomber les portes et les barrières. A défaut de persuasion, on emploierait la force. Il fallait marcher sans délai. Richard regarda autour de lui, ne vit que des yeux secs et brillants d'ambition et d'avarice. Qu'est-ce qu'une amante, une femme pour des sauvages révoltés? Le duc, s'il hésitait, pouvait être appelé lâche. Il ordonna le départ, et comme, s'il eût laissé Catherine derrière lui, on eût pu la lui prendre, il la fit placer sur une immense litière, sorte de maison roulante que traînaient douze chevaux; il lui donna une garde d'Écossais dévoués, et cachant son désespoir sous le masque impénétrable de son armure, il conduisit à Exeter ses partisans ivres d'espoir et d'enthousiasme.

Comment eût-il agi autrement? Il couvait cette suprême joie en son cœur ravagé, non plus de conquérir un royaume, mais de mourir en héros sur le tombeau de Catherine.

D'ailleurs, l'accusation de la duchesse de Bourgogne le poussait aux dernières extrémités de la rage, aux convulsions de la folie. Sous le poids d'une pareille haine, comment ne pas succomber si l'on n'était qu'un homme vulgaire? Avait-elle dit vrai, la duchesse? Richard n'était-il qu'un misérable imposteur? Avait-il réellement volé la main d'une princesse? N'était-il appelé qu'à remplacer Simnel dans la risée ou dans l'exécration publique? En tout cas, la mort, toujours la mort!

Fouetté par ce serpent, le jeune homme vola auprès de

lord Kildare. Il le trouva qui revenait sur ses pas au-devant de son souverain. De loin, avec un œil d'aiglon, Richard reconnut ses pennons et son panache, courut à sa rencontre, saisit sa main, l'entraîna hors de la portée de leurs voix, et, frémissant d'abord, puis avec véhémence, puis enfin avec de sourds rugissements, il lui raconta l'apparition de la duchesse, ses injures, ses révélations.

L'œil avidement plongé dans les yeux obscurcis du vieux chevalier, il épiait l'ombre de ses pensées, il guettait l'éclair d'une incertitude, il haletait après la sentence.

— Oh! s'écria-t-il, Patrick, noble Patrick, dis-moi la vérité, il me la faut! dussé-je l'aller arracher de ton cœur!

Lord Kildare, couché sous ce malheur immense, ne répondait rien. Il passait à son tour par chacune des poignantes épreuves qu'avait subies le malheureux Richard. Il demandait à sa raison, à sa sagesse, le sens de cette énigme; il ne le trouvait pas, et, chose effrayante, il tremblait d'en arriver à douter lui-même.

Mais c'était un homme fort, un grand cœur. Il ne croyait pas à ces monstres dont la scélératesse précoce intervertit l'ordre habituel de la vie, et fait l'adolescent plus habile que le vieillard. Il savait lire sur un visage humain et peser les larmes. Elles étaient bien lourdes et bien amères, celles qui roulaient sur les joues de Richard.

— La vérité, dites-vous? répliqua-t-il enfin; mais je m'étonne que vous la demandiez? Ne la savez-vous pas? Qui peut la savoir mieux que vous? Qui mieux que vous sait si vous êtes le duc d'York ou un faussaire? Quel homme dans le monde croira en vous si ce n'est vous-même? La duchesse de Bourgogne vous a reconnu, puis elle vous nie. Qu'importe quant à votre conscience? La duchesse est une âme profonde : elle a eu besoin hier que vous fussiez son neveu ; elle peut avoir besoin aujourd'hui que vous ne le soyez plus. C'est grave, si l'on considère les conséquences ; c'est grave parce que son changement peut entraîner le changement de toute l'Angleterre ; mais, je le répète, qu'importe à Richard d'York que la duchesse l'appelle aujourd'hui Perkin Warbeck? Richard sait mieux qu'elle qu'il est Richard.

— Si je le sais! s'écria l'infortuné.

— Eh bien, continua tranquillement Kildare, je le sais aussi, moi. J'ai vu la cicatrice laissée par mon poignard ; j'ai reconnu mon prince, ma conviction est faite. Patrick ne change point de certitude comme un enfant ou comme une femme. Il ne change pas non plus d'affection. Il est avec vous, milord, et restera avec vous. Est-ce là ce que vous vouliez me demander? Ma réponse est claire, je pense.

— Cher, noble Patrick! murmura Richard suffoqué par les sanglots.

— Pourquoi ce désespoir? je ne le comprends pas. On perd un allié, on en gagne d'autres. Les Écossais vous croient et vous suivent ; votre alliance avec eux est un sûr garant de leur amour. Vous avez tout gardé, vous dis-je, et rien perdu.

Le jeune homme saisit Kildare par la main :

— J'ai perdu, Patrick, le seul bien que je possédasse

au monde; j'ai tout perdu, ma force, mon courage; de toute passion, de tout mobile, je n'ai rien gardé, rien que ce désespoir dont tu me blâmes, et sans lequel je ne vivrais déjà plus!

A ces mots, il l'entraîna vers la litière, qui peu à peu s'était rapprochée dans sa pompe lugubre. Il ouvrit les lourds rideaux, et montra au fidèle guerrier Catherine toujours insensible et pâle sous ses voiles blancs.

— Vois-tu, dit-il, elle n'a pas eu ta force; elle a douté; elle en meurt. Elle me quitte, Patrick, elle me quitte sans m'avoir maudit ou pardonné!

Le vieillard resta un moment anéanti. Il est des souffrances pareilles aux gouffres de l'Océan. L'homme s'y perd en voulant les mesurer. Cependant lord Kildare se redressa bientôt, et reprit d'une voix mal assurée :

— L'amour n'est rien auprès de l'honneur. Toute défaillance en ce moment vous déshonore. Si lady Catherine guérit, vous lui devez une couronne. Si elle meurt, vous lui devez les funérailles d'une duchesse d'York. Un Perkin Warbeck pourrait se tuer sur cette tombe; Richard d'York n'en a pas le droit. Allons! l'épée en main. Allons à Exeter prouver votre origine par une victoire, et le bruit de cette victoire réveillera lady Catherine. Marchons, mon prince! marchons!

XVIII

La destinée de ce royal enfant est une des plus étrangement douloureuses que l'histoire ait enregistrées. Elle ressemble à ces jours d'automne dont le pâle matin s'estompe dans un brouillard, dont le midi resplendit tout à coup par une déchirure des nuages, et s'éteint presque aussitôt dans une brume plus sombre ou même dans une noire tempête.

Pour Richard, l'éclat du midi avait déjà cessé. Il marcha sur Exeter et sa tentative échoua. Henri VII l'y avait devancé par des promesses ou des menaces. Les portes lui furent fermées, et, faute d'argent, il dut lever le siége de la ville.

D'ailleurs l'armée du roi d'Angleterre approchait; cette armée que Henri VII, disait-on d'abord, n'avait pas daigné lever contre un ennemi si méprisable. Cependant, le Salomon de l'Angleterre méprisait si peu Richard qu'il accourait en hâte avec ses meilleures troupes pour barrer le passage au torrent épandu déjà vers Londres.

Richard n'hésita pas à accepter la bataille. Les deux armées se heurtèrent à Taunton; mais sans attendre l'épreuve, les soldats d'York lâchèrent pied au premier son des trompettes.

Le malheureux prince se jeta vainement au-devant d'eux. Il leur rappela leur serment, leur honneur; il leur promit toute sa fortune et sa vie. La trahison avait à l'avance fixé le sort comme le prix de cette journée. Richard demeura seul avec une poignée d'amis : lui aussi dut fuir entraîné par le flot des traîtres, trop heureux dans cette affreuse journée de soustraire à l'ennemi la litière qui renfermait sa duchesse, et à la poursuite de laquelle s'étaient acharnés les plus zélés partisans du Lancastre victorieux. Arrivé le premier près de celle qui naguère s'appelait l'heureuse et la belle Catherine, Richard prit dans ses bras son corps ou plutôt son cadavre adoré; pendant les premières heures de la nuit, il l'emporta sur son cheval comme une proie, comme une relique. Furieux et sombre, battu par le vent, rugissant de douleur à chaque morsure plus vive des souvenirs, il entraînait dans son tourbillon quelques Écossais fidèles; et la sauvage Susannah, ne pouvant suivre sur sa haquenée plus faible, cette course désespérée, hurlait dans l'ombre après Catherine et proférait contre Richard mille féroces imprécations.

Cette nuit fut terrible. Après le danger commença la honte, et Richard ne sentit bien réellement son malheur que lorsqu'il se trouva en sûreté, hors de toute atteinte, sur les bruyères d'une lande que dominait une vieille abbaye en ruine.

Là il arrêta son cheval fumant et ivre de lassitude. Il déposa son précieux fardeau sous l'ogive brisée de la chapelle, regarda un moment autour de lui, effleura d'un coup d'œil vague le ciel froid qui ne lui répondait rien, et s'agenouilla près de Catherine ; il voulut lui réchauffer les mains avec son souffle, et réveiller le regard depuis si longtemps endormi sous ces paupières bleuâtres. Il sanglotait, il soupirait, ses larmes eussent amolli les dalles de granit. Lui qui depuis tant de jours attendait de Catherine le pardon, le retour à la vie, il s'épouvantait de n'avoir à lui offrir que l'ignominie et la ruine, et alors, il suppliait le ciel de prolonger, d'éterniser cette torpeur et ce délire de sa bien-aimée.

— Elle ne souffre pas, murmurait-il, elle dort, elle ignore, elle rêve peut-être en elle-même de célestes félicités comme les petits enfants, anges bénis à qui Dieu fait la grâce de ne rien deviner encore des misères terrestres. Oh ! Catherine, mon trésor, mon âme, quitte cette vie sans avoir repris la mémoire. Catherine ! la dernière fois que tu m'as vu, tu m'aimais ; le dernier mot que tu m'as dit était un serment d'amour ! Meurs, Catherine ! meurs et retourne à Dieu plutôt que de m'accuser ou de te séparer de moi sur la terre !

Il croyait parler à cette morne créature qui, depuis la révélation de la duchesse de Bourgogne n'avait remué ni les yeux ni les lèvres ; mais soudain la statue se souleva, et d'une voix qui fit courir mille frissons sur les épaules de Richard :

— Eh bien, dit-elle, pourquoi me faites-vous attendre la mort ? pourquoi prolongez-vous mon supplice ?

— Catherine ! s'écria le jeune homme effaré.

Et il recula lentement devant ce fantôme dont les accents étranges le frappaient d'une superstitieuse horreur.

— J'espérais, reprit-elle, que vous ne me puniriez pas en me forçant à vivre. Cette mort, mon unique salut, je ne puis me la donner sans crime. Mais vous, vous qui paraissez me plaindre, comment osez-vous me la refuser!

Richard laissa échapper un sourd gémissement.

— Moi! dit-il, moi donner la mort au seul être que j'aime, au seul espoir qui me reste en ce monde!

Catherine se souleva encore. Elle était presque droite, la main appuyée sur un fût de colonne tronquée, ses cheveux épars, son pâle visage illuminé par la lueur d'une lune sanglante qui traversait les arceaux et les fenêtres de l'antique abbaye. La sévérité empreinte sur ses traits si doux, le reproche amer écrit sur ce front ordinairement serein et paré d'amour, glacèrent aux veines du malheureux Richard le peu de sang tiédi que la fatigue et le désespoir y avaient laissé.

— Vous m'aimez, murmura funèbrement Catherine; vous aimez la triste victime de vos impostures, la déplorable compagne de vos malheurs trop mérités. Quoi! ce n'est pas assez de m'avoir prise pure et illustre à ma nation, à ma famille; pas assez de m'avoir inspiré un amour destiné à s'éteindre dans l'ignominie; il vous reste l'espoir de me retenir dans un pareil opprobre. Oh! c'est le plus affreux de vos crimes, le seul peut-être que ne vous pardonnera jamais Dieu qui sait ce que j'eusse fait pour un époux digne de moi!

Richard, tremblant comme si ce coup terrible eût frappé sa tête pour la première fois, joignit les mains, et, d'une voix suppliante :

— Il est impossible, dit-il, que Catherine me croie un

imposteur; Catherine avec qui j'ai passé les premiers jours de ma vie; Catherine, qui a retrouvé en moi comme j'ai retrouvé en elle toutes nos joies, tous nos chagrins, tous nos secrets d'enfance ; Catherine bien-aimée qui ne peut supposer que, l'aimant d'une passion si ardente, j'ai conservé en mon cœur une seule pensée qui ne soit ce divin amour.

— Vous m'avez trompée toujours, dit-elle, et me trompez encore en ce moment.

— O Catherine ! s'écria Richard éperdu.

— La duchesse vous renierait-elle, si vous étiez Richard, son neveu, son sang, l'unique passion de sa vie.

— La duchesse est en délire.

— Elle est vigilante et voulait sauver ma vie et mon honneur ; car elle en fit serment lorsqu'elle me présenta au baptême. Elle me parle au nom de ma religion, au nom de Notre-Seigneur. Comment oseriez-vous prétendre le contraire? Que prouvez-vous? Et elle que ne prouve-t-elle pas, messire, ce mot terrible remplaçant le milord si caressant et si respectueux qu'elle avait coutume d'adresser à son prince, à son époux.

Cette appellation roturière, supprimant à la fois la qualité et la tendresse, fut plus cruelle à Richard que n'eût été la dégradation publique par la main du bourreau. Il poussa un cri déchirant et se tordit les mains avec angoisses.

Catherine sentit malgré elle ce cri pénétrer jusqu'aux plus profonds replis de son cœur.

—Je veux croire, dit-elle, que vous aurez été vous-même la dupe de vos instigateurs ; j'espère que pendant quelque temps vous aurez lutté contre l'imposture avec le courage d'une âme que Dieu avait faite loyale; mais l'ambition, l'orgueil ont pris le dessus et vous avez cédé.

Richard, écrasé, se frappait la poitrine où retentissaient des sanglotements étouffés.

— Ne pouviez-vous, continua Catherine de plus en plus émue, marcher à votre but sans m'y traîner à vos côtés par la main? Et cette main que vous avez eu d'abord la générosité de refuser, sentant bien que l'accepter était un crime, cette main que la duchesse de Bourgogne vous défendait de prendre, l'honneur et la piété ne vous commandaient-ils pas de la refuser même au roi, même à l'Écosse, même à moi, malheureuse, d'autant plus respectable à vos yeux, que je vous l'offrais et vous suppliais de l'accepter!

En achevant ces paroles, la douce femme ne put se faire plus longtemps violence, et un flot de larmes jaillit de ses yeux qu'on eût crus arides comme des yeux de pierre.

— Oh! c'en est trop, balbutia Richard suffoqué par d'intolérables souffrances. Mon Dieu! vous l'entendez, et vous voyez bien que c'en est trop! Vous avez raison, madame, la mort seule peut finir une pareille agonie. Soupçonné par vous, méprisé par vous, haï par vous, qu'ai-je à invoquer, sinon la mort? Ah! madame, je voulais mourir sur ce champ de bataille où ma fortune vient de succomber, je voulais tomber en homme de cœur; votre idée seule m'a donné le courage de fuir et d'ajouter une honte à mes malheurs. C'est pour vous que je conservais la vie. Il me semblait que j'avais une dette à vous payer, je croyais vous devoir tout un avenir de grandeur et de félicité en retour de votre amitié, de votre foi. Je ne vous dois plus rien. Ma conscience me dit que j'ai trop payé. Adieu, madame, vivez libre et heureuse, je vous pardonne; j'en ai le droit du haut de mon innocence et de ma probité. Un jour peut-être viendrez-vous m'apporter vos regrets et votre réparation. Ce jour-là revenez ici; car c'est ici que le fils d'York finira ses misères. Adieu.

Aussitôt il s'élança pour saisir à l'arçon de son cheval la courte épée qui s'y balançait près d'une hache d'armes. Mais une ombre s'interposa entre la lumière et lui. Un bras nerveux saisit le sien. Une voix grave et affectueuse retentit dans cette solitude. Richard fut arrêté par un guerrier dont les armes froides étaient souillées de larges taches de sang.

— Patrick!... mon ami, murmura Richard.

— Qui parle de mourir? dit le noble Kildare. Qui parle d'abandonner sa cause et ses amis? Ai-je désespéré de toi, Richard? T'ai-je refusé mon sang? Vois-le qui coule. Il m'en reste encore que je te donnerai. Ton armée est perdue, nous t'en ferons d'autres. Une femme te renie et t'insulte, sois sans colère, pardonne; les apparences sont contre toi, et tu ne peux demander à cette enfant la robuste confiance d'un chevalier.

— Kildare, répliqua le jeune prince, ce n'est pas Catherine qui doute, c'est l'Angleterre, c'est le monde; et je n'ai pas de preuve à leur donner.

— Tu te trompes, Richard, tu en as une, et je te l'apporte.

L'infortuné secoua tristement la tête. Catherine, courbée et palpitante, se redressa pour écouter avidement.

— Oui, continua Kildare, une preuve irrécusable, invincible. Un ami peut douter de son ami, une femme de son époux, un fils pourrait douter de sa mère ; mais une mère ne se trompera jamais sur son fils ; jamais elle n'acceptera un imposteur à la place de cet enfant tant pleuré. Tu as une mère, Richard, pourquoi l'oublies-tu ? Ce n'est pas à tes sujets, ce n'est pas à tes amis, ce n'est pas à ta femme qu'il te faut demander si tu es bien Richard d'York, roi d'Angleterre. C'est à Élisabeth Woodville, veuve d'Édouard IV, c'est à ta mère ; tu devrais déjà être parti.

— Oh ! s'écria Richard, ressuscité par ce mâle conseil. Dieu lui-même a parlé par ta bouche ! Il ne m'a donc pas abandonné tout à fait !

— Ce n'est pas l'entreprise d'un homme ordinaire, continua le vieux chevalier. Aller retrouver la reine douairière dans la retraite inaccessible où la cache Henri VII, depuis qu'on parle d'un prétendant à la couronne, forcer l'entrée du monastère de Bermondsey que gardent nuit et jour des légions dévouées à l'usurpateur, c'est une œuvre ardue, c'est un exploit qui prouverait à lui seul une âme toute royale. Mais si l'on ajoute que Bermondsey ne saurait être atteint qu'après un mois peut-être de marche périlleuse dans un pays ennemi, à travers des armées qui te cherchent ; si l'on réfléchit qu'une imprudence, un oubli, une faiblesse peuvent te perdre, et que ta mort serait celle d'un bandit et d'un faussaire ; à cette idée, Richard, moi qui te parle, moi qui te conseille, je me sens frémir, et je n'ose point te pousser en avant. Songe que nous n'avons plus de soldats, plus de trésors, presque pas d'armes ; la prudence commande, à ceux pour qui tu es et as toujours été York, de ne pas laisser sacrifier leur sainte cause à de vaines chimères d'orgueil, à de creuses déceptions d'amour. Tiens, regarde de ce côté, au delà des landes, c'est la montagne, et, après la montagne, la mer. Par là est notre salut. Nous regagnons l'Irlande, nous retrempons le courage et la foi de nos amis; moi, quand je t'aurai mis en lieu sûr, je vais à Bermondsey...

— Bon Patrick, interrompit aussitôt Richard avec un geste d'admiration et un sourire plein de tendresse, ne gâte point, par ce que tu nommes la prudence, la noble leçon que tu m'as si heureusement donnée. Il y a danger, dis-tu, témérité même à traverser deux comtés, à franchir les lignes de trois armées pour me rendre auprès de la reine douairière, tant mieux; j'ai beaucoup à prouver, Patrick, moi qui inspire tant de doutes. Tu m'as fait du bien en énumérant les périls que je vais courir; car je sens qu'ils ne feront pas même battre mon cœur. La reine Élisabeth est à Bermondsey, voilà tout ce qu'il me faut; à ses pieds est ma confusion ou ma gloire; à ses pieds est la preuve de ma loyauté. Vois-tu, Patrick, quand il me faudrait courir à Bermondsey sur un sol fait de pointes d'épées, dans une atmosphère de flammes, sous un ciel croulant de tonnerres; quand je devrais coudoyer à chaque pas un gibet infamant, j'irais à Bermondsey plus rapide qu'une flèche, plus joyeux que l'oiseau regagnant son nid. J'y volerais, et j'arriverais, Patrick, car j'ai foi en Dieu, en un Dieu de justice et de miséricorde qui a, depuis le berceau, éprouvé mon corps et mon âme, et qui maintenant me garde, et fait briller à mes yeux la récompense.

Richard s'arrêta l'œil étincelant, inspiré. Catherine s'était adossée à la muraille, le front incliné, les paupières à demi closes, comme incapable de suivre en son vol sublime cette âme emportée bien loin de la terre.

— Ainsi, reprit le jeune duc, c'est moi et non pas toi, Patrick, qui me rendrai au monastère de la reine Élisabeth. A toi d'autres devoirs aussi importants, aussi sacrés. Alors qu'on m'appelait duc d'York, une femme illustre et généreuse s'est donnée à moi, je lui ai juré fidélité, protection jusqu'à la mort. Ce n'est pas moi qui jamais eusse douté d'elle; mais, de ce qu'elle n'a plus ni estime ni amour pour moi, ce n'est pas une raison pour que je l'entraîne en des dangers acceptables seulement pour une épouse dévouée. Tu prendras le peu d'Écossais qui nous restent, et, sous cette escorte, tu conduiras lady Catherine Gordon où elle désirera d'être conduite. Je suis assuré que, même en se remettant aux mains de mon ennemi, Henri VII, lady Catherine aura la loyauté de stipuler ta liberté, ainsi que celle des nôtres. Prépare-toi au départ. Madame, veuillez lui donner vos ordres.

En parlant ainsi, Richard, le cœur gonflé, s'était éloigné du tertre occupé par Catherine, et s'avançait avec résolution vers les plus impatients de ses serviteurs, qui, réunis enfin après tant de peines et de périls, attendaient respectueusement l'issue de cet entretien qu'ils ne pouvaient comprendre.

— Milord, dit Catherine d'une voix tremblante en s'adressant au vieillard, ne vous hâtez pas de m'accabler. Vous en avez cru votre cœur, moi j'ai dû croire les accusations de la duchesse, ma seconde mère. Jamais je n'accepterai la honte, même sur un trône; jamais je ne déserterai la loyauté, même sur un échafaud. J'accepte la sentence de la reine Élisabeth Woodville comme un jugement sans appel; et, avec vous, je comparaîtrai devant elle à Bermondsey.

Richard se retourna soudain au bruit de ces nobles paroles. Il eût voulu en remercier la bouche qui les avait prononcées; mais, pareille à la Sabine antique, Catherine, après avoir révélé toute son âme, venait de rabattre son voile sur ses yeux troublés.

Tout à coup Susannah, qu'on croyait perdue, arriva dans le gros des Écossais demeurés fidèles. Elle reconquit sa maîtresse, et la pressa dans ses bras avec une joie mêlée de colère.

La petite armée campa dans les ruines pendant cette nuit que le ciel clément fit tiède et parfumée. Richard se mêla aux groupes de ses défenseurs, et veilla sur leur sommeil. Parfois son regard allait caresser timidement, dans les ruines sombres, l'abri improvisé sous lequel reposait Catherine; et, du fond de ces ténèbres même, un mortel éclair de haine partait des yeux de Susannah, comme pour anéantir ce faux Richard qu'elle accusait des malheurs de sa fille chérie, et qu'elle vouait à la vengeance des fées sauvages de son pays.

XIX

Les victoires d'Exeter et de Taunton, si funestes au parti d'York, n'avaient cependant pas assouvi les ressentiments d'Henri VII.

Ce prince, si généreusement doté par quelques historiens d'un apanage de vertus et de sagesse qu'il n'a jamais possédées, poursuivait avec une haine et une rage implacables le nouveau prétendant que l'Écosse, l'Irlande et certaines provinces anglaises venaient d'acclamer et de soutenir. La lutte, pour lui, avait commencé sourdement dans sa maison. Lancastre de sang et de politique, York par toutes ses alliances, il se heurtait incessamment chez lui, à sa femme Élisabeth, fille d'Édouard IV, à sa belle-mère Élisabeth Woodville, veuve de ce même roi, et chaque gémissement de ces deux femmes, lorsque le nom d'York était prononcé devant elles, Henri VII l'accueillait avec un grincement de colère, avec un frisson de terreur.

Néanmoins, cette terreur et cette colère, il lui fallait impérieusement les dissimuler. L'Angleterre se fût fâchée de voir sa reine avec les yeux rouges, elle n'eût pas permis au Lancastre de maltraiter sa chère York. Henri VII dissimula.

Il avait commis, dès le principe, une faute énorme, ce prétendu Salomon, en provoquant chez les Anglais une recrudescence de regrets pour la Rose blanche. Le bruit qu'il avait imprudemment semé de la résurrection d'un des fils d'Édouard, s'était changé en une tempête d'espérances qui l'avaient ébranlé sur son trône. Cette chimère qu'Henri VII avait hasardée comme épreuve, ses ennemis aussitôt avaient travaillé à en faire une réalité. De là les manœuvres de la duchesse de Bourgogne pour créer un nouveau prétendant; de là l'unanime appui donné à ce prétendant par les rois de l'Europe; de là, en Angleterre, l'explosion des sympathies populaires aux premières nouvelles de l'apparition de Richard. Pour un homme prudent, Henri VII, on en conviendra, avait été bien téméraire.

Comme il ne redoutait rien au monde que ce fantôme comme il l'avait évoqué pour en prouver une bonne fois le néant, il fut saisi de stupeur lorsqu'il le vit marcher, grandir et menacer avec le prestige et la force d'une réalité gigantesque. C'est à cette époque, on se le rappelle, que Brakenbury, le meurtrier des enfants d'Édouard, était venu se jeter aux pieds d'Élisabeth, leur mère, pour lui dire d'espérer; c'est à cette époque que Fryon, l'agent et le secrétaire d'Henri VII, avait quitté ce prince pour passer en Écosse, puis en Flandre, où il avait apporté à la duchesse de Bourgogne une des lettres qu'on l'avait chargé d'intercepter. Le lecteur nous saura gré de ramener pour quelques instants ses regards en arrière.

La fuite de Fryon frappa Henri VII d'étonnement. Il n'y comprit rien d'abord. Mais quand il vit l'exaltation de la reine douairière, sa folle joie trahissant un espoir réveillé;

quand ses espions lui parlèrent d'un homme inconnu, d'un vieillard étrange qui, dans une promenade de la reine, s'était prosterné devant elle, avec des prières et des larmes, et des mots étouffés compris de la princesse toute seule, Henri, rapprochant toutes ces circonstances, devina un secret, un danger.

Il courut trouver la reine Élisabeth, sa belle-mère, il essaya de la faire parler, promit, menaça, violenta. La mère intrépide se tut. Elle savait que sa sœur de Bourgogne lui prêterait assistance, elle espérait en Fryon qui porterait sa lettre, elle espérait en Dieu, elle tremblait de tuer son fils en révélant son existence. Tous les assauts d'Henri VII furent repoussés.

Celui-ci s'attaqua soudain à la jeune reine sa femme; mais celle-ci ignorait tout. Élisabeth Woodville, devenue sage à force de malheurs, n'avait pas confié son secret aux caprices et aux faiblesses d'un lit nuptial. Où s'informer? Que faire? Henri VII, qui ne pouvait faire parler des femmes faute d'oser leur infliger la torture, se promit de faire parler Fryon. L'or fut prodigué, mille agents lancés par toute l'Europe, et, comme on l'a vu, le malheureux Fryon fut enlevé de Flandre au moment où son génie venait de découvrir dans le prétendu imposteur Perkin, le vrai Richard d'York, qu'il se préparait à conduire triomphalement à la duchesse, et qu'il n'eut pas le temps de faire connaître à cette princesse pour le neveu qu'elle avait tant pleuré.

Une fois pris, Fryon réfléchit. Depuis longtemps, pour mieux dire, ses réflexions étaient faites. Il avait prévu toutes les issues de son intrigue, bonnes ou funestes; aucune ne pouvait l'étonner. Bien instruit par l'expérience du caractère d'Henri VII, il savait que ce prince ne pardonnait jamais, surtout quand son ennemi ne pouvait plus lui servir à rien.

— Si j'avoue, pensa Fryon, ma trahison est notoire. On aura tiré de moi tout le profit, je ne serai plus bon qu'à étrangler entre quatre murailles; que si, ayant parlé, je suis épargné par Henri VII, je serai, tôt ou tard, repris en sous-œuvre par la duchesse ou par le jeune prince que j'aurai trahi. Mourir pour mourir, j'aime mieux me taire, je me conserve des amis, et d'ailleurs, en ce cas, j'ai une chance : le roi n'a pas de preuves contre moi, il peut me laisser vivre dans l'espoir que je finirai par parler. On tue un homme pour éteindre un secret, on ne tue pas l'homme qui peut vous révéler ce secret. Je me tairai.

En effet, amené devant Henri VII par ceux qui l'avaient enlevé, Fryon garda le silence. Il motiva sa désertion sur la misère dans laquelle le roi laissait, par avarice, ses plus zélés serviteurs.

— J'ai voulu, dit-il, goûter du service d'un souverain plus généreux.

— On essaya des cajoleries, il y fut imprenable; on essaya quelques petites tortures, il y fut insensible. Henri VII raisonna comme Fryon, le tuer était inutile. On l'enferma dans une bonne forteresse pour mûrir les fruits de sa langue. Et il vécut.

Restait à découvrir cet homme mystérieux qui avait parlé bas à la reine douairière. Mais cet homme disparut, nul ne sut son nom, nul ne retrouva ses traces. Brakenbury, à moitié fou, était sorti inopinément de l'ombre; il y rentra de même, Henri VII ne le devina pas.

A lutter contre ce complot, dont tous les fils étaient invisibles et impalpables, le roi d'Angleterre usait chaque jour ses yeux, chaque nuit sa pensée. Le grand mot de l'énigme éclata enfin; la duchesse de Bourgogne reconnut Perkin pour roi : Richard apparut en Écosse ; les peuples se soulevèrent. Plus de doutes, un nouveau compétiteur, de nouvelles guerres civiles, la discorde dans la famille, l'Europe hostile ou suspecte, tel était le coup depuis longtemps suspendu sur la couronne de Lancastre.

Certes, Richemond avait fait de grandes choses avant de devenir Henri VII. Échapper à Édouard IV, puis à Richard III, gagner la bataille de Bosworth, ramasser la couronne dans le sang du vaincu, épouser la fille d'York après lui avoir pris son trône, vivre entre cette épouse et cette belle-mère, les exécrer et les flatter pour n'être point dévoré par le peuple; voilà des difficultés sérieuses. Mais quand enfin l'on s'est assis, sentir le siège trembler, la couronne osciller sur sa tête, recommencer tant de travaux, d'intrigues, hasarder tant de trésors dans une querelle avec une ombre, c'est plus que du malheur, c'est une effrayante fatalité.

Henri VII commença par croire et par soutenir que Richard était une ombre comme Simnel. Pour déraciner à jamais dans l'esprit des Anglais cette chimère d'un rejeton survivant de la Rose blanche, il n'y avait qu'un moyen, c'était de prouver la mort des deux fils d'Édouard. Henri VII fit rechercher l'endroit où les corps des deux victimes avaient été inhumés. On fouilla sous un escalier sombre désigné par quelques témoins; on découvrit des ossements, on exhuma. Au lieu de deux, il ne se trouva qu'un squelette.

Épouvanté, plus que s'il eût vu l'autre venir lui arracher la couronne du front, Henri fit étouffer jusqu'au moindre bruit de cette tentative. Des rumeurs confuses, semées adroitement parmi la foule, égarèrent l'opinion et l'attention publiques; mais le but qu'oublie une multitude variable, que négligent des courtisans intéressés, une mère ne s'en laisse pas détourner facilement. Élisabeth Woodville, trop émue par la révélation de Brakenbury pour ne pas accueillir avidement les bruits relatifs à Richard, cette mère infortunée, toujours haletant du désespoir à l'espérance, apprit le résultat de l'exhumation comme elle avait appris l'entrée du prétendant en Écosse.

Aussitôt elle pénètre chez le roi, elle le force à un entretien dont il redoutait les conséquences sans les deviner aussi sérieuses qu'elles devaient l'être. Ce fut une scène solennelle, un combat terrible entre cet amour de mère et cette ambition de tigre. Cette fois, Élisabeth Woodville avait exigé que la jeune reine sa fille fût présente à l'explication.

Mais aux premiers mots, Henri VII éloigna sa femme, et celle-ci, mère d'un roi futur, baissa la tête devant le regard de sa mère et obéit à son époux.

Les deux ennemis restèrent en présence.

— Seigneur, dit Élisabeth, il m'a été révélé que l'un de mes fils n'avait pas été assassiné dans la Tour. Vous devez savoir la vérité, puisque vous avez interrogé leur tombe. Je comprends que vous craigniez d'instruire l'Angleterre; mais à moi, mère, à moi dont la fille règne auprès de vous et qui ne veux pas détrôner ma fille, dites-moi la vérité.

Henri VII ne répondit pas. Élisabeth continua.

— Dans la tombe que vous avez ouverte, il n'y avait qu'une victime; où est l'autre? Bien des voix me crient en ce moment que mon autre enfant est en Écosse, qu'il marche sur Londres à la tête d'une armée. Qu'en dites-vous, milord?

— Simnel, le pâtissier, était-il aussi votre fils? répliqua Henri VII. Lui, de même, a marché sur Londres avec une armée.

— J'ai vu Simnel, j'ai rougi en sa présence; vous lui avez pardonné sa stupide imposture, moi je vous priais de le punir. Eh bien, montrez-moi aussi ce faux Richard: que je le voie, que je lui parle, que je le confonde. Votre cause est à jamais gagnée si mon témoignage est pour vous.

— Vous verrez le prétendant, répliqua Henri VII le jour où on me l'amènera prisonnier.

— Oh! s'écria Élisabeth, quelque chose me dit que celui-là vous ne l'enverrez pas à vos cuisines! Celui qui a épousé une Catherine Gordon, celui que Jacques IV appelle son frère, que ma sœur de Bourgogne appelle son neveu, celui-là, milord, vous ne le voulez pas prisonnier, vous le voulez mort!

Henri tressaillit.

— Et vous, madame, dit-il, que voulez-vous qu'il soit? Roi, peut-être?

— S'il l'est! s'il est l'enfant que vous n'avez pas trouvé dans la fosse creusée par les assassins de la Tour, s'il est mon fils, milord, croyez-vous que je le laisserai une seconde fois tomber sous la hache ou le poignard? Espérez-vous que je laisserai ma fille faire à son frère une guerre impie?

— Madame, répondit Henri VII avec une sombre résolution, ce n'est plus la Rose blanche qui règne en Angleterre; tâchez de vous y accoutumer. Vous avez un petit-fils sur les marches du trône, mon fils à moi : il ne sera pas sacrifié au vôtre!

— Que je sache seulement si le prétendant est mon fils Richard! laissez-moi lui parler, laissez-moi m'en convaincre. S'il l'est, je me tairai, je vous le jure, je l'emporterai dans mes bras en exil, il ne régnera jamais, mais il vivra. S'il est un faussaire, oh! je vous le livrerai moi-même.

Un fatal et silencieux sourire effleura les lèvres minces de Henri VII.

— Sa mort serait un crime plus hideux, poursuivit la mère, que l'assassinat commis autrefois dans la Tour. Quoi! ce jeune homme aurait échappé par un miracle de Dieu, il vous appellerait son frère, il tendrait les bras à sa sœur votre femme, et vous ordonneriez sa mort?

— Il tend la main vers mon sceptre, madame, et son épée menace la tête de mon fils!

— Milord, j'en appellerai à l'Angleterre, au monde; je dirai quelle épreuve je vous ai loyalement offerte, on nous jugera : je proclamerai partout que vous m'empêchez de sauver peut-être un fils d'Édouard!

— Pour votre honneur, madame, reprit froidement Henri, pour celui de votre fille, pour la sûreté de votre personne et de votre maison, vous vous tairez. L'homme dont vous parlez est un imposteur, puisqu'il veut détrôner votre fille et votre gendre. Permis à vous de choisir entre vos filles et vos fils : cependant une bonne mère doit aimer ses enfants sans préférence. D'ailleurs, je croyais York étroitement uni à Lancastre ; vous devriez être la première à le prouver, mais puisque vous vous écartez de ce devoir, j'aurai soin de vous y maintenir !

Une heure après, Henri VII conduisait lui-même sa belle-mère au monastère de Bermondsey, dans une prison décorée du nom de retraite, et que la jalouse prévoyance du gendre sut rendre aussi muette, aussi impénétrable que le plus sombre cachot de ses prisons d'État. Pour la mère du malheureux Richard, c'était le seuil de la tombe.

Ce fut ainsi qu'Henri VII termina la querelle. Libre enfin des préoccupations de la famille, il s'élança tout entier dans la lutte contre ce prétendant redoutable.

La calomnie et les railleries commencèrent l'attaque. Richard, ridiculisé comme fou, stigmatisé comme juif apostat, puis entamé au cœur même de ses conseils et de ses armées par l'or prodigué aux traîtres, fut enfin vaincu les armes à la main à Exeter. Henri VII, pour reconnaître la fidélité des habitants de cette ville, fit don de sa propre épée au maire, qui l'avait défendue contre Richard, et lui conféra, comme à tous ses successeurs, le privilège de porter cette épée devant les rois aux jours de cérémonie.

Enfin la déroute de Taunton anéantit les dernières ressources de Richard, dont le vainqueur mit la tête à un prix immense. Nous savons le reste.

Mais, à quoi bon ces victoires? C'est Richard lui-même qu'il fallait à Henri VII; c'était ce front royal à déshonorer, cette bouche révélatrice à clore pour jamais; c'était ce corps échappé aux assassins de Glocester qu'il fallait faire rentrer, tout grandi qu'il fût, dans la fosse creusée sous l'escalier de la Tour!

XX

Bermondsey, ancienne abbaye grave et sombre, était un des ornements du poétique comté de Surrey.

Sous les arceaux de son cloître en briques à voussures de pierre fleuronnées, plus d'une royale douleur s'est exhalée en silence, et la dalle de granit qui le pave couvre aujourd'hui les mélancoliques promeneurs qui l'ont fait résonner sous leurs pas.

Abbaye en temps de paix, elle a ses jardins tapissés de gazon et rouges de petites roses. Les guirlandes de lierre et de clématites escaladent ses longues murailles; des cygnes voguent sur ses grandes pièces d'eau moirée. C'est la maison du repos, de l'oubli. Ceux qui l'habitent glissent sans bruit plutôt qu'ils ne marchent dans ses allées ombreuses.

En temps de guerre, c'est la forteresse. Les remparts sont opaques; un char y roulerait comme sur ceux de Sémiramis. La herse est baissée la nuit; une eau profonde et noire dort dans les fossés. On voit les casques surmontés d'une pique reluire aux rayons de la lune derrière les créneaux. Bermondsey, défendu par une simple garnison, arrêterait des armées, et c'est toute une armée que le roi Henri VII a mise dans Bermondsey pour y garder la reine douairière depuis qu'un rejeton d'York a été signalé à l'Angleterre.

Une armée, c'est beaucoup, et pourtant c'est peu si l'on considère le genre d'ennemi qu'il s'agit d'éloigner des murs. Cet ennemi invisible, insaisissable, c'est un souffle venu du dehors; c'est un bruit intelligible seulement à l'oreille d'une mère; c'est la nouvelle que Richard existe, qu'il avance, qu'il entraîne les populations autour de son cheval de guerre. Des soldats sauront-ils l'empêcher de passer par-dessus les murailles, cette rumeur aérienne qui court avec le nuage et le vent? Sauront-ils également renfermer à Bermondsey les vœux et les soupirs d'Élisabeth, qui s'élancent de cette prison vers les plaines où vit et combat Richard?

En attendant, ce malheureux fils tant désiré, tant appelé, franchit ardemment les distances. Sa petite troupe, évitant les villes et se dérobant aux nombreux détachements lancés par Henri VII à sa poursuite, gagne chaque nuit un peu de terrain. Il dort ou guette pendant le jour.

Lord Kildare a oublié ses années. Il marche à l'avant-garde; il éclaire la route à son prince. Ses émissaires montagnards, éprouvés par cent combats, aplanissent les premières difficultés, se renseignent et vont transmettre à Richard l'itinéraire adopté, les nouvelles recueillies.

Richard a placé Catherine et vingt soldats d'élite à l'arrière-garde. Les deux époux ne se sont point parlé depuis la cruelle scène de l'abbaye en ruines. Chez Catherine les ressentiments sont éteints ; la santé renaît, l'espoir ranimerait l'amour et les forces ; mais un ennemi implacable, un ver impitoyable ronge un à un ces rejetons précieux du bonheur. Susannah veille, elle verse incessamment du poison sur la blessure mal cicatrisée ; elle accuse sans relâche Richard de félonie et d'imposture. Soit que sa haine résulte d'une conviction naturelle, soit qu'une influence secrète la couve et l'alimente, il y a dans chaque pensée, dans chaque parole de cette femme fanatisée un élan pernicieux contre Richard. C'est elle qui éteint dans le regard de Catherine l'indulgence et le pardon, elle qui lui conseille de rompre avec un lâche amour. Elle fait plus : elle lui propose de fuir, de se dérober à l'escorte ou de la corrompre. Elle se chargera de tout. Elle saura trouver des chemins secrets qui conduisent à la mer. Elle ramènera sa Catherine soit en Écosse, près du roi Jacques, soit en Flandre, près de la « bonne » duchesse, qui attend sa filleule et la protégera.

Puis, quand elle a tout bas risqué ces audacieux conseils, elle en épie l'effet sur le visage naïf et doux de la jeune femme. Elle s'indigne si la réponse est incertaine ; elle s'enhardit alors ; elle énumère les dangers, les trahisons qui menacent.

— On te trompe, murmura-t-elle, ma fille ; on ne te conduit pas à Bermondsey. Bermondsey ne s'ouvrirait pas si facilement devant la poignée d'Écossais que commande Kildare. Et puis à Bermondsey l'imposteur trouverait trop tôt la conviction et le châtiment de son imposture. Non, tu es destinée à partager les exils, les crimes du faux York. On te réserve l'honneur de parer ses défaites. Il t'emmène, tu es son unique trophée. Il faut croire, dira-t-il, que je suis quelque chose, puisque voici une fille d'Huntley, une Gordon, une alliée des rois d'Écosse, qui m'appelle son seigneur et maître. Oh! mon enfant, fuis ce malheur! fuis cette honte! cède à mes conseils. Sache distinguer ta véritable amie, ta nourrice, ta mère, de ces misérables ambitieux qui font de toi leur jouet et leur bouclier.

Mais à ces paroles amères, à ces exhortations furieuses, Catherine opposait seulement un refus et des larmes. Susannah, mal combattue, s'excitait elle-même à tenter un victorieux effort, et se cherchait des appuis.

Une nuit qu'on marchait vite, par un temps pluvieux et sombre, Catherine crut s'apercevoir que ses gardes écossais suivaient plus lentement que de coutume, et qu'au lieu de se tenir à portée du corps de cavaliers commandés par Richard, ils coupaient obliquement la plaine vers la gauche. Derrière elle, Susannah, enveloppée dans son plaid, se concertait avec les montagnards par des colloques fréquents, qui cessaient lorsque Catherine venait à se retourner.

Ce manége dura près d'une heure. La jeune duchesse fatiguée, inquiète, appela sa nourrice, et lui fit part de ses remarques. Susannah répondit froidement que la marche suivie était tracée d'avance par les ordres du chef. Catherine se contenta d'abord de cette apparente soumission;

mais bientôt après, n'entendant plus devant elle le pas sonore des chevaux de Richard, et retrouvant une petite rivière torrentueuse qu'elle se souvenait d'avoir traversée le matin, elle s'arrêta, et interpellant Susannah qui passait outre sans paraître remarquer le trouble de sa maîtresse :

— Nous nous égarons, dit-elle ; voici la Leigh, qui devrait être à dix lieues derrière nous, si nous eussions suivi la bonne route. Où sommes-nous ?

— Milady, tu es dans la bonne route, répliqua sentencieusement Susannah.

Mais ce n'était plus des sentences qu'il fallait à Catherine.

— Pas d'équivoque, s'écria-t-elle, où sommes-nous ? Réponds ! Tu te tais. Répondez, Georges, répondez, Mac-Frye, répondez !

Les montagnards ainsi interpellés baissèrent les yeux, après avoir sollicité d'un regard l'aide de Susannah toujours muette.

— J'ai interrogé, dit Catherine avec dignité ; j'ai commandé. M'obéit-on ici ou suis-je trahie ?

— Tu es notre duchesse, notre divinité ! s'écria impétueusement l'Écossaise, et nous voulons tous te sauver en dépit de toi-même. Allons, suis tes fidèles Écossais; on te conduit au port de salut.

Mais ces paroles rassurantes avaient poussé au comble la terreur de Catherine. Elle sentait le piège. Elle devinait le sens cette contre-marche. Saisissant Susannah par sa main nerveuse :

— Où est le duc ? dit-elle.

Susannah avec un sourire moqueur :

— Quel duc? l'imposteur? le faussaire?

— Mon époux, mon maître! s'écria Catherine. Où est-il? n'espérez pas me le faire abandonner. Même coupable, même criminel, même souillé d'opprobre, je le défends, je l'aime.

Susannah poussa un rugissement étouffé.

— Allons, dit-elle d'une voix impérieuse aux cavaliers qui l'entouraient, prenez son cheval par la bride et courons!

— Trahison!... infamie! s'écria Catherine. Oh! lâcheté! Je vous défends de toucher à mon cheval.... Au secours!

Ses cris déchirants se perdirent dans le désert, mais ils portèrent l'épouvante et la honte au cœur de ses plus braves gardiens.

— Ne criez pas, maîtresse, dit l'un d'eux d'une voix suppliante.

— Maîtresse, c'est pour vous sauver, dit un autre.

— Malheureux! dit Catherine, je vous croyais loyaux et généreux, je vous croyais mes amis, et vous me déshonorez. Quoi! vous souffririez qu'on m'accuse de félonie, de lâcheté. Quoi! j'ai promis à Richard, à lord Kildare de de les suivre, et vous me forceriez de manquer à ma parole!

— Nous te forcerons à quitter la cause du mensonge et de la rébellion, dit Susannah, inexorable dans son fanatisme.

Et elle s'avança pour prendre les rênes du cheval, que Catherine essayait de tourner en arrière; mais l'un des cavaliers lui arrêta la main.

— Non, Susannah, dit-il; la maîtresse sait ce qu'elle veut. Elle commande, et nous obéissons. Tu nous a trompés, Susannah, quand tu nous as poussés à égarer la maîtresse. Quant à vous, milady, rassurez-vous, vous n'irez qu'où vous voudrez. On nous avait persuadé que vous cherchiez à fuir vers la mer, nous vous y aidions. Vous voulez suivre le seigneur duc, faites, nos corps et nos âmes sont à vous. La route est de ce côté.

En parlant ainsi, l'Écossais montrait à Catherine le chemin même qu'elle venait de parcourir. Elle s'y précipita, sourde aux prières et aux menaces de Susannah. Derrière la duchesse s'élancèrent les cavaliers fidèles. La caravane, suivant ses propres traces, dévorait le terrain. Ce ne fut que bien tard, aux premières lueurs de l'aube, qu'on s'aperçut de l'absence de Susannah. Peut-être la honte la retenait-elle en arrière. Peut-être son cheval avait-il faibli. Avec elle quatre Écossais manquaient à l'appel.

Catherine, qui avait conservé contre sa nourrice un ressentiment proportionné à l'offense, ne s'occupa point d'elle avant le moment où on l'avertit de sa disparition. L'idée ne lui vint pas alors que l'absence de Susannah pût se prolonger, et dans la crainte de la rendre suspecte à Richard et à lord Kildare, elle ne leur fit point savoir l'événement de la nuit. Aux questions qui lui furent adressées à ce sujet, elle répondit que ses Écossais la voyant fatiguée, avaient fait halte pour lui laisser quelques heures de repos. Ceux-ci se gardèrent bien de démentir leur maîtresse, qui les justifiait avant le soupçon, et le voyage se poursuivit vers Bermondsey sans que Richard eût appris

12

l'horrible malheur dont la haine de Susannah l'avait menacé, dont l'avait sauvé l'amour de Catherine.

Seulement, l'Écossaise, que sa maîtresse s'attendait chaque jour à voir reparaître, ne reparut plus. Vindicative, elle était certainement à craindre, et la prudence commandait à la duchesse d'avertir Richard de sa désertion ; mais le noble cœur de Catherine ne put accepter un soupçon contre sa vieille amie.

— Susannah, pensa-t-elle, rôde chaque nuit derrière notre camp, comme ces chiens orgueilleux qui boudent lorsqu'on les a battus, et se cachent tout en suivant de loin le maître. Elle sait d'ailleurs que toucher à Richard c'est me toucher, et pour moi elle donnerait sa vie. Rien à craindre de Susannah; tout à pardonner.

D'après ces raisonnements de l'âge d'or, la jeune duchesse garda le silence. Il était dans la destinée de Richard d'York d'être perdu innocent par tout ce qui sauve d'ordinaire un coupable; c'est-à-dire par l'amour, la fidélité, le courage et le dévouement.

Le jeune prince marchait toujours. Il avançait tête baissée dans sa morne carrière. Kildare et son avant-garde lui avaient frayé la route jusqu'à Bermondsey. Une fois là, l'intrigue et l'or devaient lui ouvrir une porte. Peut-être au dedans y aurait-il un combat à livrer; mais l'issue de ce combat ne pouvait être douteuse.

— Pourvu, lui dit Kildare, que vous rencontriez la reine douairière, pourvu que vous vous fassiez reconnaître d'elle et qu'elle sorte avec vous de Bermondsey, peu importe que nous périssions, nous autres serviteurs; votre mère, votre femme et vous une fois réunis, vous pouvez vous passer de soldats; votre armée, c'est désormais toute l'Angleterre.

Il fut convenu que Richard, bien caché, bien fortifié dans un château voisin de l'abbaye, attendrait un signal pour se diriger sur Bermondsey. Catherine avait, de son côté, accepté l'hospitalité d'une nièce de lord Kildare. Au jour fixé pour l'attaque de Bermondsey, Richard la ferait prévenir, il la conduirait à la reine douairière; il lui donnerait enfin cette preuve de laquelle dépendait l'avenir et la légitimité de leur amour.

L'entrevue dans laquelle ces plans furent arrêtés réunit les deux époux pour la première fois depuis la déroute de Taunton. Catherine y porta un cœur attendri, presque repentant; elle appela Richard monseigneur, comme autrefois, et plusieurs fois ses yeux cherchèrent avec inquiétude l'œil froid et baissé du malheureux prince.

Celui-ci, toujours ulcéré, toujours incurable jusqu'à la réhabilitation qu'il poursuivait avec une énergie farouche, ne faiblit pas dans ce moment tant désiré. Sa froide dignité ne l'abandonna pas. Il appela Catherine lady Catherine, et la remercia du bout des lèvres d'avoir montré tant de courage et de persévérance dans le voyage.

— Vous voici au terme, madame, lui dit-il, et avant peu de jours, j'espère, non pas vous avoir rendu un époux, mais avoir rendu à l'Angleterre un roi. Alors, madame, si j'ai le bonheur de recouvrer ma couronne, je vous l'offrirai comme dédommagement des chagrins que notre alliance vous a causés.

Cela dit, et avant qu'elle eût pu répondre ce qui, de son cœur à elle, montait visiblement à ses lèvres, il ajouta du ton d'un chef qui distribue les rôles à ses capitaines :

— J'aurai soin que vous soyez appelée la première dans Bermondsey lorsque j'y aurai pénétré moi-même. La lutte sera terminée, les explications lui succèderont. Je ferai de mon mieux pour qu'elles vous satisfassent.

Catherine, humiliée, désespérée, allait faire fondre ce nuage par un seul rayon, par un seul sourire. Elle étendait déjà les bras vers son jeune époux, heureuse de jurer un amour éternel à ce front encore sans couronne; mais Richard la salua d'un air de roi outragé, et prit congé d'elle; il eut le triste courage de perdre son dernier regard, de repousser son dernier soupir. Une porte se ferma entre eux, et ce fut tout.

Parfois l'homme est bien coupable. Il accuse Dieu d'avarice et la vie de stérilité. Cependant Dieu a permis à l'homme d'aimer et d'être aimé sur la terre. Malheur à nous si l'orgueil, l'avarice et la colère dessèchent ces fleurs et ces fruits divins.

Il en avait coûté beaucoup à Richard pour traiter si cruellement sa femme. La force d'âme qu'il avait déployée s'évanouit quand Catherine eut disparu. Il regretta douloureusement de n'être pas un soldat obscur, un de ces enfants perdus qui, jouant chaque jour leur vie au grand jeu des batailles, ne prennent pas la peine d'écouter les susceptibilités du cœur, et jouissent avec plénitude de tous les bons sentiments qu'ils rencontrent.

Être prince, et prince contesté, c'est une infortune tolérable pour une âme forte; mais être l'époux de la plus adorable des femmes et rougir devant le regard de cette femme, c'était le plus grand des malheurs qui eût jamais frappé Richard. C'était celui qui avait le plus vite et le plus sûrement mûri sa raison. Désormais pour lui plus de jeunesse. Il pouvait rivaliser de défiance et de circonspection avec ses plus dangereux ennemis.

Que d'amour ce tendre cœur savait cacher, que de nobles ambitions il comprimait !

— Une femme, se répétait-il, nous rend heureux et puis nous trompe; mais Kildare avait bien raison, ma mère m'aime aussi et ne me trompera pas. Trop de souffrances sont nées de mon amour pour Catherine. Si, plus sage, plus docile aux lois de la nature, j'eusse couru avant tout me jeter aux pieds de ma mère, si elle eût été mon premier, mon unique but dès mon entrée en Angleterre, l'ange protecteur de ma famille ne m'eût pas abandonné comme il l'a fait ; nul ne se fût défié du fils d'York appuyé sur sa mère, et Catherine, ne doutant pas de moi, ne m'eût jamais fait douter d'elle. Aujourd'hui, après tant de jours perdus, mon astre se ranime, il brille devant moi depuis que j'ai repris la bonne route. Cet astre protecteur, je ne veux plus désormais le quitter du regard. Il éclairera chacun de mes pas, il fécondera chacune de mes pensées. Il réchauffera pour moi jusqu'à l'amour de Catherine. Oh ! je le comprends maintenant : Dieu me punissait d'avoir étendu la main vers ma couronne avant de la faire bénir par ma mère !

C'était dans de telles tristesses, dans de tels remords, que Richard attendait le résultat des entreprises de lord Kildare autour de Bermondsey. Pareil à ces fanatiques d'amour qu'un malheur frappe dans cet amour et qui se réfugient dans le plus cruel ascétisme, le jeune duc se reprochait jusqu'au souvenir de Catherine ; sa passion le dévorait, et il achevait de s'épuiser à la combattre. L'infortuné, renfermé dans sa retraite et se plongeant dans l'ombre, luttait avec désespoir contre ce fantôme riant auquel il eût dû incessamment ouvrir les bras. Aux traits enchanteurs, aux voluptueuses caresses de l'image de l'amante, il s'acharnait à substituer dans son cerveau les sévères beautés de la mère captive, les inflexibles devoirs de la royauté rayonnant à travers les orages, et cet intervalle entre le néant et la vie, ce précieux repos qui pouvait tripler ses forces au jour de l'action, il en abusait pour s'affaiblir dans le doute et la douleur. Il oubliait, ou peut-être l'ignorait-il, que ceux-là seuls atteignent le faîte des grandeurs et de la gloire, qui évitent le vertige et ne regardent pas en arrière ; l'homme qui détaille sa vie n'est pas fait pour une haute fortune, et dans cette rude mêlée où se disputent sceptres et couronnes, ceux qui veulent gagner le prix ne se baissent pas en chemin pour maudire un traître, relever un blessé ou ensevelir un mort.

Il eût mieux valu pour Richard retremper son âme dans les baisers de Catherine. Certes il eût mieux valu pour lui se ruer aveuglément sur les pierres gigantesques de Bermondsey, risquer tout son sang, toute sa vie dans un assaut insensé, que de perdre en de prétendues habiletés les quinze jours précieux qu'il passa dans sa prudente retraite. Ce temps inestimable, d'autres moins amoureux et moins délicats se gardèrent bien de le perdre ainsi.

XXI

Tout était prêt enfin. Kildare et ses Écossais avaient pris position près de l'abbaye, dont la poterne devait leur être ouverte par un archer du parti d'York. Les Écossais, armés à la légère, attendent le signal. L'avis est envoyé par le vieux lord à Richard. Celui-ci a fait prévenir Catherine qu'elle sera mandée près de la reine douairière. Encore quelques instants, et le sort du dernier fils d'York sera décidé : la Rose blanche aura vaincu ou succombé.

Richard sort de sa cachette. Il en sort, pareil au lion qui quitte son antre, les membres étirés, l'ongle poli, la crinière superbement agitée. Certes, en voyant sa blonde tête encadrée dans le plaid d'Écosse, sa main brandissant l'épée, son œil bleu regardant l'éclair, nul ne se fût risqué à nier le sang du fier Édouard. Alors Catherine se fût jetée en pleurant et en priant dans ses bras.

Le voilà donc venu le moment appelé par tant de vœux, par tant de soupirs, préparé par tant de veilles, acheté au prix de tant de sang et de tant d'or ! Richard va combattre, il va embrasser sa mère ; il s'entendra proclamer roi par cette bouche auguste. A cette pensée, le cœur du jeune prince bondit et se gonfle comme trop grand pour demeurer dans une poitrine humaine.

Il est convenu que Kildare aura le premier forcé le passage. Il a brigué l'honneur des premiers dangers. Maître de la place, il doit jeter à Richard, qui l'attend dans le fossé, l'échelle que graviront le prince et ses gardes.

Cet archer gagné à la cause de Richard a tout disposé dans l'intérieur de Bermondsey. C'est lui qui a prévenu la reine Élisabeth; c'est lui qui a rapporté à Kildare les remercîments de la mère enthousiasmée ; lui enfin qui doit conduire Richard dans les appartements de la princesse.

Cet homme a fait plus, il répond de la connivence d'une grande partie de la garnison. Les soldats de Henri VII sont, dit-il, fatigués de l'avarice et de la sévérité de l'usurpateur ; ils aspirent après le jour où la Rose blanche remplacera la Rose rouge sur les bannières anglaises. L'entrée de Richard à Bermondsey ne sera pas une bataille, mais un triomphe.

En effet, cette entrée fut un triomphe. Les soldats du château abaissent leurs armes, les Écossais se glissent devant des rangs inoffensifs. Kildare envoie à Richard le signal attendu. Le fils d'York pénètre dans le monastère avec un religieux respect.

Au même instant, par la poterne ouverte, Catherine et sa suite sont reçus non comme des ennemis, mais comme des maîtres. Elle arrive sur l'esplanade immense. Son cœur bat d'espérance; il bat d'amour. Catherine cherche au ciel pour la bénir une de ces étoiles qui sont les rayons infinis du regard de Dieu. Mais le ciel est noir et sinistre. Sur terre aussi le spectacle est effrayant. Cette plate-forme du château se perd dans l'ombre, elle est bordée de soldats immobiles qui semblent convoqués pour quelque imposante cérémonie. Quelle cérémonie plus sublime que cette reconnaissance de la mère et du fils, que la consécration de cette royauté légitime? Est-ce trop de la solennité des cieux, des pompes terrestres, de la majesté des armées pour la célébration d'un si magnifique événement?

Catherine s'avance timidement; elle voudrait glisser dans l'ombre, fée invisible, et ne se faire connaître à Richard que par un muet baiser. Le jeune prince aussi paraît frappé de la grandeur du spectacle, et ses regards se promènent surpris de ces longues files de soldats au groupe peu rassurant de ses rares Écossais.

Il cherche Kildare pour l'interroger; Kildare n'est point sur la plate-forme. Richard le fait appeler en vain; il ne répond point, il ne se montre pas.

Alors le prince demande à être conduit près de la reine douairière, et il s'adresse à cet effet à l'archer si dévoué qui a tramé le complot et livré Bermondsey.

Cet homme courbe la tête; un sentiment pareil à la honte l'éloigne de Richard; ses yeux deviennent incertains. Pour la première fois Richard se sent frémir; il saisit la main de cet homme.

— La reine, dit-il; je veux voir la reine!

— La voici qui vient, répond l'archer d'une voix tremblante.

Richard regarde avidement. Il voit du fond de l'esplanade s'éclairer la voûte qui conduit au monastère. A la lueur rouge des flambeaux, il distingue de nouveaux soldats qui marchent lentement, la pique renversée; derrière eux des gens d'église; et il entend comme une lugubre psalmodie bourdonner dans le silence de la nuit.

Bientôt il distingue une forme monumentale, étrange, une sorte de litière blanche, rehaussée d'ornements d'or, un vaste linceul tranché de bandes noires, et sur ce lit funèbre une femme couchée les yeux fermés, les mains jointes, le front livide, dans la sombre majesté de la mort. Cette femme porte une couronne; elle tient dans ses mains deux roses, l'une blanche et l'autre rouge, symbole de l'alliance qu'elle avait contractée sur terre, et qu'elle veut consacrer par la religion du tombeau. Ce tombeau l'attend à Windsor, où on la conduit.

Le funèbre cortège avance; il approche. Sur son passage les tambours voilés grondent, les armes se baissent, les soldats s'inclinent et les officiers plient le genou. La femme morte arrive devant Richard, qui recule le cœur glacé, les cheveux hérissés d'horreur, sans avoir la force de murmurer ces mots :

— Ma mère !

Car il l'a bien reconnue; car les traits de la morte ont repris hors de la vie leur sérénité, leur fraîcheur, car, loin des misères terrestres et près de Dieu, la malheureuse épouse, la malheureuse mère a trouvé cette éternelle jeunesse de l'éternelle béatitude, et Richard se rappelle cette femme si belle, si brillante, si douce, qui berça son enfance et l'appela « mon fils. »

Il ouvre les bras, il veut pleurer, il veut appeler cette ombre. Sa vie, dix fois sa vie, il la donnerait pour acheter celle d'Élisabeth, pour obtenir un regard de ces yeux éteints, un sourire, un mot de ces lèvres à jamais fermées.

Ce n'est pas pour lui seulement l'horrible malheur, l'irréparable malheur d'avoir perdu sa mère. La destinée de Richard ne comporte pas d'infortunes ordinaires. Perdre Élisabeth en ce moment, c'est d'abord être orphelin ; c'est ensuite devenir un faussaire, un fourbe, un bâtard à jamais enseveli dans l'ignominie ; c'est la honte sans la réhabilitation ; c'est la ruine sans ressources ; c'est l'amour de Catherine à jamais perdu ; c'est une chute du ciel où déjà sa conscience et son courage l'avaient fait remonter. Enfin cette mort imprévue, si bien cachée ; cette mort apprise au milieu d'une armée ennemie, c'est peut-être la captivité, les supplices. Reconnu par un traître, il serait perdu. Sous ce fardeau trop lourd pour un seul homme, la force manque au malheureux Richard. Il fût tombé sans connaissance, si une voix perçant les ténèbres, une voix brisée, déchirante, ne l'eût aussitôt rappelé à lui.

— Trahison ! cria cette voix bien connue ; trahison, mon prince ! vous êtes perdu !

A ces mots, qui éclatent comme un coup de tonnerre, Catherine, défaillante, est saisie par Susannah, qui l'emporte en rugissant de joie, Richard se relève, le convoi a franchi la herse du monastère. Cette herse se referme tout à coup, les soldats alignés agitent leurs armes ; un vieillard pâle, égaré, les cheveux et la barbe rouges de sang, traverse l'esplanade en appelant Richard, qui reconnaît Kildare et se jette dans ses bras.

— Fuyez, dit le généreux chevalier, nous étions vendus par cette misérable Écossaise ; je vous ai conduit dans un piége ; mais je vous en tirerai avant de mourir.

Et d'un signe il jette autour du prince la poignée d'Écossais qui vont mourir pour le sauver. Ceux-ci soutiennent en lions un choc désespéré; ils reculent en combattant, en tombant un à un comme pour multiplier la barrière devant Richard. Kildare se dévoue pour emporter le fils d'York loin de la mêlée; il le pousse sur l'échelle du fossé; avec lui il fait descendre les trois derniers soldats vivants du malheureux prince, et quand il les voit en bas, il renverse l'échelle. C'est son suprême effort; il salue d'un cri le panache blanc d'York qui s'enfuit sauf et libre. Joyeux, il provoque vingt coups mortels, et tombe écrasé sur le rempart.

En vain les traits et les balles pleuvent sur les fugitifs, la nuit est noire, l'espace immense, et les archers de Henri VII, ont perdu leur plus noble proie.

XXII

Quand la duchesse de Bourgogne n'eût pas eu ses raisons particulières de haïr Perkin et de le perdre, le succès de Henri VII dans cette guerre et l'affaiblissement progressif du parti d'York eussent suffi pour modifier la politique de Marguerite et la pousser à abandonner son prétendu neveu.

Assurément elle lui en voulait de s'être laissé vaincre;

mais elle avait conçu de son mariage avec Catherine une si violente indignation; elle avait gardé de la scène de White-Sand un souvenir si amer, que, jetée hors de toute mesure, elle ne cherchait plus qu'un moyen décent de se désavouer elle-même, et de conclure avec Henri VII une paix honorable pour son amour-propre et son intérêt.

Fidèle aux traditions de race, constante dans ses affections de famille, elle avait commencé par essayer de séparer Richard et Catherine, afin de reprendre sa filleule, qu'elle aimait passionnément. On a deviné qu'elle avait provoqué la trahison de Susannah. Elle se disait en effet que Catherine une fois rendue au roi d'Écosse, ou ramenée à la cour de Bourgogne, le sort de Richard devenait chose indifférente. Les victoires d'un souverain lui tournent à gloire; ses défaites, il les impute à la mauvaise fortune; Marguerite ne serait point déshonorée pour avoir été vaincue. Richard tomberait, mais avec honneur; il mourrait, mais sa chute et sa mort donneraient un nouvel intérêt à la cause d'York. Perkin, âme bien trempée d'obstination et d'orgueil, voudrait jouer le prince jusqu'à son dernier soupir. Il n'avouerait jamais son mensonge, et le Lancastre, en l'égorgeant, serait censé avoir versé une fois de plus le précieux sang de la branche rivale. Ce sang d'un imposteur féconderait la terre pour la régénération du Rosier blanc, et en même temps il assouvirait la haine et la vengeance de l'altière souveraine, si cruellement trompée par le misérable instrument de ses ambitions.

Telles étaient les nouvelles vues de la duchesse, et rien ne semblait pouvoir les contrarier. Déjà elle prenait avec

13

sa cour les airs sombres d'une parente dévorée par l'inquiétude. Déjà elle affectait de répéter bien haut que Richard était perdu sans ressource ; qu'un jour ou l'autre il tomberait dans les mains de Henri VII, et que le monde allait contempler l'odieux spectacle d'un assassinat politique. Puis tout bas elle se disait que Catherine allait lui être ramenée; que rien ne serait aussi intéressant que cette jeune veuve du dernier York en longs habits de deuil, qu'enfin ce rôle de la protectrice des enfants d'Édouard, jusque-là compromettant et dangereux, elle allait pouvoir le jouer aux applaudissements de l'Europe, et sans péril aucun, peut-être même avec des chances de bénéfice.

Il avait été convenu avec Susannah que les projets de Perkin sur Bermondsey seraient dévoilés au gouverneur de l'abbaye, le prétendant arrêté, mis à mort avant d'avoir pu communiquer avec la reine douairière dans la crainte que celle-ci ne reconnût et ne signalât l'imposture; Catherine reconquise, entraînée vers la mer, embarquée et conduite aux bouches de l'Escaut, d'où on l'eût conduite chez la duchesse. En un mot, le plan était complet, infaillible. Il ne pouvait échouer, confié à la haine vigoureuse de Susannah.

La duchesse s'était à peu près assigné un délai pour l'arrivée de Richard. Au jour prévu, ses éclaireurs lui signalèrent l'entrée du petit navire en Escaut. Marguerite, avide de voir la première sa chère Catherine, se rend dans une maison de campagne située au bord du fleuve. Là on fait aborder l'esquif aussitôt qu'il arrive en vue. Marguerite ouvre déjà les bras pour y serrer la fugitive. Susannah paraît seule ; seule et ses grands yeux creusés par les remords et les larmes. A cet aspect sinistre, la souveraine s'arrête épouvantée.

— Et Catherine? dit-elle en promenant çà et là un regard incertain.

— Catherine est demeurée au pouvoir de Henri VII, répondit laconiquement l'Écossaise.

— Avec Richard?

— Richard est libre.

— Libre?

— Il s'est échappé du piége. Il a pu gagner l'asile de Bauley. Il est inviolable, il est sauvé! La reine Élisabeth est morte!

Ces coups précipités, ces coups terribles tombent comme une grêle de balles meurtrières sur la duchesse. Pâle, vacillante, cramponnée de ses doigts crispés au bras du fauteuil massif dans lequel elle s'est affaissée, l'orgueilleuse sœur d'Édouard essaye de résister en reine ; mais ses forces s'épuisent, elle fléchit ; elle articule d'une voix éteinte cette question suprême :

— Que prétend faire de Catherine le Lancastre trois fois maudit?

Susannah, toujours impassible :

— Il a dit, répliqua-t-elle, qu'il la gardait comme complice du faux York.

— Complice! elle!... cet ange! il oserait....

— Il osera la faire juger et décapiter, ajouta l'Écossaise.

Marguerite se leva terrifiée. Susannah se rapprocha d'elle, et, d'une voix basse, altérée par le désespoir :

— Henri était venu lui-même à Bermondsey, dit-elle; il voulait faire ses affaires en personne; il a tout dirigé, tout prévu... Catherine lui sert d'otage contre vous, contre Richard lui-même. C'est nous qui sommes pris dans le piége. C'est nous que nous avons trahis. La tête de Catherine tombera, et c'est moi qui l'aurai tuée!

— Mais sur quoi Lancastre oserait-il fonder cette complicité de Catherine? Si elle n'eût pas cru Perkin un véritable York, l'eût-elle épousé? Elle a donc été de bonne foi; elle est donc innocente.

— D'abord, répliqua Susannah, Catherine n'est pas lâche et ne se défend point; ainsi elle proclame son mari le véritable York!

— Elle se perd!

— Vous voyez bien!

— Je la sauverai malgré elle!

— Non, dit tranquillement l'Écossaise.

— Et pourquoi, non? s'écria Marguerite, offensée du calme dédaigneux de cette femme.

— Parce que, répondit Susannah, il vous faudrait, pour la sauver, faire ce que vous ne ferez pas.

— C'est-à-dire...

— C'est-à-dire étouffer l'orgueil, avouer vos fautes, vous humilier, enfin; les reines ne font pas de pareils sacrifices.

— Il paraît, dit Marguerite après un long silence, pendant lequel son âme hautaine s'exerçait à la patience, il paraît que le Lancastre a déjà fait ses conditions.

— Sans doute.

— Que tu as ratifiées, peut-être?

— Moi, oui; mais cela ne suffit pas.

— Tu as la générosité d'en convenir. Merci, dit la duchesse avec ironie, tandis que Susannah fronçait le sourcil et grondait sourdement. Et quelles seraient ces conditions auxquelles mistress Susannah, la nourrice, a daigné souscrire? demanda Marguerite en ricanant pour cacher ses angoisses.

— Vous comprenez, dit froidement l'Écossaise, que moi, qui ne suis pas reine, j'ai un cœur, et que j'ai supplié Henri de me rendre Catherine Gordon. Vous comprenez que je lui ai expliqué l'erreur de cette enfant, sa noblesse d'âme, et que j'ai imploré son pardon bien humblement, bien douloureusement, avec des larmes de sang dans les yeux, et en me roulant à ses pieds dans la poussière! Je ne suis pas reine, moi, vous comprenez!

— Après? murmura Marguerite.

— Après? Il m'écouta, me releva, et me dit : « Si j'avais ce faux Richard, Catherine serait déjà libre. Mais il est en sûreté; il me menace encore. L'asile de Bauley le protége; il est sacré : nulle puissance en Angleterre n'osera forcer cet asile. Que faire? Je veux que la guerre finisse. Je sais que cet homme est un imposteur; mais tout le monde ne le sait pas comme moi. Catherine, l'insensée, le proclame fils d'Édouard; lui, le misérable, crie plus haut que jamais sa légitimité; madame la duchesse de Bourgogne proteste qu'il est son neveu, et qu'il s'appelle York. Que faire? Ces trois témoignages me poussent malgré moi à la colère et au châtiment de l'imposture; sans ces témoignages, je rirais et pardonnerais. Mais le salut de l'Angleterre, l'honneur de ma couronne, la fortune de ma maison me commandent d'anéantir mes ennemis. Je les anéantirai. Je tiens la femme de l'imposteur; elle confessera l'imposture, ou périra la première. »

Marguerite frissonna.

— Et je dis qu'il a raison, reprit impassiblement Susannah.

— Tu lui as répondu, pourtant, dit la duchesse, que Catherine ne peut trahir l'homme qu'elle a épousé devant Dieu; que le coupable lui-même ne peut se déclarer coupable tant qu'il conservera une lueur d'espoir. Tu as dû lui répondre cela?

— Non; je n'ai rien répondu, répliqua l'Écossaise avec flegme. C'eût été inutile; je savais bien ce qu'il veut, et, comme toutes les réponses possibles ne le lui eussent pas donné, j'ai préféré me taire.

— Que veut-il enfin?

— De ces trois témoignages qui, réunis en faisceaux, l'effrayent et le dominent, il n'en est qu'un de véritablement décisif : le vôtre.

Marguerite secoua fièrement la tête.

— Il est certain, poursuivit l'Écossaise, que, malgré toutes les victoires de Henri VII, malgré tous les supplices qu'il ordonnera, Perkin sera aux yeux de beaucoup d'Anglais le véritable héritier d'York, tant que vous affirmerez qu'il est votre neveu.

— Assurément, dit la duchesse.

— Oui; mais il ne l'est pas, reprit Susannah tranquillement; autrement, l'eussiez-vous trahi et perdu comme vous m'avez ordonné de le faire?

Marguerite fit un mouvement qui n'altéra pas le calme imperturbable de sa sauvage confidente.

— Or, continua celle-ci, rien n'eût été plus naturel que de confirmer votre politique, si, Richard une fois pris par le roi, Catherine nous eût été rendue, si elle se fût trouvée à l'abri des vengeances de l'usurpateur; alors il était commode, et jusqu'à un certain point délectable, de torturer Henri VII en laissant croire au monde que ce tyran avait assassiné un fils d'York, un roi légitime.

Marguerite se leva, stupéfaite d'être ainsi devinée par une créature à peine admissible dans les rangs de l'humanité.

— Malheureusement, continua Susannah, les choses ont mal tourné. Nous avons perdu la partie, il faut payer. Moi, je me suis exécutée selon mes moyens. A votre tour !

— Comment? dit Marguerite, observant avec défiance l'étrange sérénité de l'Écossaise.

— Oui, madame, je suis allée trouver mon frère, un vieux soldat, dévoué comme moi à Catherine. Nous avons décidé que nous ferions le sacrifice de notre vie pour reprendre cette enfant. Notre vie, c'est tout ce que nous avons, mais nous la donnerons volontiers.

— Le sacrifice de votre vie... Que voulez-vous dire?

— Il se peut que nous rencontrions des obstacles dans l'exécution de mon plan; eh bien, en ce cas, celui qui abandonne sa vie est bien fort.

— Vous voulez forcer le roi Henri VII !..... s'écria vivement Marguerite.

— Non, non, dit en souriant l'Écossaise, pas lui; lui, pourquoi? Il ne refuse pas de rendre Catherine, lui. Ce n'est pas Henri VII qui me gêne; qu'on fasse ce qu'il demande, et Catherine est libre. Que peut-on exiger de plus?

— Qui donc vous gêne, alors? interrompit la duchesse, en fixant sur l'Écossaise un regard imposant, un regard de flamme, clair et terrible.

Mais les aigles d'Écosse n'abaissent pas leur paupière même devant la splendeur du soleil : Susannah ne sourcilla point.

— Bon Dieu! dit-elle simplement, c'est vous seule qui m'inquiétez, madame; car il est possible que vous hésitiez à faire ce qu'exige le roi d'Angleterre, et alors....

— Alors? demanda Marguerite pâlissant devant cette monomanie fanatique.

— Alors tout le mal qui arriverait à Catherine vous en seriez cause, et vous en devriez, vous en rendriez compte, ajouta-t-elle avec une intonation étrange rendue plus intelligible par un sinistre sourire.

— Et voilà ce que vous avez décidé, ton frère et toi? dit tout à coup la duchesse avec cette habileté des princes dont, tant de fois, la vie a dépendu d'une absence ou d'une présence d'esprit.

— Oui, madame.

— Où est-il, ton frère, avec toi?

— Non, repartit Susannah toujours souriant avec plus de malice, pas avec moi. Il attend, loin d'ici, ce que j'aurai à lui annoncer. Il m'attend.

— Très-bien.

Elle observa longtemps ce visage, ce cadran de bronze derrière lequel oscillait comme un pendule l'arrêt de sa vie ou de sa mort.

— Tu attendras bien ma réponse jusqu'à demain, bonne Susannah ? dit la duchesse.

— Oh! oui, et plus longtemps même si vous voulez. Le parti est difficile à prendre. Réfléchissez ! réfléchissez !

En parlant ainsi, l'Écossaise prit congé de sa reine, toujours souriant, toujours calme et douce jusqu'en son dernier regard. Elle s'installa dans la maison sans bruit, sans trouble, sans apparente émotion.

Marguerite mit les moments à profit. Oui, la question valait qu'on la méditât. La nuit tout entière fut employée à ces méditations.

La duchesse commença par rire de la naïveté de cette pauvre femme, qui comptait sur un mauvais couteau d'Écosse pour influencer en ses décisions la veuve de Charles le Téméraire. Puis elle élargit cette question dans le moule de son cerveau royal.

A quoi bon éterniser une telle guerre, c'est-à-dire une telle série de défaites?

Dans quel intérêt soutiendrait-on ce dangereux Richard, dont on ne serait plus maître s'il triomphait?

Comment souffrir la continuation d'une alliance, c'est-à-dire la souillure d'une mésalliance infâme entre un juif et la plus noble fille d'Écosse?

Dieu protégerait-il une dynastie fondée sur ces bases honteuses, sur ces commerces criminels?

Ne manifestait-il pas déjà son indignation par l'appui

accordé au parti de Lancastre, et laisserait-il vivre en paix, régner en paix celle qui, par ambition, par orgueil, aurait laissé mourir Catherine, un ange, quand un plus noble aveu, un aveu sans danger, pouvait lui sauver la vie?

Enfin, n'était-ce pas justice, en sauvant Catherine, de ruiner, d'anéantir l'auteur de tant d'infortunes, ce Perkin odieux de tout l'intérêt qu'on lui avait porté, cet aventurier travesti en prince par l'adresse du malheureux Fryon, ce ver devenu serpent, ce larron au triomphe duquel on avait sacrifié tant d'or, de sang et d'honneur, et qui n'avait rapporté qu'opprobre, misères et périls de tout genre. Oui, celui-là devait périr; celui-là devait tomber avili; celui-là devait payer pour tous, victime expiatoire.

Seulement, comment céder? De quelle façon ouvrir les négociations, dans quelle forme produire cette palinodie? En un mot, devant quel intérêt si puissant humilier aux pieds d'un Lancastre tout l'orgueil de la branche d'York? L'intérêt! cette raison suprême, cette suprême excuse, où était-il? Sauver la vie de Catherine, c'était un sentiment; cela compte-t-il en politique? Que gagnerait Marguerite à traiter avec Henri VII?

Comme elle hésitait sur ce sommet escarpé, comme peut-être elle allait prêter à l'orgueil une oreille plus complaisante et abandonner ce sentiment pour les grandes raisons d'État, un envoyé du roi d'Angleterre fut annoncé à la duchesse précisément à l'heure, à la minute critique de sa décision; on eût dit que du fond de son palais Henri VII, suivant des yeux chaque mouvement de ces machines politiques et analysant chaque intérieur de ses automates, venait de juger qu'il était temps de monter tel rouage ou de tendre tel fil. Son ambassadeur entra en scène à point nommé, trouva la duchesse dans les dispositions prévues, combattit chez elle les scrupules à l'instant qu'ils venaient de naître, lui fit des offres avant qu'elle eût pu rien désirer. Il promit la liberté de Catherine, la réconciliation des deux branches, la restitution des douaires et des propriétés afférents à la famille d'York; il promit tout et ne demanda qu'une chose, précisément celle que Marguerite était sur le point de donner pour rien : l'abandon et la défaveur de Perkin Warbeck.

La souveraine, équilibrant cette fois l'intérêt et l'orgueil, le sentiment et le profit, n'hésita pas. Elle écrivit à Henri VII une lettre digne et adroite dans laquelle, plaignant le sort des princes en butte aux trahisons et aux duperies, elle reconnaissait son erreur au sujet du faux duc d'York. Elle déclarait que les preuves de l'imposture fournies par Henri VII lui dessillaient complétement les yeux. Après quelques réserves chaleureuses pour les droits d'York, elle admettait le droit de défense invoqué par Henri VII. Enfin cette déclaration, chef-d'œuvre d'habileté, c'était le filage ingénieux de la corde au bout de laquelle Henri VII demandait à suspendre l'époux de la douce Catherine.

Elle fut filée aussi complétement que possible. Et le lendemain l'ambassadeur, muni de cette pièce précieuse, prenait congé de la duchesse et retournait à Londres, accompagné de Susannah. Celle-ci, instruite du dénouement, avait baisé frénétiquement les mains de Marguerite, et voulait reprendre son enfant adoré, comptant l'enlever de Londres, et l'emporter si loin, que le bruit de ce passé croulant dans un abîme ne pût jamais parvenir à son oreille.

XXIII

A l'heure où se concluait cette belle affaire, tandis que l'affidé de Henri VII dévorait l'espace pour porter sa proie au maître, tandis que Marguerite, tranquille en son palais, savourait la joie de s'être bien vengée en livrant au bourreau Perkin Warbeck, ce juif apostat, ce soir-là même deux hommes se glissaient, cavaliers étranges, hôtes tremblants, dans le bourg voisin de la maison ducale.

Ils ne regardaient pas ce spectacle splendide de l'Escaut buvant à l'horizon les derniers feux du jour. Ils n'avaient pas un coup d'œil pour les maisons à toits crénelés, à larges entablements sculptés qu'envahissaient les houblons et les roses pâles d'automne. Occupés seulement de leurs montures, dont les pieds frissonnants fléchissaient à chaque pas, dont le ventre ruisselait de sang, la hanche d'écume, ils semblaient appeler de leurs yeux avides, de leurs vœux inquiets l'hôtellerie située au bout de la Grand'-rue, qui s'annonçait de loin par le cliquetis joyeux des ferrailles de l'enseigne.

Enfin ils arrivèrent. La nuit était venue. L'un sauta légèrement à bas de son cheval. Sous son capuchon épais, sous les plis grossiers de son manteau de voyage on devinait la virilité ardente et vigoureuse. L'autre ne put mettre pied à terre sans l'aide de son compagnon. Ses jambes roidies, son dos voûté, la lenteur de ses mouvements trahissaient vieillesse et souffrance. Emporté plutôt que soutenu par le jeune, ce voyageur s'évanouit dès qu'il fut assis près du feu de l'immense cheminée, et ce ne fut pas sans un respect mêlé de frayeur que les gens de l'hôtellerie contemplèrent sa pâle et osseuse figure, semée de cicatrices, et semblable au masque livide d'un cadavre qu'on sortirait du tombeau.

Le plus jeune des voyageurs, jeune, il l'était sans doute, mais sa moustache rousse contrastait bizarrement avec son crâne chauve ; l'autre cavalier, disons-nous, tira les gens de leur contemplation par un vigoureux appel à toutes les spécialités du logis : aux valets, il recommanda les chevaux ; aux servantes, les lits, à l'hôtesse le souper, à l'hôte il demanda papier, encre et plume. Cependant il ne négligea rien pour ranimer son vieil ami. Il frottait ses tempes de vinaigre, chauffait ses pieds, approchait un cordial de ses lèvres; et pour faire mieux comprendre son jargon anglo-français, il avait jeté un florin d'or sur la table.

Cette activité porta ses fruits : le vieillard fut installé aussitôt dans la meilleure chambre de l'hôtellerie; une large coupe de vin de la Meuse réjouit le cœur du jeune homme, et il prit d'une main plus assurée la plume vierge encore que lui présentait l'hôte respectueux pour quiconque savait manier cette arme dangereuse.

On le vit tracer rapidement quelques lignes, rouler la feuille, la sceller d'un cachet gravé sur son anneau, et l'hôte fut plus surpris que jamais quand il reçut l'ordre de porter ce rouleau à madame la duchesse de Bourgogne.

Une heure après, il revenait accompagné d'un écuyer de la princesse, et ce dernier, de l'air le plus courtois, annonçait au voyageur que la souveraine lui accordait à l'instant même l'audience demandée.

Le voyageur donna un dernier coup d'œil à son vieux compagnon, dont tant de soins n'avaient pas encore réchauffé le sang et pour qui l'évanouissement s'était transformé en un sommeil morne et lourd comme une agonie.

— Heureusement, dit-il, la princesse a de bons médecins, qui sauront bien faire vivre malgré lui cet honnête scélérat.

Et il partit sur-le-champ, peu touché des politesses dont cette audience de la duchesse le rendait l'objet à chaque pas.

En montant les degrés du palais, en traversant les vestibules :

— Qui m'eût dit dans ma prison, pensait-il, que je reverrais ces marbres et ces belles tapisseries de Flandre. Décidément, je puis chanter comme Ajax : J'en échapperai malgré Henri VII !

À peine posa-t-il le pied sur le seuil du cabinet ducal, dont les portières se refermèrent aussitôt, qu'il vit la duchesse faire deux pas à sa rencontre ; deux pas ! le cérémonial usité envers les rois !

— Fryon! murmura-t-elle, Fryon! c'est bien lui!

Et elle regardait avec curiosité, presque avec intérêt, ce fantôme souriant de son air fin et railleur.

Fryon s'inclina, s'agenouilla, baisa le velours de la robe qui semblait ramper jusqu'à lui, et, sans se relever :

— Oui, madame, dit-il, Fryon, le pauvre homme que Votre Altesse a dû croire mille fois mort.

— Hélas! oui, je l'avoue! D'où sors-tu, Fryon?

— Du donjon solide où le gracieux Henri VII me tenait fort habilement cadenassé, madame.

— Il t'a mis en liberté! s'écria la duchesse avec une ombre de défiance que Fryon saisit en son vol.

— Oh! que non pas, madame; je me suis mis en liberté moi-même, moitié en trouant les pierres du magnanime monarque, moitié en persuadant à la femme de mon geôlier, une jeune et naïve créature, qu'il est trop naturel qu'un innocent dégrade un peu les murs pour se distraire. Tout cela m'a coûté mes cheveux, je ne les regrette pas. Mais je ne suppose pas que Votre Altesse puisse s'intéresser aux récits très-banals de captivité, de pain dur et d'évasion d'un croquant tel que moi. Je consacrerai trois mots à vous dire qu'on m'a donné deux fois la question, trois autres mots vous apprendront que je n'ai point parlé, trois derniers mots suffiront à vous déclarer que je n'ai pas laissé perdre la première belle occasion de fuir. Enfin, madame, j'arrive, et j'ajouterai, cela seul est intéressant pour Votre Altesse, que je n'arrive point le cerveau ni les mains vides; c'eût été trop mal reconnaître les bontés dont vous m'avez honoré, mal mériter celles que vous voudrez bien me témoigner, je l'espère.

— Fryon! répéta la duchesse, subissant comme toujours le charme de cet enjouement et de cette philosophie. Eh! que peux-tu m'apporter, pauvre dépouillé, oublié du monde comme un mort, n'arrives-tu pas nu et sans cervelle comme un revenant?

— Oh! dit Fryon, si jamais cervelle a fait un rude exercice, c'est la mienne; voyez ce crâne chauve et poli par les ébullitions cérébrales; j'en livre à Votre Altesse les ressorts fourbis et fonctionnant à miracle. Mais un peu de sérieux, avec une si grande princesse. J'arrive, ai-je dit, la tête et les mains pleines, il s'agit de le prouver. Oui, madame, j'ai traversé l'Angleterre bien vite, je vous jure, et cependant j'ai eu le temps d'y prendre tout ce qu'il y avait de bon pour nous.

Marguerite leva la tête.

— Madame, soyez persuadée que, malgré ma prison, je suis au courant des affaires absolument comme si je n'eusse pas quitté le cabinet de Votre Altesse, ou plutôt celui du roi Henri VII; car il sait vos secrets mieux que vous; c'est ce dont je veux avoir l'honneur de vous entretenir. Et d'abord, ma jeune geôlière me racontait volontiers ce qui se passait en Écosse et en Angleterre. J'ai su Exeter, Taunton : j'ai su Bermondsey, je sais tout. Oui, ces désastres ont dû troubler les nuits de Votre Altesse, mais rien n'est encore perdu. Le prince est dans l'asile de Bauley; Henri VII ne l'osera pas prendre, et nous l'y prendrons, nous. Le prieur est de mes amis, nous étudiâmes ensemble; c'est moi qui lui fis obtenir ce bénéfice quand j'étais secrétaire de Henri VII. Je connais tout Bauley, comme j'ai connu ma prison; pas un caveau, pas un souterrain, pas une voûte, pas une issue que je ne sache mettre à profit. Dans huit jours, si vous l'avez pour agréable, un de vos capitaines, muni de mes plans, de mes instructions, aura pénétré jusqu'au noble fugitif et le fera libre comme je le suis moi-même. Ce serait déjà fait, je vous eusse apporté cette joie, si la geôlière de mon donjon eût possédé autant de livres d'or qu'elle avait de bonnes grâces et de toises de corde. Mais je connais mon ami le prieur, madame; il ne dédaigne pas le temporel, et c'est douze bonnes livres pesant de votre or le plus pur qu'il vous en coûtera pour presser dans vos bras votre neveu, le fils du grand Édouard!

Au lieu de la joie qu'il s'attendait à voir éclater sur le visage de la duchesse, Fryon vit soudain ses sourcils se contracter; un nuage sombre envahit ce front orgueilleux, la majesté sévère, la dignité blessée, remplacèrent par un froid regard l'intérêt bienveillant et la familiarité du début de l'entretien.

— On voit, malgré votre assurance, dit enfin la duchesse, que vous avez perdu beaucoup en prison des choses qui se sont passées dans le monde. Vous donnez aux gens des noms anciens qui ne leur appartiennent plus. Vous considérez comme fort intéressantes pour nous des affaires qui ne nous concernent plus et desquelles nous sommes complétement détachée.

Fryon commença par jeter autour de lui un regard inquiet, comme pour demander si cette conversation avait quelque témoin caché. La duchesse l'interrompit.

— Non, personne ne nous entend, dit-elle, et je parle librement.

— Comment! répliqua Fryon un peu troublé, Votre Altesse se dit détachée des affaires d'Angleterre; elle se prétend indifférente aux intérêts d'York; elle va jusqu'à déclarer...

— Que vous appelez York une personne à qui ce nom n'appartient pas. C'est une habitude aujourd'hui surannée et que vous devez perdre à ma cour. Fryon, ne me regardez pas de ces yeux effarés. Nous sommes, je le répète, parfaitement seuls, et je vais vous parler avec une entière franchise. Ce complot, si habilement ourdi par vous, m'a coûté fort cher et n'a pas réussi. Il a compromis mon honneur et tout ce que j'ai de précieux au monde. Il vous a coûté la liberté, presque la vie. J'y ai renoncé, pour ma part, imitez-moi ; vous y gagnerez encore plus que je n'ai perdu.

Un nuage, une flamme passèrent simultanément sur les paupières de Fryon. Il se crut foudroyé ; dans son saisissement, il resta muet, roidi, béant comme un idiot.

— A ce jeu que vous aviez inventé, poursuivit la duchesse, j'eusse perdu, avant un an, mes trésors, mes apanages, ma considération, et, qui sait, ma couronne ducale. Que chacun retire son enjeu, et Dieu pour tous !

— Quoi ! murmura Fryon éperdu, Votre Altesse prononce ainsi l'arrêt de ce généreux, de cet infortuné prince ?...

— Eh ! vous me fatiguez ! s'écria Marguerite avec colère. Prince ! prince !... la plaisanterie a vieilli, vous dis-je. Me croyez-vous toujours dupe, parce que longtemps j'ai paru l'être? N'est-ce pas vous qui l'avez fabriqué, ce prince, fabriqué de mon métal, habillé de mes oripeaux, engraissé de ma cuisine? Son rôle, qu'il jouait assez bien, du reste, excepté sur les champs de bataille, n'est-ce pas vous qui le lui avez sifflé comme une chanson aux merles, à Tournay, dans mon petit château de chasse ; et tenez-vous tant à ce piètre élève, nous a-t-il fait tant d'honneur à tous deux, que vous ne jugiez pas qu'il est temps de lui rendre son nom de Warbeck, sa crasse juive et la potence qu'il coudoie effrontément depuis que je le tiens par la main?

— Saints du ciel! dit Fryon pâlissant et d'une voix étouffée, l'un de nous deux a perdu la raison, madame !

— Maître Fryon !

— Voilà donc ce que dit du prince Richard la duchesse de Bourgogne, sœur d'Édouard IV! continua-t-il, agité d'un tremblement convulsif.

— Voilà ce que dit la duchesse de Bourgogne d'un misérable faussaire dont je vous défends de prononcer le nom devant moi, Fryon, car alors vous me paraîtriez être son complice, et je vous ferais partager son châtiment.

— Oh!... s'écria Fryon en se frappant le front avec épouvante. Mais vous n'avez donc pas reçu cette lettre que je vous écrivais de la maison de chasse, où vous m'aviez envoyez avec ce jeune homme?

— La lettre qui me disait : « j'ai trouvé un trésor ; préparez-vous à une joie immense! » Belle joie, riche trésor! Vous voyez bien que je l'ai reçue, cette lettre; vous l'écriviez le jour de votre enlèvement, n'est-ce pas?

— Je l'écrivais, madame, dit Fryon avec une véhémence entraînante, le propre jour où, en interrogeant ce jeune homme pour lui donner sa première leçon, je m'aperçus qu'il en savait plus que le maître ; le jour où, cherchant à lui apprendre la vie passée et les malheurs de la famille d'York, afin qu'il les racontât comme un oiseau bavard, je vis cette figure rayonner, cette intelligence resplendir, ces souvenirs s'éveiller, éclater comme des météores ; le jour où, par vos ordres, voulant lui enseigner le rôle de prince, je trouvai un roi sous les guenilles du mendiant ; le jour enfin où, confondu dans ma prétendue science, j'écoutai au lieu de parler, j'admirai au lieu de reprendre, et me prosternai à deux genoux devant les desseins de la Providence, qui m'apportait à moi, chétif, à moi, atome, le propre fils d'Édouard sauvé par Brakenbury, confié au juif Warbeck, et jeté par miracle sur votre passage comme une fleur de ces Alpes où un soir par hasard s'imprima le pied de votre cheval !

— Tu dis, s'écria la duchesse tremblante et se penchant le sein haletant vers ce révélateur exalté, tu oses dire que ce jeune homme et toi vous n'aviez pas concerté cette intrigue ?

— Je dis que j'avais donc raison de vous annoncer ce trésor et cette joie ; je dis que je crois à la légitimité de Richard comme je crois à Dieu ; je dis qu'il était impossible de se tromper à cet accent, à cette ressemblance, à ce parfum de grandeur et d'innocence, à cette majesté de l'âme et du regard ; je dis que je vous ai envoyé le duc Richard, madame !

— Tu mentais et tu mens ! murmura la duchesse livide, et courbant la tête malgré elle.

— Dites cela, si vous l'osez, à Brakenbury lui-même,

répliqua Fryon hors de lui; vous verrez ce qu'il vous répondra.

— Brakenbury! fantôme comme tout le reste! fantôme! fantôme!

— Oui, si je ne l'avais rencontré, rongé par le désespoir et la folie, au fond d'un cachot voisin du mien, où il s'était laissé jeter plutôt que de dévoiler son nom et son crime. Oui, si je n'avais su relever cette nouvelle, cette précieuse trace! et si Dieu, pour sauver au moment suprême la plus parfaite et la plus infortunée de ses créatures, ne m'eût envoyé à vous avec ces preuves devant lesquelles tout va céder et s'incliner.

— Tu as vu Brakenbury! il existe!... balbutia Marguerite.

— Ici, chez l'hôtelier Wapers, sous ma main; faites-le venir, madame; faites-vous raconter comment il emporta le petit Richard dans son manteau sanglant, comme il le cacha aux bords du lac de Genève, avec quel bonheur, pour le soustraire à Richard III et à Henri VII, plus dangereux encore, il le remit au juif Warbeck, lequel le substitua au fils égorgé de sa femme adultère. Apprenez toute cette histoire, madame, de la bouche de Brakenbury, et regardez ses yeux quand vous essayerez de lui dire que Richard d'York, votre neveu, votre roi, réfugié à Bauley, n'est qu'un faussaire, s'appelle Warbeck, et que vous voulez l'abandonner aux gibets de l'usurpateur Henri VII.

Fryon s'arrêta; sa voix expirait dans sa gorge, et Marguerite, atterrée, se tordant les mains, n'eût pu supporter une parole de plus. Ce spectacle lui fit pitié, car il ne savait rien encore. Le malheureux s'expliquait l'effroi de la duchesse comme le contre-coup d'un danger qu'on vient d'éviter.

— Mais non, reprit-il doucement. Le découragement bien naturel, après tant d'épreuves, a déjà disparu de votre esprit. Votre Altesse ignorait que sa générosité, ses sacrifices eussent pour objet le véritable héritier d'Édouard ; elle ne croyait servir qu'un imposteur, un aventurier. Il faut, en vérité, que votre âme, généreuse princesse, ait été bien héroïque pour supporter aussi longtemps le rôle de protectrice envers celui que vous supposiez être un faussaire et un juif. Mais maintenant tout n'est plus que triomphe et joie. C'est votre sang que vous défendez, et nous allons recommencer une lutte que Dieu commande, et dont rien de votre part n'a compromis le résultat. Rassurez-vous, madame, je vous l'ai promis, avant huit jours, le roi Richard sera dans vos bras !

La malheureuse duchesse poussa un cri sourd, et, s'abîmant à genoux devant son prie-Dieu, arracha d'une main furieuse ses longs cheveux que l'âge et les chagrins avaient à peine argentés.

— Richard ! mon fils ! dit-elle avec mille sanglots déchirants.

— Eh quoi, madame ! reprit Fryon s'agenouillant près d'elle, ne viens-je pas de vous jurer qu'il était sauvé !

— Il est mort, te dis-je ! répliqua Marguerite.

— Je vous comprends ; vous voulez dire que le roi Henri VII ne respectera pas l'asile inviolable de Bauley ; qu'il en arrachera le prisonnier. Mais ce sera pour le transférer dans une autre prison. On ne touche pas à la tête d'un prince de sa race, madame, quand l'Angleterre veille, et que vous, duchesse souveraine et fille d'York, vous affirmez qu'il est votre neveu ! Oh ! tant que vous avouerez Richard, ne tremblez pas pour lui.

La duchesse se souleva le front inondé de sueur, et, saisissant le bras de Fryon de sa main de marbre :

— Eh bien, murmura-t-elle épuisée, aujourd'hui même cette main a signé que Richard d'York est un fourbe, et s'appelle Warbeck ; et cette déclaration, ce blasphème, l'ambassadeur d'Henri VII l'a peut-être déjà remise à son maître.

Fryon leva au ciel un regard que nulle parole humaine ne saurait traduire. De là, de cet asile de gloire incorruptible, il abaissa ses yeux sur la misérable toute-puissante qui gisait anéantie à ses pieds. Sa pensée parut chercher à lutter encore contre l'irrémédiable malheur de cette famille maudite, puis soudain, comparant ses forces de pygmée à ces scélératesses de géants, il rejeta son manteau sur son épaule, et s'élança hors du palais pour respirer un air pur de tant de perversité.

— O mon Édouard ! gémissait la duchesse. O cher York ! j'ai tué notre unique enfant !

Et l'on entendit ce front chargé de couronnes résonner sourdement sur le chêne luisant du parquet.

XXXIV

Après la catastrophe de Bermondsey, Catherine Gordon, prisonnière de Henri VII, avait été conduite dans un appartement de l'abbaye, gardée avec la plus extrême rigueur, bien qu'avec de grands respects, et jamais le roi n'avait laissé arriver près d'elle que son chapelain, chargé de négocier sa séparation d'avec Richard.

La tâche était devenue difficile, même pour un confident du Salomon de l'Angleterre. Les faibles sont invulnérables quand une fois ils se défient. Et combien Catherine n'avait-elle pas de motifs pour se défier à Bermondsey !

La trahison de Susannah, le guet-apens de l'abbaye, la séquestration d'une femme sans défense ; d'un autre côté, l'incertitude poignante du sort réservé à Richard, n'était-ce point assez pour éveiller la prudence dans un esprit naturellement pénétrant et exercé, par l'habitude des cours, aux combinaisons de la politique.

Rien que par ces considérations, Catherine eût été invincible ; mais une autre force, incalculable, irrésistible, venait s'adjoindre à l'instinct de conservation. Catherine aimait Richard ; elle l'aimait éperdument depuis sa défaite. Tout ce qui, chez un autre, eût étouffé l'amour, c'est-à-dire les doutes, les déceptions, l'absence, tout cela, aux yeux de Catherine, avait doublé le prestige de Richard. Elle le sentait innocent; elle comprenait son dévouement sublime; elle était fière de le lui avoir inspiré. Cette preuve que le généreux fils d'Édouard cherchait à travers les embûches, au mépris de sa vie, pour l'offrir à sa compagne, Catherine n'en avait plus besoin pour le croire prince, pour l'adorer comme époux et roi. En vain la reine mère avait-elle emporté dans sa tombe tout espoir de la réhabilitation de Richard, Catherine était convaincue, elle avait la foi, cette foi qui suscite les apôtres et fait éclore les martyrs.

Croyant profiter de l'isolement, de la torpeur apparente de la prisonnière, le chapelain commença sur-le-champ ses attaques. Il expliqua que le roi ne pouvait encore prononcer la mise en liberté d'une insensée qui continuait à se parer du titre de duchesse d'York, usurpation incompatible avec quelle grâce que ce fût.

Catherine répliqua qu'elle ne demandait pas de grâce; qu'elle s'était mariée avec un prince du nom d'York; qu'à l'autel, avec l'anneau de ce prince, elle avait reçu son nom, honneur qu'elle conserverait jusqu'à son dernier soupir.

Comme on lui objectait l'imposture de cet époux, et la fausseté de son titre, elle répondit que le devoir d'un ministre chrétien consiste d'ordinaire à faire respecter le sacrement du mariage, et non pas à calomnier l'époux devant la femme; que, d'ailleurs, cette imposture n'était prouvée par rien; qu'une victoire du roi Henri et sa bonne chance montraient tout au plus qu'il était le plus fort.

Elle conclut en demandant des juges; décidée, disait-elle, à n'expliquer ses motifs que devant un tribunal digne de sa condition.

Le chapelain sortit décontenancé par cette défense de lionne. Mais son maître le renvoya chez Catherine avec ordre de lui annoncer qu'elle prodiguait en vain l'héroïsme; que l'imposteur, prisonnier comme elle, ne lui saurait pas gré de sa fidélité ni de son courage; et que peut-être même était-il déjà mort et oublié.

Il s'attendait à la voir frissonner et faiblir. Mais elle se prit à hausser les épaules, et à répondre avec un dédaigneux sourire que, si Richard était mort, le roi ne prendrait pas tant de peine pour tenir enfermée une pauvre veuve, et lui extorquer des déclarations superflues; que rien ne la rassurait mieux sur le sort de son époux que cette persécution; et qu'elle en augurait non-seulement le salut et la liberté du jeune prince, mais un retour de sa bonne fortune.

Elle congédia le chapelain avec cette rude riposte. Henri VII comprit qu'il frappait à une porte de bronze. Il se tint pour battu de ce côté. Ce fut alors qu'il agit sur Susannah, la menaça de faire juger et décapiter Catherine si cette opiniâtre, s'appuyant sur l'Écosse et la duchesse de Bourgogne, persistait à se dire femme du véritable duc d'York.

Susannah, éperdue, folle, raconta au roi tout ce qu'elle savait: son intelligence avec la duchesse, les incertitudes de celle-ci; sa querelle avec Richard, leur inimitié déclarée; et soudain elle partit pour les Flandres, décidée à sauver Catherine en dépit de Marguerite et du monde entier. Henri faillit étouffer de joie. En apprenant que la discorde divisait ses ennemis, il avait trouvé la place pour planter un de ces coins que la politique enfonce aussi victorieusement que la nécessité.

C'était un homme plein de scrupules et de précautions, ce digne monarque. Il n'aimait pas le procédé d'Alexandre; dénouer, même longuement, valait mieux, selon lui, que couper à la hâte. Tirailler et relâcher des nœuds rebelles, les vaincre l'un après l'autre, l'un par l'autre, quoi de plus divertissant pour les doigts et pour l'esprit? Glocester, son prédécesseur, en eût fini plus vite avec York. Il eût envoyé un bon poignard dans l'asile de Bauley, allumé un grand feu pour effacer la trace du fer; mais ces moyens expéditifs n'étaient pas infaillibles; le meurtre des enfants de la Tour de Londres en faisait foi; et Glocester n'avait-il pas légué à son successeur les embarras du coup de poignard tombé à faux sur Richard d'York?

Toutes ces réflexions conduisaient Henri VII à la prudence, à la temporisation. Il étudiait le caractère de Catherine pour en tirer quelque avantage. Il pratiquait le prieur de Bauley pour essayer d'en obtenir l'extradition du prisonnier. Une garde imposante, incorruptible, cernait l'asile; impossible à Richard de songer à une évasion. Néanmoins, s'arrêter longtemps sur une situation aussi périlleuse n'eût pas été d'un sage, et le cerveau fécond du monarque ne cessait d'agiter mille projets ingénieux ou hardis sans trouver la solution du problème.

Tout à coup la fortune se déclara pour lui. Son ambassadeur revint de Flandre avec la lettre de la duchesse de Bourgogne. C'était une victoire décisive. C'était le dénoûment de l'intrigue. Plus de doutes sur l'issue ; plus de ménagements à prendre au cas où le besoin viendrait de terminer vite. Il ne s'agissait plus désormais d'un York en face d'un Lancastre, d'un roi légitime redemandant sa couronne à un usurpateur, d'une victime intéressante montrant sa cicatrice, appelant sa mère et passionnant l'Angleterre pour ses malheurs comme pour sa beauté. Non ; la lettre de la duchesse changeait les rôles : Henri, intéressant et victime, se défendait contre un misérable fourbe, un voleur de rebut, un juif bâtard. La guerre faite par ce dernier n'était plus qu'un brigandage ; Henri devenait justicier ; l'Angleterre le bénissait d'avoir su vaincre ce rebelle, et s'en remettait à lui du soin de punir. Il était trop fort, il était trop sûr de son triomphe : il n'avait plus qu'à jouer avec ses ennemis comme le tigre avec deux faons palpitants sous sa double griffe.

XXV

Cependant Catherine, qui s'était vu abandonner par le prieur, en avait conclu, dans son illusion, les plus heureuses conséquences pour Richard.

— Assurément, pensait-elle, il s'est enfui ; grâce au dévouement de ses Écossais, il a pu gagner quelque navire d'Irlande ; il va recommencer la guerre, et le roi d'Angleterre ne m'a voulu si opiniâtrément séparer de lui que par la crainte qu'il a de notre alliance.

Quant à la haine de la duchesse pour Richard, haine étrange après une si éclatante protection, Catherine ne désespérait pas de la voir s'éteindre avec le temps. Elle attribuait aux influences anglaises l'accusation d'imposture si fatalement accueillie par Marguerite; ces influences, Catherine se flattait de savoir les vaincre; et, dans aucun cas, elle ne soupçonnait que la duchesse de Bourgogne, fille d'York, après avoir osé, pour la cause d'York, lancer un fantôme armé par elle contre l'usurpateur Lancastre, s'abaissât jusqu'à reconnaître la fraude et à faire amende honorable. Dans cette opiniâtreté résidait la politique de la famille, et Catherine se promit bien d'y persister avec une énergie que fortifiait son amour et son admiration pour Richard.

Telle était la situation des esprits lorsque un matin, un matin radieux qui empourprait les collines sévères et les longues allées noires de Bermondsey, Catherine entendit comme un bourdonnement formidable autour de sa ruche: la porte s'ouvrit, des pas rapides retentirent, la jeune princesse se sentit presser ou, pour mieux dire, étouffer dans les bras de Susannah.

Catherine avait mille fois détesté la trahison de cette femme; elle s'était juré de la châtier sévèrement. Elle repoussa donc l'Écossaise, l'écrasa d'un regard hautain, et lui demanda comment elle avait la hardiesse de reparaître devant la victime de son infâme perfidie.

Susannah se mit à genoux devant son idole, baisa le bas de sa robe, et protesta de son amour et de sa fidélité en versant un torrent de larmes. Elle voulut justifier sa trahison par l'excès de son dévouement. Catherine lui imposa silence, et réitéra sa dure question :

— Que venait faire Susannah au manoir de Bermondsey ?

Susannah répondit qu'elle y apportait la liberté ; que le roi d'Angleterre avait signé l'ordre de conduire Catherine Gordon en Flandre, et que la duchesse de Bourgogne attendait impatiemment, à la cour de Bruges, sa filleule chérie.

Catherine tressaillit. L'œil sournois et la joie mal déguisée de l'Écossaise, qui semblait s'émouvoir très-peu de la mercuriale, pourvu qu'elle réalisât le but de son voyage; ce complot fait en dehors de Catherine par l'étrange combinaison d'Henri VII, de la duchesse et de Susannah; cette aisance avec laquelle on emprisonnait et déprisonnait une princesse qui se croyait libre, parurent à celle-ci autant d'insultes intolérables. Elle y répondit par un seul mot :

— Et le prince ?

— Quel prince ? répliqua l'Écossaise, s'armant cette fois d'un sauvage regard.

— Votre seigneur et maître, votre roi et le mien ! s'écria Catherine, ripostant par un coup d'œil foudroyant. Celui que vous avez lâchement vendu à ses ennemis, comme Judas, et que vous oubliez, misérable ! Mais je n'oublie pas, moi. Mes serments, je les tiendrai. Je ne sortirai d'ici qu'avec le prince mon époux. Allez reporter cette nouvelle à vos nouveaux maîtres, et ajoutez qu'en Écosse, si les servantes trahissent leurs seigneurs, les filles nobles vivent et meurent fidèles. Allez !

Susannah pâlit. Elle connaissait l'opiniâtreté de cet agneau révolté par l'injustice. Cent fois elle l'avait vue, enfant, affronter les châtiments, appeler la mort plutôt que de manquer à ce qu'elle savait être son droit ou son devoir; l'Écossaise n'essaya donc pas de lutter. Elle demeura le sourcil froncé, l'attitude offensive, et, après quelques instants employés à observer Catherine :

— Tu refuses, dit-elle, de me suivre pour retourner chez ta marraine?

Catherine, pour toute réponse, lui montra du doigt la porte. Susannah obéit, mais ce fut pour appeler les gardes qui, pendant cet entretien, arpentaient la galerie voisine, et dont les pertuisanes sonnaient sur les dalles de granit. Cinq de ces hommes apparurent au seuil de l'appartement de Catherine, qui se dressa furieuse et lança contre l'Écossaise une énergique malédiction.

— Madame, dit Susannah, refuse d'exécuter l'ordre du roi. C'est à vous de l'y contraindre.

Et déjà le chef de ces hommes s'avançait pour inviter la jeune princesse à la soumission ; déjà Catherine avait aperçu dans la cour une litière attelée et entourée d'une escorte à cheval.

— Un moment! s'écria-t-elle : j'ai aussi des explications à donner au roi; le roi ne peut refuser de m'entendre; je veux lui parler.

Le chef des hallebardiers voulut objecter qu'il n'avait pas d'ordre à cet égard; que d'ailleurs Henri VII n'était pas en ce moment à l'abbaye de Bermondsey. Susannah montra le parchemin, scellé du sceau royal, qui enjoignait d'enfermer dans une litière et de conduire sans délai, jusqu'à la mer, lady Catherine Gordon. Soudain le chapelain arriva sur la terrasse, et, se faisant jour jusqu'à la prisonnière :

— Nul n'a droit d'empêcher lady Catherine de parler au roi si elle le demande, dit-il ; et je prends sur moi de la conduire près de notre gracieux monarque qui vient d'arriver au château.

Catherine s'élança triomphante vers ce protecteur inspiré. Susannah recula, froissant dans ses mains l'ordre inutile. Le chapelain, d'un air calme, indiqua le chemin ; quelques moments après, il introduisit la jeune femme dans l'antre royal, où l'habile chasseur attendait sa proie, et s'était préparé à la recevoir.

Le tigre et la gazelle restèrent longtemps à se contempler l'un l'autre avant de commencer l'entretien. Henri admirait cette beauté suave et sereine, cette pâleur nacrée semblable aux reflets d'azur qui courent sur les veines blanches du lis. Catherine considérait avec terreur, avec défiance, ces traits pâles aussi du prince, mais pâles de tant d'insomnies ; ces yeux arides et profonds, ces joues sillonnées de rides précoces, ces cheveux fins et blancs, ces lèvres minces comme un filet, comme une égratignure carminée. La douceur de Catherine attendrissait le tigre ; il eût préféré la lutte avec une panthère comme Susannah ou une lionne comme Marguerite. Peu à peu, la fixité de ses prunelles devint moins intense : il avait mesuré les forces de son adversaire. On eût dit que tous les ressorts de ce puissant cerveau se détendaient à la fois. Il se souleva du siége de cuir doré au-dessus duquel son chapelain s'était accoudé un moment, puis, congédiant ce dernier d'un clin d'œil pareil aux alanguissements des regards de la race féline, il invita du geste Catherine à s'approcher, lui montra un siège à quelques pas du sien, et se rassit. Elle demeura debout.

— Asseyez-vous, madame, dit-il d'une voix si douce qu'elle parut harmonieuse à Catherine, préparée sans doute à entendre un rugissement; asseyez-vous, les femmes de votre race sont faites pour s'asseoir auprès des rois.

Elle obéit et baissa les yeux. Il reprit après un silence :

— Que désirez-vous de moi?

— Seigneur, on veut me conduire en Flandre, dit-elle; mais je ne puis accepter.

— Pourquoi? dit Henri la regardant fixement.

— Je suis mariée, seigneur; j'appartiens à mon mari dans la mauvaise fortune comme dans la bonne.

Henri secoua doucement la tête.

— Vaine générosité! murmura-t-il; celui que vous appelez votre mari a volé ce titre. La cour de Rome, un concile, au besoin, rompra ce mariage qui repose sur une imposture dont vous ne sauriez rester la victime.

— Jamais, s'écria Catherine avec feu, jamais je ne me dégagerai!

— Auriez-vous si peu de soin de votre honneur et du respect dû à votre race? dit tranquillement le roi. C'est impossible.

— Je ne me crois pas déshonorée par ce mariage, répliqua Catherine, qui eût voulu dire plus, mais qui n'osa compromettre Richard devant son compétiteur en le proclamant duc d'York et légitime roi d'Angleterre.

Henri sentit qu'on le ménageait. Il insista.

— Vous avez tort, continua-t-il. Ce n'est qu'un malheur de s'être mésalliée par ignorance ; ce serait un crime de persévérer dans une pareille erreur.

Cette fois il fallait s'expliquer. Catherine courba le front, joignit les mains, et une larme qui eût fait fondre le marbre jaillit de ses yeux brûlants.

— Seigneur, dit-elle, votre sagesse est grande ; vous lisez dans mon cœur comme dans un livre ouvert. Vous voyez qui je crois être. Si c'est une erreur, plaignez-moi ; si c'est un crime à vos yeux, la source en est sacrée, ne me punissez pas.

— Vous !... oh ! non, dit le roi, pas vous !

— Ce serait moi que vous puniriez, murmura-t-elle.

— Est-il possible ! s'écria Henri avec une surprise si bien feinte, que Catherine s'y laissa prendre, vous aimeriez ce...

Il s'arrêta ; elle rougissait de fierté.

— Ce Perkin Warbeck ? acheva Henri.

— Ce n'est pas Warbeck que j'aime, seigneur, dit la courageuse femme. Et puisque Votre Grâce m'a forcée de me prononcer ainsi, je ne me rétracterai point, bien assurée, si je le faisais, d'être désavouée par mon noble époux.

Henri se leva, fit quelques pas gravement dans la salle, ses mains jointes derrière le dos, le front penché, comme s'il luttait contre la colère ou poursuivait quelque méditation profonde.

— Il faut pourtant que je la détrompe, laissa-t-il

échapper assez haut pour être entendu ; car, si je ne le fais, qui l'osera?

S'adressant à Catherine étonnée :

— Voulez-vous croire ma barbe grise, qui, vous voyant si jeune, si belle, se sent entraîner vers vous comme vers une fille aimée? Croyez-moi, partez pour la Flandre, je n'ai pas d'intérêt à vous le conseiller. Croyez-moi, lady Catherine, partez !

— Et... le prince... que deviendra-t-il ?

Henri ne s'irrita point de cette qualification; le pâle sourire qui effleura ses lèvres s'effaça sur-le-champ.

— Oubliez cet homme, dit-il, si vous voulez qu'on l'oublie chez nous, si vous voulez que ma noblesse l'oublie, que mes soldats l'oublient, que mon bourreau l'oublie, lady Catherine Gordon.

Elle étouffa un cri. Il s'approcha d'elle affectueusement :

— Car cet homme, poursuivit-il, est un fourbe et un faussaire ; ses crimes sont avérés; ses complices l'ont abandonné, renié, livré à ma justice trop lente, et l'Europe, que j'en vais instruire, me demandera demain pourquoi elle n'apprend pas le châtiment en même temps que le forfait.

— Ceux qui le trahissent, s'écria Catherine, sont des lâches qui ne le connaissent pas !...

Henri, sans répondre, ouvrit un tiroir du meuble d'ébène incrusté d'ivoire devant lequel était placée sa table de travail. Il en tira la déclaration de la duchesse de Bourgogne et la mit dans les mains de Catherine. Celle-ci lut ; ses regards se voilèrent ; son front fut effleuré par l'aile de la mort. Elle laissa tomber le papier de ses doigts.

Henri le saisit et prit en même temps la main glacée de Catherine.

— Vous comprenez, dit-il, maintenant, pourquoi vous avez le droit de rompre avec cet homme. Où sa destinée le pousse, la fille du noble comte d'Huntley ne peut pas le suivre !

— Milord ! milord ! murmura la jeune femme infortunée, en tombant à genoux dans le transport de sa douleur. Sa vie !... sauvez sa vie !... Milord, au nom de votre mère ! ne versez pas le sang de celui que j'ai appelé mon époux !

Catherine avait bien senti que cette renonciation de la duchesse était l'arrêt de mort de Richard. Elle comprenait que l'heure était venue de s'humilier devant le vainqueur.

— Je souffre bien, répliqua Henri, d'envoyer au supplice l'homme, le criminel qui a eu l'honneur de votre alliance ; mais comment éviterai-je cette nécessité ? Que dirait l'Angleterre ? Soyez loyale, lady Catherine, parlez en reine, si vous étiez ma femme ou ma fille, me demanderiez-vous d'épargner cette tête ? Tout à l'heure, ici même, vous vous disiez duchesse d'York. Donc, vous l'appeliez Richard, fils d'Édouard, roi d'Angleterre ! Si je l'épargne aujourd'hui, tout le monde demain dira : « C'est bien le roi ! »

— Milord, je ne suis pas duchesse d'York ; je suis une pauvre femme qui vous supplie, vous chrétien, vous prince magnanime, vous le seul roi, le seul maître, de pardonner les offenses de vos ennemis. Voyez, je courbe la tête et reconnais mes fautes. Voulez-vous que j'en fasse publiquement l'aveu? Milord, cette grâce, je la demanderai pieds nus, la corde au cou, sur les degrés de Westminster.

— Mais ce n'est pas vous, dit Henri palpitant de joie; ce n'est pas ma noble Catherine que je redoute, elle la loyauté, la vertu, l'honneur!

— Oh! lui, s'écria-t-elle, lui fera comme moi, plus que moi; je m'y engage pour lui!

— Encore de vos illusions, enfant! c'est un pécheur endurci qui résiste à tous les bons conseils. Né de l'orgueil, c'est par l'orgueil qu'il périra.

— S'il savait votre douceur, votre magnanimité, dit-elle.

— Que ne les éprouve-t-il, ma fille, avec ma miséricorde?

— Milord! deux mots de ma bouche, et il sera persuadé; on l'aura aigri, menacé; il est fier!... Que je lui parle, que je fasse luire à ses yeux la vérité, toutes ces fumées trompeuses se dissiperont.

— Le croyez-vous? dit le prince avec une mansuétude paternelle.

— J'en réponds! je le jure! mais je lui promettrai sa grâce, n'est-ce pas?

— Vous le voulez... grâce de la vie!...

— Grâce entière! grâce comme Dieu la ferait? Imitez Dieu, vous son représentant sur cette terre!... Oh! seigneur, vous si bon et si grand!

— Cette enfant est une enchanteresse et me subjugue,

dit Henri VII qui passa une main sur ses grands yeux fauves, comme s'ils eussent pu se mouiller d'une larme.

— Où est-il? demanda Catherine dévorée de fièvre.

— Dans le couvent de Bauley, à trois milles.

— Un asile inviolable! s'écria-t-elle imprudemment.

— Croyez-vous? répliqua le roi. Alors, vous n'y sauriez pénétrer?

La pauvre femme frissonna. Aucun asile ne devait être inviolable après la déclaration de la duchesse de Bourgogne.

— J'y vais, milord, reprit-elle en baisant avec passion les mains blanches et sèches du roi qui feignit de se laisser étourdir.

Henri appela son chapelain, écrivit une lettre au prieur de Bauley, et, bientôt après, la malheureuse frappait aux grilles de fer de l'asile sacré.

— Allons, pensa le roi, de ces deux femmes que j'avais pour adversaires, l'une m'a puissamment servi en voulant perdre Richard; voyons si l'autre, en voulant le sauver, ne me servira pas encore mieux.

XXVI

Depuis le jour où ses Écossais l'avaient porté dans l'asile, Richard s'était aperçu que le martyre commençait à peine.

Ces héroïques compagnons étaient deux, deux échappés sur cent. Le prieur de Bauley ne put leur refuser l'entrée du monastère. Mais il trembla, dès leur arrivée, d'assumer une responsabilité si grande, et d'encourir la haine du roi Henri VII en recueillant ses ennemis. Néanmoins, par respect pour son asile et pour l'opinion populaire, il résista courageusement à toutes les séductions que le vainqueur ne manqua pas de lui envoyer. Richard ne fut pas livré à son adversaire.

Toutefois, cette vertu serait-elle durable? Chaque jour le prieur voyait s'épaissir autour de lui le cordon de lances et de mousquets qui étreignait le monastère. Il avertissait le prisonnier de ces précautions menaçantes; il soupirait, il exhortait le patient à n'espérer qu'en Dieu. Ce à quoi Richard se résolvait facilement, sentant que les hommes faiblissent et que les prieurs sont des hommes.

Un des deux Écossais mourut de ses blessures; Richard le pleura comme un frère. L'autre, après avoir enseveli son ami, garda nuit et jour le duc comme un trésor confié désormais à lui seul. Ce brave montagnard en perdit le sommeil, il ne mangea plus; il s'exalta de jeûne et de fièvre, tomba malade et mourut sans avoir voulu quitter son prince dont, à l'agonie, il saisit le vêtement d'une main convulsive; les doigts se fermèrent après le dernier soupir de l'Écossais, et Richard fut forcé de couper son pourpoint de velours autour de cette main loyale qui emporta dans la tombe ce témoignage glorieux de sa fidélité.

Il était seul! seul pour craindre, lutter et penser! Les nuits lui parurent bien longues, quand il entendait bruire autour de l'asile les armes des soldats sauvages, quand il voyait passer et repasser leurs ombres derrière les feux rouges, et que, suivant d'une oreille dédaigneuse leurs chansons dans lesquelles le gibet était promis au faux York, il surveillait, en outre, la porte de sa cellule qui pouvait donner passage à un assassin moins bruyant et plus pressé.

C'est alors qu'il se rappelait les beaux jours de sa vie déjà lointaine ; les triomphes devant tout un peuple ; les vertes collines d'Irlande, les riants défilés d'Écosse trempés d'ombre bleue et de soleil blanc. Alors il songeait à Catherine, la fée enchanteresse qui l'avait attiré dans ces abîmes. Catherine aux yeux charmants, au sourire frais, au suave parfum; Catherine, son amante et sa femme, pleurée par l'âme, pleurée par l'esprit, appelée à grands cris par le cœur, secret dépositaire de tant de voluptés ineffables. Oh! si la vie était déjà loin pour ce malheureux, combien plus loin apparaissait Catherine, l'ange de ce voyage lugubre, prêté un moment et repris soudain au pâle voyageur?

Richard ne se faisait pas illusion. Il était bien perdu. Un asile n'est respecté par un prince jaloux que jusqu'au moment où ce dernier a trouvé le moyen d'y pénétrer sans scandale. Plus de doute possible. C'est là, dans cette cellule sombre, que se dénouerait d'un coup de couteau, peut-être dans le nœud d'un lacet de soie, l'existence la plus douloureuse, et pourtant la plus regrettée; car, faut-il le dire, Richard eût voulu vivre : il aimait!

Dans ses heures de solitude, d'angoisses, la plus cruelle torture était le doute. A quoi pensait Catherine? Était-elle rentrée dans ce monde éclatant où les consolations de tout genre font vite oublier à une femme des chagrins honteux à manifester? Le roi Jacques l'avait-il reprise à sa cour? Avait-elle repassé en Flandre, près de la duchesse? Oh!... près de cette inexplicable ennemie, comme Catherine apprendrait vite à mépriser son époux! Cette fureur de la duchesse, après tant de protestations et de bienfaits, était le problème incessant que roulait Richard dans sa tête fatiguée ; problème insoluble, et par conséquent limitrophe de la folie.

Il y avait chez cet homme, jeune, ardent, exubérant de sève et de génie, des moments de rébellion contre la destinée. Il se disait que la vie, le succès et le bonheur demandent seulement de la volonté ; qu'il s'agit de vouloir, le crime aussi bien que l'héroïsme ; que, dans une situation désespérée, tout est à faire, et tout peut réussir. Alors il rêvait combats, massacres, incendies ; il s'élevait, démon exterminateur, par-dessus les murs de Bauley, sur des ailes sanglantes, il recrutait ses amis, il luttait jusqu'à la mort, jusqu'à une mort de soldat, pareille à celle de lord Kildare tombé pour York, et glorieuse même aux yeux d'un ennemi.

Tout à coup, épuisé, comme après de réelles batailles, il se résignait, il courbait son front, il priait.

— Peut-être, pensait-il, ai-je été choisi par Dieu pour expier tous les crimes de ma famille. Cette histoire terrible des deux Roses n'a pas eu son dénoûment, c'est moi qui le ferai, c'est mon histoire, à moi, mystérieuse légende, pleine de surprises et de terreurs, qui clora la série de meurtres, de violences, d'usurpations, reprochés aux York comme aux Lancastre. On pleurera beaucoup sur mon sort, on pleurera ma jeunesse, mon innocence et ma double mort tragique, ces larmes pieuses laveront les taches de ma famille. Seulement, il faut que je tombe encore cette fois, sans souillure, intéressant pour l'Angleterre comme je l'étais quand les bourreaux de mon oncle Glocester ouvrirent de leurs poignards ma tête blonde, et que mes bras défaillants cherchaient, pour le protéger, mon frère aîné, mon roi, assassiné sur mon sein !

Alors le malheureux prince s'adressait à sa mère, qui, n'ayant rien pu pour lui sur la terre, l'attendait du moins dans le ciel, et, après lui avoir demandé son intercession auprès de Dieu irrité, il se sentait consolé, confiant et fort.

Sa cellule, située au bout d'un long corridor, était seule habitée dans cette partie du monastère. Le prieur, cherchant à concilier le monde et l'Église, à ménager York et Lancastre, avait traité Richard, non pas en prince, mais du moins en réfugié de distinction.

Sa table était couverte de tout ce que le pays produisait de viandes recherchées, de fruits savoureux. Mais le jeune homme s'était contenté de pain et d'eau, renvoyant tout le superflu avec une constance et une humilité qui lui avaient valu le respect des moines et l'admiration du prieur lui-même. En sorte que ce dernier, d'hostile était devenu indifférent, d'indifférent secrètement partial pour son prisonnier si beau, si doux et si résigné ; et il s'était bien promis, en cas d'invasion ou de violence imprévue, de prévenir la victime pour qu'elle eût le temps de faire sa paix avec Dieu.

Un jour, Richard entendit courir et crier dans son corridor. C'était le prieur qui arrivait tout effaré en recommandant au reclus de ne rien craindre. Bien plus, il parlait de joie, de faveur insigne, il rayonnait, et Richard n'eût rien compris à ces transports, à ces embrassades multipliées, si tout à coup, dans l'embrasure de la porte demeurée ouverte, il n'eût vu apparaître une forme divine, un séraphin, Catherine elle-même, qui s'arrêtait tremblante et navrée sur le seuil.

Il courut à elle en poussant un cri et s'arrêta soudain. Elle comprit ce doute, et se précipita les bras ouverts sur la poitrine de Richard qui chancelait sous le poids du bonheur. Leurs larmes se confondirent avec leurs cœurs dans cette muette étreinte, et chacun d'eux, tout en buvant les pleurs de l'autre, prit sa part d'espérance ou de désespoir.

— Oui, dit Catherine la première, car elle savait le prix des moments; j'arrive vous chercher pour vous enlever d'ici.

Il tressaillit.

— D'où vous vient ce pouvoir? demanda-t-il.

— Du roi. Je l'ai vu, il est miséricordieux; il ne veut pas votre mort.

— Vous lui avez demandé ma grâce? s'écria Richard en fronçant le sourcil.

— Pas d'orgueil, mon ami, répliqua la jeune femme avec une autorité douce mais ferme. Vous n'en avez ni le temps ni le droit. Ne vous révoltez pas, je parle en connaissance de cause. Tout vous abandonne. Vous seriez seul au monde sans l'amour de votre femme, amour sincère et qui ne reculera devant rien pour vous sauver, fût-ce devant le danger de vous déplaire.

— Permettez, Catherine, dit Richard, j'admire votre courage et votre bienveillance pour moi ; mais je comprends moins la bienveillance du roi Henri VII. Veuillez avant tout me l'expliquer.

— En deux mots : j'étais prisonnière comme vous ; on m'allait renvoyer en Flandre chez la duchesse, qui me redemande ; mais je n'ai pas voulu partir sans vous savoir en sûreté. J'ai déclaré cette résolution au roi, qui m'a permis de pénétrer jusqu'à vous.

— A quelles conditions, Catherine ?

— A la condition que vous vous courberez devant la vérité, devant la nécessité, surtout.

— C'est-à-dire que je demanderai grâce ?

— Non.

— Il y a une condition cependant, et bien dure, puisque vous hésitez ainsi à me la transmettre.

Catherine chercha des yeux autour d'elle, aperçut l'escabeau de chêne qu'elle plaça près du fauteuil qui servait de siége et de lit à Richard. Elle s'assit, le fit asseoir, et, tenant ses mains, plongeant dans ses yeux, elle lui dit :

— Je vous ai juré fidélité, amour au pied des autels ; vous êtes mon époux, je vous aime. Rien ne saurait, ni altérer ma tendresse, ni affaiblir ma confiance. Si, en un moment de criminel orgueil, que je déteste, je vous ai offensé, pardonnez-moi ; c'était l'erreur d'un esprit faussé par les préjugés du monde. Depuis, j'ai réfléchi, et je sens que mes doutes avaient la portée d'un crime ; je n'ai pas le droit d'avoir des doutes envers vous. C'est vous, c'est votre personne que j'ai aimée dès que je l'ai vue ; c'est votre image qui s'est gravée à jamais dans mon cœur. Cet amour tendre et profond n'avait pas pour objet un prince de tel ou tel rang, de tel ou tel nom. Vous vous fussiez appelé Lancastre, que je vous eusse aimé Lancastre; vous eussiez été un artisan, un serf, je ne sais quoi de vulgaire, que mon amour vous eût été chercher dans la foule. Aujourd'hui que je suis votre femme, ce n'est plus seulement une tendresse aveugle qui doit me rapprocher de vous, c'est le devoir, oh! le plus doux des devoirs comme le plus sacré. Ainsi, quoi qu'il arrive, quoi qu'on dise, quoi que l'on nous reproche à l'un et à l'autre, nous serons unis, et rien ne nous désunira. Me comprenez-vous bien, mon époux, mon trésor?

— Oui, je vous comprends, répliqua Richard pâle et défaillant. Vous voulez dire que vous êtes assez magnanime, assez bonne pour m'aimer tout misérable que je suis, tout menteur que je puis être. En un mot, vous me dites ceci : Tu n'es pas Richard duc d'York, tu t'appelles, Perkin Warbeck ; mais il ne sera pas dit que j'abandonnerai la chair de ma chair, et je sauverai Warbeck en dépit de lui-même.

Catherine se leva vaillante, exaltée.

— Et quand je dirais cela, s'écria-t-elle ; auquel de nous, Dieu qui nous entend l'un et l'autre, sourirait-il du haut des cieux? au cœur dévoué ou à l'orgueil opiniâtré? A celle qui, en dépit de tout, renouvelle ici son serment d'amour et d'alliance, ou à celui qui, malgré des preuves irrécusables, s'obstine à repousser les bras qu'on lui ouvre, et foule aux pieds sa femme prosternée?

— Quelles preuves irrécusables avez-vous donc que je sois l'homme que vous dites? demanda Richard.

— Tout à l'heure, chez le roi, j'ai vu, j'ai tenu dans mes mains la lettre, la dépêche par laquelle la duchesse de Bourgogne avoue qu'elle a été dupe d'une erreur, et déclare que vous n'êtes pas Richard d'York, et permet au roi Henri VII de proclamer cette même déclaration dans toute l'Europe.

— Oh! murmura l'infortuné frappé à mort, et dont le sang glacé reflua jusqu'au cœur.

— Mais, s'écria Catherine en le saisissant dans ses bras, en le réchauffant de ses caresses, de ses baisers, qu'importe! qu'importe encore une fois? York ou non, voilà ce que j'aime, voilà cette tête chérie de mon époux, de mon seigneur. Que tu veuilles combattre encore, c'est de la générosité, c'est de l'amour. Tu m'aimes tant, que tu voulais me donner une couronne. Oh! tu en es digne, mon amant, mon héros! Mais tu as fait assez. Le sort s'est prononcé contre toi, contre nous. Il s'agit maintenant de sauver la vie, de laquelle dépend la mienne. Voilà ce que je veux, voilà ce que je t'offre, et que je ne te prie pas, mais que je t'ordonne d'accepter, s'il te reste quelque respect et quelque amour pour moi.

Richard, immobile, insensible, recueillait ses forces brisées. Catherine s'encouragea de ce silence comme d'une hésitation.

— Allons, dit-elle, tout est préparé, réglé d'avance. Rien à faire après cette lettre de la duchesse, la lutte serait insensée, elle serait ridicule. Le roi n'exige que ton acquiescement à cette lettre, et tu es libre, et tu es sauf, et en retour de tout ce que mon époux a fait pour moi, j'aurai du moins conservé sa précieuse vie.

Richard fit un effort, il prit la main de Catherine, et, la pressant avec tendresse :

— C'est bien, dit-il, voilà de la vraie, de la noble générosité. Vous avez fait votre devoir de femme loyale et dévouée. Moi je vous bénis, et Dieu vous récompensera.

— Tu acceptes ! s'écria-t-elle, enivrée.

— Accepter quoi ? dit-il ; de déclarer que je suis Perkin Warbeck, un juif ; mais je ne le suis pas, ma bien-aimée Catherine.

Elle fit un mouvement qui l'éloigna du prisonnier.

— Déclarer, continua-t-il, que je ne suis pas Richard, fils d'Édouard, mais c'est impossible, puisque je le suis.

— Oh !... oh !... murmura Catherine avec impatience en secouant la tête et en frappant du pied la dalle de la cellule.

— Madame la duchesse de Bourgogne, poursuivit Richard, a ses raisons pour me nier aujourd'hui, ainsi qu'elle les a eues pour m'avouer autrefois. Cela peut constituer des preuves irrécusables, comme vous dites, aux yeux de toute l'Europe, aux vôtres. Cependant on ne l'a pas crue lorsqu'elle affirmait, et on la croit quand elle nie. N'importe. Mais en moi-même, dans ma conscience, au fond de ce cerveau que j'interroge, et qui me répond par des preuves aussi, je lis que je m'appelle Richard, que le trône d'Angleterre est à moi, et vous n'oseriez pas me dire de me renier moi-même. Non, si vous croyiez fermement que je suis le duc d'York, vous n'auriez pas ce courage de me pousser à signer Perkin Warbeck et à déclarer que je suis juif. Répondez, l'oseriez-vous?

Mais Catherine, écrasée à son tour, ne répondait rien. Elle n'avait pas même l'air d'avoir entendu.

— La vie, reprit-il, ne vaut pas l'honneur, convenez-en, ma Catherine?

— Oh! murmura-t-elle, je croyais que la vie passée près de moi, votre vie heureuse et bénie, avait pour vous tout le prix que je lui trouve moi-même. Je me disais que les grandeurs, les couronnes, l'éclat nous ont trahis; qu'un autre horizon s'ouvre; que Dieu vous a marqué d'avance, non pour être roi ou prince, mais pour être obscur, inconnu. Vos malheurs le prouvent. Ce Dieu clément vous offre une seconde existence toute de paix, d'amour et de félicité. Mes plans sont faits. J'abandonne avec vous l'Europe; nous nous ensevelissons dans une retraite lointaine, où le bruit de notre passé n'ait jamais pénétré. Là, oubliés, nous oubliant nous-mêmes; sans nom; même l'un pour l'autre, moi, m'appelant toi pour vous; vous, mon âme et mon unique bien, nous conjurerons, à force de silence et d'humilité, les démons qui nous ont failli perdre.

« N'est-ce point là un beau rêve? n'est-ce point-là la réalité? Est-il nécessaire de s'appeler York ou Huntley pour entrer dans cette route, et serons-nous Huntley ou York plus tard, après la vie, dans la béatitude éternelle?

Ce tableau, tout brillant des couleurs de l'espoir et de l'amour, troubla Richard, si jeune et si passionnément épris de Catherine. Son cœur se gonfla, ses yeux s'obscurcirent. Elle, qui l'épiait, reprit un nouveau courage et le pressa plus tendrement.

— Dieu m'est témoin, dit-il, que, pour vivre près de toi, je renoncerais à tous les trônes de la terre. Henri VII veut-il que je lui écrive cette renonciation? je te ferai ce sacrifice, Catherine bien-aimée, de lui laisser le sceptre de mon père; son sceptre, voilà tout.

— Après ce qu'a écrit la duchesse, interrompit la jeune femme avec amertume, le sacrifice ne paraîtrait pas bien grand!

— C'est vrai, dit Richard stoïquement, et on le repousserait avec raillerie. Mieux vaut ne pas faire la moindre concession, et mourir tout entier, tout York, tout roi, la couronne au front.

— La couronne d'un martyr, cher insensé!

— A défaut de l'autre, bénie soit-elle, répondit-il fièrement. Catherine ne sera plus aussi sûre qu'elle l'est d'avoir épousé Perkin Warbeck; et à la façon dont je saurai mourir, elle se dira : « Prince ou non, j'avais épousé un homme de cœur; je ne m'étais pas mésalliée. »

— Mais tu ne peux pas mourir, malheureux! s'écria Catherine en l'entraînant avec véhémence dans un coin de la cellule, le plus loin possible de la porte restée ouverte, et derrière laquelle on entendait les pas du prieur dans le long corridor.

Elle baissa la voix, appuyant sa bouche sur l'oreille de Richard, son cœur sur ce cœur rebelle, et, le sollicitant avec une douce fureur :

— La vie, que tu méprises, que tu refuses, murmura-t-elle, je l'exige, moi; il me la faut ; j'en ai besoin pour nourrir ton enfant qui s'agite dans mon sein !

Richard, éperdu, joignit les mains. Elle le saisit et l'étreignit sur sa poitrine. Il était là, serré dans ses bras, et il sentait palpiter dans ce sein généreux la double existence mystérieuse que venait de lui révéler Catherine. Il leva les yeux au ciel ; son regard était une action de grâces, ou le défi du désespoir.

— Vois-tu, dit-elle d'une voix étouffée, que deviendrais-je si tu mourais? Et ton fils, qu'en feraient-ils si tu t'obstinais à t'appeler York?

Richard enfonça ses ongles dans sa poitrine, comme pour en arracher cette inexprimable douleur. Il ne répondit pas.

— Tu veux, n'est-ce pas? continua-t-elle ; tu veux qu'il vive ?

— Je ne veux pas qu'il s'appelle Perkin Warbeck! s'écria-t-il avec une explosion terrible.

— Mais on le tuera ! te dis-je.

— Il mourra duc d'York, comme moi !

— Il est à moi, et je le sauverai malgré vous-même, dit-elle folle de désespoir.

— Oh ! reprit Richard d'une voix grave et profondément empreinte de colère et de majesté ; si vous vous abaissiez, Catherine, à mendier la vie pour vous et votre fils, au prix de votre honneur à tous deux, au prix de mon honneur à moi, vous seriez la plus vile et la plus infâme des créatures ; vous auriez surpassé en lâcheté, en ignominie, ce Warbeck que l'on accuse de tous les crimes. Mon honneur est précieux, Catherine; je meurs pour le garder intact; je meurs pour que mon fils naisse prince et roi. Vous êtes princesse et reine de par ma vie, vous le demeurez de par ma mort. Oh! ne l'oubliez pas, Catherine, je suis York. A mon dernier soupir je répéterai ce nom. J'avais trois preuves, trois témoins : Kildare, il est mort; Fryon, qui m'avait le premier reconnu, Henri VII l'a tué; ma mère! je n'ai trouvé à Bermondsey que son cercueil. Ayez pitié de mon malheur; le ciel a pour moi des cruautés jusqu'alors inconnues. Si je perds tant de félicité, si je sacrifie tout ce que vous m'avez offert, si je dévoue à la mort ce pauvre enfant avant sa naissance, je suis bien à plaindre, madame; je souffre bien; ayez pitié de moi, ne me déshonorez pas, ne flétrissez pas ma mémoire, je vous le demande à genoux!

— Mais tu es donc Richard! s'écria-t-elle illuminée par l'aspect de ces tortures, par le contact de cet héroïsme, et succombant elle-même aux secousses de tant d'alternatives mortelles.

— Sois bénie! dit le jeune homme radieux; tu as compris que Warbeck t'aurait accordé la lâcheté que tu demandes.

Et il l'embrassa si passionnément, qu'elle fléchit et tomba expirante.

— Je vois que tu es perdu, murmura-t-elle; tu mourras!

XXVII

Elle gisait, blanche et froide ; le prieur accourut au dernier cri de la pauvre Catherine, et vit Richard qui baisait en suffoquant ses mains livides, ses pieds glacés.

— Mon fils, dit le vieillard attendri, n'obéirez-vous pas à cet ange qui vous parle de la part de Dieu ? Rompez avec le mensonge, rompez avec cette vie de tourments et de misères dans laquelle vous vous obstinez. Enfin, songez à elle, si vous ne songez pas à vous ; elle souffre ! la laisserez-vous sans secours, comme vous la laissez sans espoir ?

Richard se releva ; son visage altéré, ses lèvres violettes et tremblantes révélaient l'horrible agonie qu'il venait de traverser.

Il adressa au prieur un regard doux et intelligent, comme pour le remercier de ses exhortations ; puis, soulevant le corps adoré de celle qui ne voyait plus ses larmes, qui ne sentait plus son étreinte, il l'emporta d'un pas ferme et traversa le corridor.

Arrivé à l'escalier intérieur, qu'il descendit avec son cher fardeau, il tourna soudain vers la gauche, c'est-à-dire du côté de l'immense vestibule entouré de grilles de fer, au delà desquelles on voyait le ciel libre et la campagne, et aussi les gens de la suite de Catherine, et les soldats d'Henri VII veillant appuyés sur leurs armes.

Richard avançait toujours, pareil à ces hallucinés qui agissent et marchent dans leur sommeil de fièvre. Déjà il approchait de la grille; déjà l'apercevant sur la plateforme, en haut des degrés, les officiers, les gardes et le peuple poussaient de féroces clameurs.

— Où allez-vous, malheureux? s'écria le prieur en se jetant devant lui; ignorez-vous donc qu'au delà de ces grilles le sol n'est plus sacré? Un pas de plus, et vous appartiendriez au roi d'Angleterre!

— Il faut bien, répliqua-t-il, que je rende Catherine à ses serviteurs. Pauvre Catherine! Et personne que moi ne touchera la duchesse d'York!

Susannah dévorait cette scène, et son œil de vautour se dilatait à l'aspect de la double proie. Richard n'évita pas son regard; il le provoqua par un rayon du sien. Elle accourut, les bras ouverts, et monta les marches de pierre.

Entre elle et Richard se précipita le prieur, pour arrêter un flot de soldats haletants aussi après la victime si longtemps attendue.

Richard posa ses lèvres sur le front de sa femme, puis une fois encore; puis il la regarda si tendrement, que toute la horde sauvage s'étonna de s'émouvoir. Alors il la remit aux bras de l'Écossaise sans lui dire un mot, sans lui adresser même un reproche. Elle baissa les yeux, s'empara de Catherine, et, redescendant, bondit aussitôt loin des grilles jusqu'à la litière où elle enferma son trésor.

Les chevaux, excités, tournèrent, s'enfuirent : l'amour, l'avenir, la vie de Richard s'envolèrent avec eux, et son grand œil morne les suivit jusqu'au moment où s'évanouit la trace même de leur poussière.

— Allons, mon fils, allons, lui dit alors le prieur, ne demeurez pas ici, rentrez ! Si près du seuil où Bauley cesse d'être un asile, votre présence irrite et semble braver vos ennemis. Prenez garde ; ils n'ont qu'un pas à faire. Entendez-les rugir !... un seul bond, ils vous prendraient, même sur le terrain sacré !... Rentrez, mon fils, rentrez !

En effet, les soldats, alléchés par l'odeur du sang, secouaient les grilles, et, s'animant les uns les autres, semblaient attendre l'initiative du plus audacieux, pour franchir les degrés et saisir le prisonnier.

Richard, tranquille et souriant, prit et serra affectueusement les mains du vieillard ; il le remercia de ses soins, de sa fidélité, de ses conseils. Puis il se dirigea vers l'escalier fatal, et comme le prieur, devinant son dessein, l'entourait de ses bras et se cramponnait à ses vêtements :

— Eh quoi ! dit Richard, ne venez-vous pas de m'exhorter, mon père, à rompre avec tant de misères et de tourments ? j'obéis. Cette vie misérable, je la quitte, je marche en ce moment vers l'éternité !

A ces mots, se dégageant avec noblesse, il descendit les degrés lentement, le regard calme et fier. Il ouvrit lui-même la grille, et, s'adressant aux soldats stupéfaits :

— Reculez d'un pas, dit-il, ne violez point inutilement l'asile. Richard d'York se livre au roi Henri VII.

Il franchit le seuil sacré.

Cette vague furieuse, qui menaçait l'instant d'avant de tout briser pour arriver à lui et le mettre en pièces, recula docile et comme tremblante devant la majesté de ce sacrifice.

Richard continua de marcher; les officiers l'entourèrent, respectueux, en silence; derrière eux, les soldats prirent peu à peu leurs rangs, et plus d'un, contemplant à la dérobée cet œil bleu, ferme et fin comme l'acier, ces cheveux d'or de la pure race saxonne et l'indomptable vigueur de cette belle âme dans un corps si parfait, plus d'un, vieux soldat des guerres civiles, se rappela Édouard IV sur les champs de bataille, sentit sur ses épaules le frisson des superstitions populaires, et se dit en soupirant :

— Si pourtant c'était là le duc Richard !

XXVIII

Richard, en se livrant, croyait mourir. Henri VII le réservait à un supplice plus cruel que la mort. Il publia le manifeste de la duchesse de Bourgogne, et toute l'Angleterre, en apprenant que le prétendant n'était qu'un imposteur, apprit aussi qu'on lui ferait voir ce misérable, en plein jour, dans Londres, comme une de ces bêtes prises au piége qu'on promène par les carrefours.

Richard, vêtu d'habits grossiers, monté sur un mulet sans selle ni bride et conduit par un licol, fit son entrée dans la ville capitale de son royaume, en présence de quatre cent mille spectateurs. Devant lui marchaient des hérauts superbement montés, dont les uns sonnaient une fanfare, après laquelle ils criaient :

« Voici le juif Perkin Warbeck, soi-disant duc d'York, fils du grand roi Édouard IV ! »

Et cent mille huées formaient à ce cri un accompagnement formidable. Une canaille enivrée, payée, tournait et courait autour du mulet avec des menaces et des injures ; souvent même les gardes ne réussissaient pas à empêcher les plus zélés de ces fanatiques de faire pleuvoir sur Richard des pierres ou des immondices.

Le malheureux, pâle, résigné, s'attendait à voir l'échafaud au bout de chaque rue, et l'espoir de la mort lui donnait du courage. Il promenait sur cette fangeuse populace un regard fier, bienveillant et calme. Il était bien le prince, le roi Richard faisant son entrée dans le royaume de ses pères. Les historiens s'accordent à dire que si jamais il fut digne du grand nom qu'il avait pris, ce fut en ce jour d'opprobre et de tortures, où sa noblesse et sa vertu ne se démentirent pas un instant.

A l'angle de Hay-Market, où les vociférations et les insultes avaient redoublé, Richard, en détournant la tête, aperçut, au-dessus de toutes les autres, une figure tranquille et des yeux sans colère, les seuls qui ne brillassent point dans cet océan de furieuses étincelles.

Il y arrêta son regard, et crut reconnaître ce visage pour celui d'un homme qu'il supposait à jamais perdu.

Plus de doutes, c'était Fryon ! Le prince fit un mouvement de surprise. L'homme mystérieux regarda le ciel, appliqua un doigt sur ses lèvres, et descendant de la borne sur laquelle il s'était placé pour être aperçu du prince, il disparut soudain dans l'ondulation d'une des vagues populaires.

Richard comprit qu'on lui recommandait de se taire et d'espérer en Dieu. Et comme, dans son passé, le souvenir de Fryon se liait au souvenir de sa première entrevue avec Catherine, l'infortuné prince sentit ce cœur qu'il croyait mort se gonfler de nouveau par un soudain retour de jeunesse et de vie. Il poussa un soupir de soulagement et presque de joie quand, la Tour apparaissant devant lui, il vit son cortège franchir les ponts et la herse, s'enfoncer sous la voûte noire, puis dans les cours du sombre édifices, impénétrable aux hurlements de la foule, et apprit du chef des hérauts que le roi Henri VII lui faisait grâce de la vie et le condamnait seulement à la prison.

XXIX

Un mois après son entrée à la Tour, un mois long comme un siècle, depuis que l'espérance s'était réveillée chez le prisonnier, Richard vit entrer dans sa chambre deux hommes, au lieu du seul geôlier qui le servait.

Le geôlier sortit et le laissa avec ce nouveau compagnon, qui, se dépouillant d'un large bonnet fourré sous lequel disparaissaient son front et ses yeux, lui montra les traits animés, le sourire intelligent et le regard acéré de Fryon, cet infatigable et presque inespéré protecteur.

— Milord, dit ce dernier, tout ému, tout défiant, je dois commencer par le plus pressé : je vous apporte, de la part de lady Catherine...

— Une lettre? s'écria Richard.

— Oh! non, non, je ne porte pas de lettres, moi, répondit le Français ; c'est déjà trop de m'apporter moi-même, ici, où ma tête est un morceau friand pour Sa Majesté Henri VII. Pas trop d'imprudence! Je vous transmets, en attendant mieux, les vœux, les tendresses, les plus ardents souhaits de madame la duchesse d'York, et ceux de Son Altesse madame la duchesse de Bourgogne.

— Oh!... la moitié au moins de votre message est une rêverie! dit mélancoliquement Richard. Les vœux de madame la duchesse! à moi!... sa victime!...

— Écoutez, milord, et comprenez enfin, repartit Fryon.

Il lui conta aussitôt sa disparition de la maison de chasse de Tournay, l'ignorance où cet enlèvement laissait la duchesse, et la certitude qu'elle croyait avoir d'employer seulement Perkin Warbeck, c'est-à-dire un imposteur habile et bien dressé à son manége. Il expliqua ensuite la fureur de la duchesse à la nouvelle du mariage de cet imposteur avec Catherine, et sur-le-champ le voile tomba des yeux de Richard, et il comprit : la haine de Marguerite, son abandon, sa trahison même, et les perplexités, les doutes, les sacrifices de la noble Catherine.

Fryon raconta son évasion des prisons d'Henri VII, son retour chez la duchesse, et l'émouvante scène dans laquelle il avait appris à Marguerite qu'elle venait de livrer à Lancastre le véritable sang d'York.

— Je m'étais enfui du palais, dit-il, laissant la duchesse foudroyée par mes révélations, et me jurant de ne jamais plus servir la cause si périlleuse des princes. De retour à l'hôtellerie, où je voulais enlever mon vieil ami Brakenbury, je trouvai celui-ci expirant ; et réfléchissant que le premier mouvement de la duchesse serait terrible, je pris un cheval frais et me dirigeai en toute hâte vers la frontière. Son Altesse revint de la torpeur où je l'avais laissée, me fit poursuivre, reprendre, malgré ma résistance, et ramener au palais. Je me crus perdu. Sans doute elle allait me sacrifier au secret d'État et fermer à jamais la bouche maudite qu'Henri VII avait épargnée. Quelle fut ma stupéfaction, quand je trouvai la digne princesse aussi tendre, aussi exaltée d'amour pour vous, et de remords, qu'elle avait été terrible, implacable dans sa désaffection et sa vengeance. Elle me pria tant, me supplia si chaleureusement de l'aider à réparer son crime, de l'aider à sauver son honneur et votre vie, que je fus touché, que je m'attendris avec elle, et nous recommençâmes à délibérer sur le parti qui nous restait à prendre. J'eus bien de la peine à l'empêcher de partir pour Londres ; elle voulait parler au roi, lui avouer tout, obtenir de lui votre grâce en le menaçant de porter sa douleur et le récit de la vérité devant le tribunal de tous les souverains de l'Europe. Épouvanté, je lui répondis qu'elle vous perdrait plus sûrement encore par ce fanatisme d'amour, qu'elle n'avait fait par l'excès de sa haine; et comme en ce moment lady Catherine nous arriva d'Angleterre, mourante, ramenée par Susannah, et folle de votre danger, comme on sut alors votre fermeté, votre héroïsme, mais aussi votre sortie de l'asile, il n'y avait plus de temps à perdre, et je partis pour Londres, caché dans le navire d'un ambassadeur officiel envoyé à Henri VII par Son Altesse votre tante.

— Enfin! s'écria Richard, tremblant de joie, Catherine sait que je ne suis pas Perkin Warbeck!

— Oh! si elle le sait... dit Fryon; oh! milord, quelle scène déchirante! Que n'avez-vous pu voir la fière duchesse aux pieds de cet ange, implorant son pardon, sanglotant, et plus vieillie par ces quinze jours d'angoisses que des soixante années de sa vie si éprouvée; et lady Catherine remerciait Dieu de vous avoir fait digne d'elle, et, l'instant d'après, suffoquait de désespoir, en s'écriant que vous étiez perdu; et ces deux femmes désolées s'embrassaient et se repoussaient, et s'embrassaient encore avec des regards dont un seul vous eût payé, milord, de toutes les souffrances de votre martyre!

— C'est fini, murmura Richard, s'agenouillant et joignant ses mains avec une joie convulsive, c'est fini; je n'ai jamais souffert!

— Oh! non, ce n'est pas fini, dit Fryon en lui baisant les mains; et l'ambassadeur que nous oublions! voilà son rôle qui commence.

— Que veux-tu dire?

— L'ambassadeur est chargé d'expliquer au roi d'Angleterre que Son Altesse madame la duchesse de Bourgogne attend de lui une grâce. Maintenant que la question politique est décidée, et qu'il ne s'agit plus de disputer la couronne à Lancastre, de grâce, milord, un peu de patience, maintenant, dis-je, que le roi d'Angleterre a gain de cause contre Perkin Warbeck, il est d'un intérêt très-médiocre pour Lancastre de garder ce Warbeck sous ses verrous. Nous lui faisons savoir que, pour nous, au contraire, l'homme, quel qu'il soit, qui a eu l'honneur de s'allier avec lady Catherine est une existence sacrée; nous l'enverrons, cet homme, dans un exil éternel; nous nous chargeons de l'éteindre tranquillement et sans scandale en quelque coin du monde. En un mot, nous le redemandons à notre allié.

— Mais... interrompit Richard.

— Mais, milord, il n'y a point de *mais* possible à répondre. Je suis venu ici risquer ma tête pour vous demander, non votre signature au bas d'un désaveu, non une déclaration secrète ou publique, mais votre silence, votre seul et imperturbable silence, l'immobilité d'un muet, d'un mort, d'un fou, si vous voulez. Voyez votre cousin Warwick, duc de Clarence, compétiteur comme vous d'Henri VII, prisonnier comme vous et oublié dans la Tour depuis Lambert Simmel. Il est fou, il se tait; il vit.

— Warwick! murmura le prince.

— Est ici, à six pieds de vous, peut-être, derrière ce mur auquel vous vous adossez. Imitez-le! taisez-vous et vivez! Oh! monseigneur, vivez, si vous ne voulez pas tuer lady Catherine; vivez, si vous ne voulez pas offenser Dieu qui prépare enfin votre éclatante revanche dans cette lugubre partie que j'ai crue bien perdue. Vivez ! car on peut régner encore tant qu'on est vivant; une fois mort, un York est trop peu de chose !

— C'est vrai, Fryon, c'est vrai : vivre pour régner.

— Et pour être heureux, en attendant, c'est encore le plus sûr. Eh bien ! cher seigneur, j'ai donc rempli mon message. Vous voilà préparé ; attendez-vous à être tiré d'ici, conduit secrètement à la mer, embarqué. C'eût été très-effrayant pour un pauvre prisonnier, sans le petit avertissement que j'ai le bonheur de vous transmettre.

— Ami Fryon, dit Richard, nous n'avons oublié qu'une éventualité dans ce beau rêve : et si le roi Henri VII refusait de me rendre à votre ambassadeur ?

Fryon se rapprocha du prince, et, à voix basse :

— Milord, dit-il, c'est cette éventualité que nous avons prévue la première ; si bien prévue, qu'elle n'est pour nous qu'une feinte destinée à cacher notre véritable jeu.

Richard écoutait avidement.

— Il est probable, continua Fryon, que le roi refusera. Mais l'ambassadeur a ordre de traîner la négociation de façon à endormir les soupçons de Lancastre ; et, pendant qu'il dormira, nous agirons.

— Comment ?

— Voici le plan. Nous vous enlevons de la Tour ; d'ici à quatre jours, le coup sera terminé.

Richard tressaillit, et se rapprocha comme avait fait Fryon.

— Nous avons, continua le Français, retenu près du Marché-Neuf une maison dont les derrières donnent sur la Tamise. Là vous attendront vos amis avec une barque bien armée.

— Mais, pour arriver à cette bienheureuse maison, il faudrait d'abord partir d'ici?

— N'y suis-je pas entré? répliqua Fryon. C'est décidé, vous dis-je; de votre prison au seuil de la Tour, nous avons quatre portes à ouvrir : celle de la grande entrée, celle de la cour, celle de l'escalier intérieur et celle de votre chambre même. Les gardiens des deux premières sont à moi; tout est convenu avec eux; madame la duchesse a bien fait les choses, je vous jure, et ces deux honnêtes gens vivront très-tranquillement le reste de leurs jours.

— Voilà deux portes, Fryon; mais les deux autres?

— Ah!... ici le plan éprouve une légère hésitation : le gardien des deux autres portes, c'est votre geôlier, un vieux drôle sournois et retors qui n'a voulu s'engager à rien, qu'à me laisser entrer une fois près de vous, et en plein midi encore ! Il est possible qu'il fasse des difficultés pour vous ouvrir ses portes, il se peut même qu'il refuse net.

— En ce cas, tout manque, et je suis perdu.

— Pas encore, pas encore, milord ! S'il refuse, vous emploierez deux moyens efficaces : la persuasion et la force; je vous les apporte.

— Une bourse, un poignard !

— Précisément. Si vous m'en croyez, n'offrez pas longtemps la bourse, et présentez l'autre tout de suite.

— Il criera.

— S'il crie, c'est que vous le voudrez bien. L'homme mort, vous prenez ses clefs, vous arrivez à l'escalier où notre premier gardien vous attendra pour vous conduire au deuxième, lequel vous amènera à moi dont le poste est désigné à l'angle extérieur du mur d'enceinte de la Tour.

— Tuer un homme, Fryon ! murmura le prince, souiller mes mains d'un sang innocent !

— Pas si innocent que vous le supposez, milord. Je vous eusse épargné cette besogne, et de grand cœur ; mais vous comprenez bien que je ne me risquerai plus à entrer ici : deux fois de suite dans la souricière !... Fryon ! ce serait impardonnable, et le roi Henri VII rirait trop de son ancien secrétaire. Songez que je me trouve déjà un héros d'y avoir pénétré une fois.

— Oh ! Fryon !..... acheter ainsi la liberté !

— Milord, vous êtes plus délicat que le geôlier en question. Il ferait moins de façons si son gracieux souverain lui commandait de vous étrangler ici. D'ailleurs, voulez-vous ou ne voulez-vous pas revoir lady Catherine ? lady Catherine qui, plus brave que vous, a voulu partager les périls de l'expédition, vivre ou mourir avec Votre Altesse, et qui, à cet effet, vous attendra mardi prochain dans la maison du bord de la Tamise ?

— Catherine ! s'écria Richard électrisé ; oh ! j'irai !

— Voilà parler ! Votre geôlier ne vient-il pas chaque matin vous visiter entre six et sept heures ?

— Oui.

— En cette saison, les nuits sont longues ; à sept heures, nuit épaisse et brouillard. Nous avons tout calculé. Mardi, donc, à sept heures, la bourse ou le poignard. S'il est convaincu par le premier moyen, amenez toujours l'homme à la pointe du second. Il a tout bénéfice, d'ailleurs, à ne pas rester ici, vous ayant laissé fuir. Il nous suivra comme ses deux autres compagnons : trois rudes rameurs sur lesquels je compte pour faire voler la barque ; ils y ont intérêt. Et puis, il est possible que nous n'ayons pas besoin de recourir à ces expédients désespérés. Le roi peut vous céder à l'ambassadeur.

— Je n'y compte pas, dit le prince.

— Ni moi, si vous voulez que je vous l'avoue, milord. Donc, à mardi. La première personne qui vous baisera la main au sortir de la Tour, ce sera moi ; n'allez pas me tuer !

Richard se jeta dans les bras de Fryon, et, le serrant avec une joie mêlée d'angoisses :

— Dis bien à Catherine, murmura-t-il, que maintenant je tiens à la vie. Mais que, s'il me fallait mourir, je mourrais heureux, souriant, car j'avais son amour et j'ai retrouvé mon honneur.

Le geôlier vint rouvrir la porte. Le délai convenu était expiré.

— Voyez le vieux coquin, quelle ponctualité ! dit Fryon.

Puis, baissant la voix :

— Un seul coup, glissa-t-il à l'oreille du prince, sec et droit au cœur.

Les deux hommes disparurent derrière la porte formidablement verrouillée. Richard demeura seul, pensif, serrant sur sa poitrine ce fer et cet or, emblèmes des deux protectrices qui les lui avaient envoyés.

XXX

Ce mardi, lady Catherine attendait son prisonnier dans une salle haute de la maison située entre la Tamise et le vieux Marché enveloppé de brume.

Le jour n'avait pas paru ; l'heure fixée pour l'évasion approchait. Catherine ne vivait pas, elle respirait, voilà tout.

A chaque seconde, elle écoutait les bruits de la rue, ceux du fleuve. Un pas la faisait frissonner ; un cri la faisait bondir.

Par la fenêtre à vitres grossières enchâssées dans des losanges de plomb, la jeune duchesse essayait de distinguer et de comprendre les rumeurs de différents groupes qui s'estompaient bizarrement dans le brouillard, sur la place du Marché ; parfois une lumière perçait, blafarde et tremblante, cette vapeur épaisse ; des coups retentissaient.

Ces ombres, ces feux follets, ces bruits étranges agitaient Catherine comme l'oppression d'un affreux rêve.

En bas, dans la salle, deux hommes dévoués à la duchesse guettaient l'arrivée de Fryon et du prisonnier pour leur ouvrir avant qu'ils eussent frappé. Deux autres serviteurs tenaient l'amarre de la barque, prêts à pousser au large quand les fugitifs se seraient embarqués.

Sept heures allaient sonner. Un pas rapide retentit dans la rue, approcha, s'arrêta... Catherine se précipita vers les montées.

Fryon, pâle et ensanglanté, vint rouler aux pieds de la duchesse.

Haletant, la gorge aride, il essaya en vain de parler; il ne put que bégayer ces mots:

— Tout est perdu! Nous sommes trahis, fuyez!

— Et Richard? s'écria l'infortunée Catherine en se tordant les mains.

Fryon se releva effaré, hagard.

— Entendez-vous, dit-il, les cavaliers d'Henri VII? Oh n'approchez pas de cette fenêtre; fuyez, vous dis-je, fuyez! si vous en avez le temps!

— Mais qu'y a-t-il, Fryon? qu'y a-t-il?

— Il y a, madame, que le roi savait tout, surveillait tout, et qu'il nous cherche, et qu'il nous tient? Écoutez!

On entendit un grand bruit de lutte à l'étage inférieur. Des soldats venaient d'envahir la maison, de saisir ou d'égorger les serviteurs de la duchesse; ils montaient déjà les degrés.

— Et Richard! s'écriait lamentablement la pauvre femme, et Richard!

Fryon courut à la fenêtre qui donnait sur le fleuve; il l'ouvrit, et, s'adressant à Catherine:

— Vous, madame, dit-il, on vous respectera; moi, on me pendrait! Le ciel m'est témoin que j'ai fait plus que mon devoir. Adieu!

Il s'élança, et, se suspendant à la gouttière de bois et de plomb qui s'allongeait en saillie au-dessus de l'abîme, il attendit, perdu dans le brouillard, l'occasion de se précipiter sans danger.

Les soldats entrèrent. Un officier du palais déclara à lady Catherine qu'il la faisait prisonnière. Les autres cherchèrent son complice. Fryon, n'entendant plus de bruit au-dessus de lui, lâcha prise et tomba dans le fleuve, qui retentit. On le chercha vainement: il glissa entre deux eaux; il échappa.

Catherine se cramponnait à la fenêtre, demandant avec égarement ce qu'on avait fait de son Richard, de son époux, du duc d'York.

— Le traître, répondit l'officier, le rebelle a commis un nouveau crime; il a voulu s'évader; il allait tuer son gardien quand on l'a saisi et désarmé. Ne regardez pas de trop près à cette fenêtre qui donne sur le Marché, car on y dresse une potence, et vous pourriez bien l'y voir pendre!

Catherine poussa un cri d'horreur. Elle appela Dieu à son secours. Ce fut son dernier acte de volonté, sa dernière lueur d'intelligence. Les soldats, plus humains que leur chef, l'enlevèrent doucement et la remirent aux gens du roi, qui venaient la chercher de sa part pour la conduire au palais.

Cet officier avait dit vrai. Richard, accusé d'une tentative de meurtre et d'évasion, accusé de complot contre la vie du roi avec le duc de Clarence, le pauvre fou, son voisin de cachot, venait d'être condamné à mort, ainsi que son prétendu complice. Henri VII, l'ingénieux politique, se débarrassait ainsi de tout ce qui le gênait.

L'un, le fou, le neveu d'Édouard, devait être décapité. L'autre, le fils d'Édouard, ce faux juif, devait être pendu.

A midi, ce jour-là, plus d'York pour troubler le sommeil du prince Lancastre.

XXXI

Richard fut conduit au gibet comme un vil scélérat, comme un ignoble voleur.

Il n'avait jamais aperçu le duc de Clarence qu'au moment où il vit rouler sa tête sur l'échafaud dressé en face de sa potence.

En montant les échelons infâmes, il se trouva en face de la maison où quelques moments avant l'attendait sa bien-aimée. La fenêtre était encore ouverte. Seule, elle était vide parmi toutes les fenêtres gorgées de spectateurs.

Richard la reconnut et la bénit. Il se livra au bourreau sans plainte, sans colère, sans regrets, en souriant au ciel qui semblait l'appeler pour le récompenser de son martyre sur la terre.

Et comme un crieur public annonçait au peuple le supplice du meurtrier Perkin Warbeck, Richard secoua doucement sa tête encore libre et dit :

— Je m'appelle York, et mes mains sont pures de sang !

Le bourreau se hâta. Il affranchit à la fois York et Lancastre : l'un de la vie, l'autre de la peur.

XXXII

Lady Catherine, transportée au palais, fut reçue par la reine, femme d'Henri VII, fille d'Édouard, qui l'embrassa en versant des larmes.

Elle avait perdu la raison. Douce et sans fiel, jamais on ne l'entendit soupirer, jamais on ne la vit sourire.

Le germe précieux qu'elle portait mourut sans doute avant d'éclore, bouton étiolé sur sa tige !... Catherine eut le bonheur de ne pas être mère.

Le peuple, touché de sa beauté, ne l'appela plus que la Rose blanche. Henri VII et toute sa cour lui donnèrent aussi ce nom. L'histoire le lui a conservé. Elle mourut jeune ; Dieu jugea qu'il l'avait assez frappée.

La duchesse de Bourgogne régnait. Elle se consola.

FIN

OUVRAGES PARUS
DANS LA BIBLIOTHÈQUE NOUVELLE
à 2 francs le volume

MÉMOIRES D'UN BAISER
Par Jules Noriac. . . . . 1 vol.
SCÈNES ET MENSONGES PARISIENS
Par Aurélien Scholl. . . . . 1 vol.
LES BRULEURS DE TEMPLES
Par A. de Pontmartin . . . . 1 vol.
LA TRAITE DES BLONDES
Par Amédée Achard . . . . 1 vol.
LA GORGONE
Par G. de La Landelle. . . . . 2 vol.
LUCY LA BLONDE
Par Georges Bell . . . . 1 vol.
LA PÉCHERESSE
Par Arsène Houssaye. . . . . 1 vol.
LES CONTES D'UN INCONNU
Par Ch. Dickens, traduction d'Amédée Pichot. 1 vol.
LA CAMORRA. — MYSTÈRES DE NAPLES
Par Marc-Monnier. . . . . 1 vol.
JEANNE DE FLERS
Par Lardin et Mll d'Aghonne. — Nouvelle édit. 1 vol.
LES FILLES D'ÈVE
Par Arsène Houssaye. . . . . 1 vol.
MARSEILLE ET LES MARSEILLAIS
Par Méry. . . . . 1 vol.
HISTOIRE DE RIRE
Traduit de l'anglais, par Aurèle Kervigan. . 1 vol.
CONTES D'UNE NUIT D'HIVER
Par A. Michiels. — Nouvelle édition. . . . 1 vol.
HISTOIRE D'UN BOUTON
Par Piotre Artamow. — 4me édition. . . . . 1 vol.
LES DRAMES GALANTS
Par Alexandre Dumas. . . . . 2 vol.
LE PLUS BEAU RÊVE D'UN MILLIONNAIRE
Par Léon Gozlan. . . . . 1 vol.
LA DAME A LA PLUME NOIRE
Par Jules Noriac — 2me édition. . . . . . 1 vol.
LE CAS DE M. GUÉRIN
Par Edmond About, 4me édition. . . . . . 1 vol.

IMP. DE E. POINON ET Cie, A SAINT-GERMAIN

www.ingramcontent.com/pod-product-compliance
Lightning Source LLC
Chambersburg PA
CBHW071139160426
43196CB00011B/1948